Climate Partner °
klimaneutral
Verlag | ID: 128-50040-1010-1082

CO_2-Emissionen vermeiden, reduzieren, kompensieren –
nach diesem Grundsatz handelt der oekom verlag.
Unvermeidbare Emissionen werden durch Emissions-
minderungszertifikate mit Gold Standard ausgeglichen.
Mehr Informationen finden Sie unter: www.oekom.de

Bibliografische Information der Deutschen Nationalbibliothek:
Die Deutsche Nationalbibliothek verzeichnet diese Publikation
in der Deutschen Nationalbibliografie; detaillierte bibliografische
Daten sind im Internet über http://dnb.d-nb.de abrufbar.

© oekom verlag München 2015
Gesellschaft für ökologische Kommunikation mbH,
Waltherstraße 29, 80337 München

Lektorat: Klaus Gabbert, Büro Z, Wiesbaden
Korrektorat: Maike Specht
Druck: fgb · freiburger graphische betriebe
www.fgb.de

Dieses Buch wurde auf FSC-zertifiziertem Recyclingpapier
und auf Papier aus anderen kontrollierten Quellen gedruckt,
Circleoffset Premium White, geliefert von Igepagroup,
ein Produkt der Arjo Wiggins.

ISBN 978-3-86581-709-9

MIX
Papier aus verantwor-
tungsvollen Quellen
FSC
www.fsc.org   FSC® C106847

Sarah Zierul

Billig. Billiger. Banane

Wie unsere Supermärkte die Welt verramschen

Für Paula

Inhalt

Vorwort

Ich liebe Bananen. Ob zum Frühstück oder nach dem Sport, in einem Shake oder Müsli oder als Nachtisch: Ich esse mindestens eine Banane am Tag und werde, sobald meine Tochter Paula vom Stillen auf Babynahrung umsteigt, wohl bald noch mehr Bananen kaufen. Damit liege ich im Trend: In keinem anderen Land Europas konsumieren die Menschen so viele Bananen wie in Deutschland. Sie sind nach Äpfeln das liebste Obst der Deutschen. Wir sind Europameister im Bananenessen, rund eine Million Tonnen Bananen landen jedes Jahr in unseren Warenkörben. Aber kann ich die gelben, süßen Früchte wirklich guten Gewissens kaufen? Wie und unter welchen Bedingungen werden Bananen für uns angebaut? Welche Folgen hat die deutsche Bananenliebe für die Menschen und die Umwelt in den Ländern, aus denen die Früchte stammen?

Während meines Studiums der Politikwissenschaft erfuhr ich erstmals von besorgniserregenden Zuständen auf den Bananenplantagen Mittel- und Südamerikas, von der jahrzehntelangen Ausbeutung der Plantagenarbeiter. Als ich in den 90er Jahren selbst nach Mexiko, Guatemala und Honduras reise, bestätigen mir viele Menschen die Berichte. Immer wieder fällt dabei der Name einer Firma, die lange Zeit die Bananenproduktion in Lateinamerika kontrollierte und die Länder dort zu den sprichwörtlichen »Bananenrepubliken« machte: die United Fruit Company. In verblichenen Farben lese ich den Schriftzug des Konzerns an zahlreichen Häuserwänden. Es sind die Überreste einer

US-amerikanischen Firma, die inzwischen einen neuen Namen trägt und weltweit wohl der berühmteste Bananenkonzern ist: Chiquita. Auch meine Schwester und ich klebten uns als Kinder die blau-gelben Aufkleber der Chiquita-Bananen gegenseitig auf die Stirn. Viele Jahre später stoße ich erneut auf den Namen der Bananenfirma – allerdings in ganz anderem Zusammenhang.

Als wir bei der Längengrad Filmproduktion in Köln einen Film vorbereiten, der sich Unternehmen widmen soll, die nachhaltiger, »grüner« und sozial verantwortlicher als früher arbeiten und damit in ihrem Bereich einen Wandel herbeigeführt haben, fallen mir auch Artikel über Chiquita in die Hände. Mit Erstaunen und Skepsis lese ich, dass der einst so anrüchige Bananenkonzern die Sünden der Vergangenheit überwunden habe und nun mit einer Umweltorganisation zusammenarbeite. Dadurch sei Bewegung in den Bananenmarkt gekommen, die Arbeit auf den Chiquita-Plantagen habe sich stark verändert. Ich gehe dem Thema weiter nach, stoße aber überwiegend auf Studien und Berichte, die das Gegenteil behaupten und von unwürdigen Arbeitsbedingungen und Umweltverseuchung berichten, die noch immer auf vielen Bananenplantagen Lateinamerikas herrschten.

Wie passen die Schilderungen zusammen? Was geschieht wirklich auf den Plantagen? Und welche Rolle spielen die Verbraucher in Deutschland und Europa dabei, die einen Großteil der in Lateinamerika angebauten Bananen kaufen? Je mehr ich erfahre und mit je mehr Beteiligten ich spreche, desto klarer wird: Der Einfluss der Kunden auf die Zustände auf den Plantagen ist enorm. Mit jedem Kauf einer Banane üben sie durch die Supermarktketten und Discounter Macht auf die Bananenkonzerne und deren Verhalten aus. Gerade die deutschen Einzelhandelsketten wie Aldi, Lidl, Edeka und Rewe sind zu den großen Playern im internationalen Lebensmittelmarkt aufgestiegen – mit gravierenden Folgen für Bananenkonzerne, Plantagenbetreiber und die Bananenbauern in Lateinamerika. Ganz gleich, ob es sich um Bananen, Fleisch oder Fertiggerichte handelt: Aldi, Lidl und Co. liefern sich seit Jahren einen immer erbitterteren Konkurrenzkampf und werben mit möglichst niedrigen Preisen um Kunden. Die Billigspirale wird nicht nur für Bananenproduzenten, sondern auch für Landwirte und Lebensmittelhersteller hierzulande zum Überlebenskampf, der schon längst auch illegale Blüten treibt, die immer wieder für Schlagzeilen sorgen. Auf den Plantagen Lateinamerikas führt er zu Ausbeutung und Umweltvergiftung.

Ich nehme mir vor, dem Preiskrieg auf dem Lebensmittelmarkt auf den Grund zu gehen – am Beispiel der Bananen. Im Laufe eines Jahres realisiere ich mit Hilfe vieler wunderbarer Kollegen zunächst eine 45-minütige Dokumentation für den WDR mit dem Titel *Billig. Billiger. Banane*, die im Juni 2013 erstmals in der ARD ausgestrahlt wird. Dafür verfolge ich den Weg der Bananen von den hiesigen Ladentheken bis zu ihrem Ursprung auf den Plantagen zurück. Ich will erfahren, wer wirklich das Sagen hat in der Lieferkette unserer Lebensmittel und was die Kunden tun können, um die Zustände zu verbessern. Zudem will ich herausfinden, welche politischen Möglichkeiten es gibt, uns Verbraucher und die Produzenten vor immer neuen Skandalen und immer schlechteren Arbeits- und Umweltbedingungen infolge der grassierenden Tiefstpreise bei Lebensmitteln zu schützen.

Dass ich mich dabei ausgerechnet Bananen widme, ist kein Zufall: Wohl kaum ein anderes Lebensmittel symbolisiert seit Jahrzehnten so sehr den Luxus und Wohlstand der westlichen Welt. Nach dem Mauerfall wurde die Banane zum Symbol für den Konsumhunger in ganz Osteuropa. Heute steht die gelbe Frucht beispielhaft für unzählige Waren, die in industrialisierten Ländern konsumiert, aber in weitaus ärmeren Regionen der Erde produziert werden. Genau wie in einem T-Shirt oder Handy steckt auch in jeder Banane viel Arbeit;

die Früchte haben einen weiten Weg hinter sich, bevor sie in unseren Obstkörben landen. Und genau wie bei vielen anderen Produkten geht der Luxus der »Ersten« oftmals auf Kosten der »Dritten« Welt.

Am Beispiel der Bananen wird jedoch auch etwas anderes deutlich: Die Mechanismen der Globalisierung können auch Verbesserungen herbeiführen. Der Spieß kann umgedreht werden.

Bei meinen Reisen auf den Spuren der Bananen stoße ich auf Beispiele, die zeigen, dass es sehr wohl möglich ist, Veränderungen herbeizuführen. Bananen und andere Lebensmittel können zu erschwinglichen Preisen und in guter Qualität verkauft werden, während gleichzeitig die Rechte der Arbeiter respektiert und die Umwelt geschützt werden. Das Bild von den »bösen« Bananenkonzernen, die keine Rücksicht auf Umwelt und Arbeiter nehmen, ist ebenso falsch wie der Eindruck, die vielen Lebensmittelskandale bei Billigprodukten hätten das Einkaufsverhalten der Deutschen maßgeblich verändert. »Bio« und »fairer Handel« mögen in Medienberichten und den Flugblättern von Umweltorganisationen wie Heilsbringer erscheinen. Doch sie können nur ein Teil der Lösung sein, solange die weitaus meisten Deutschen Geiz noch immer »geil« finden und vor allem nach billiger Ware greifen. Wir müssen uns schon an die eigene Nase fassen, wenn wir Veränderungen durchsetzen wollen.

Eine »bessere Banane« ist möglich, davon bin ich nach meinen Recherchen überzeugt. Dafür müssen aber alle an einem Strang ziehen: Bananenproduzenten, Supermarktbetreiber, Nichtregierungsorganisationen und Kunden – und die Politik muss sie dabei unterstützen. Ich will daher mit diesem Buch nicht nur den Finger in die Wunde legen, sondern vor allem Mut machen: damit endlich mehr Produzenten und Supermarktbetreiber neue Wege einschlagen. Und damit die Verbraucher dies mit ihrem täglichen Einkauf unterstützen.

Die Zukunft der Bananenproduktion entscheidet sich jeden Tag neu: nicht nur auf den Plantagen Lateinamerikas, sondern vor allem an den Supermarktkassen in Europa und den USA. Wir alle haben täglich die Wahl, ob wir Lebensmittel weiter verramschen oder zu einer nachhaltigen Zukunft beitragen wollen. Es wird Zeit, dass wir unserer Verantwortung gerecht werden.

Berlin, im November 2014

Banane ist nicht gleich Banane
Verwirrung im Supermarkt

Eigentlich wollte ich nur schnell für die nächsten Tage einkaufen. Nun stehe ich schon seit zehn Minuten an der Obsttheke und wundere mich. Bananen stehen ebenfalls auf meiner Liste – doch welche soll ich nehmen? Vorher ist mir nie aufgefallen, wie viele verschiedene Bananenangebote es im Supermarkt gibt. Vom Aussehen her unterscheiden sich die Früchte kaum: Sie alle sind gelb, gebogen und liegen meist in Vierer- oder Sechserbündeln im Regal. Aber ihre Preise gehen weit auseinander. In diesem Supermarkt gibt es Bananen für 99 Cent, solche für 1,79 Euro und Bio-Bananen aus fairem Handel für 1,99 Euro. Die Bio-Bananen und die mit mittlerem Preis liegen leicht versteckt auf der Rückseite der Obsttheke. Davor – und für alle Kunden zuerst sichtbar – liegen die billigen Bananen. Ecuador steht als Herkunftsort auf dem Preisschild, sonst erfährt man nichts über sie. Aber beliebt scheinen sie zu sein: Während die rückwärtigen Regale noch fast voll sind, liegen bei den billigen Bananen nur noch wenige Exemplare herum.

Noch etwas fällt auf: Kaum ein anderes Obst kostet so wenig wie Bananen. Selbst für Äpfel aus Deutschland wird deutlich mehr als zwei Euro das Kilo verlangt; Birnen, Kirschen oder Weintrauben sind weit teurer. Wie kann das sein? Schließlich galten Bananen hierzulande lange Zeit als exotischer Luxus, der um die halbe Erde reist, bevor er in den Ladentheken landet. Meine Großtante erzählte mir, dass sie als Kinder nur gelegentlich eine Banane vom Einkauf mitgebracht bekamen – sofern es überhaupt welche gab.

Was Bananen zudem besonders wertvoll macht, ist ihr Reichtum an gesunden Nährstoffen: Sie enthalten etliche Vitamine, Kohlenhydrate und Mineralstoffe wie Kalium und Magnesium, kein Fett und kaum überschüssige Kalorien. Auch Kleinkinder und alte Menschen vertragen sie gut, sie sind ideale Energielieferanten und regulieren die Verdauung. In Ländern wie Indien und China sowie in tropischen Gebieten gehören Bananen zu den wichtigsten Grundnahrungsmitteln; sowohl die sogenannten Dessertbananen, die es bei uns vor allem zu kaufen gibt, als auch die mehligeren, herzhaften Kochbananen. Warum also sind sie hierzulande dermaßen billig?

In den nächsten Tagen sehe ich mich auch in anderen Supermärkten und Discountern in der Umgebung um. Überall ist es ähnlich: Es gibt billige Bananen, die selten mehr als einen Euro das Kilo kosten und stets so platziert sind, dass die Kunden quasi über sie stolpern: gut sichtbar, in vorderster Front der Obsttheke. In einer anderen Ecke liegen Bananen, die ein Bio- oder Fairtrade-Siegel tragen, oder Bananen von Marken wie Chiquita oder Dole. Auch sie kosten nie über zwei Euro das Kilogramm. Gekauft werden die Bananen überall in großen Mengen. Während meiner (nicht repräsentativen) Beobachtungen greift mindestens jeder zweite Kunde ins Bananenregal oder in die herumstehenden Pappkartons, sucht sich die besten Früchte aus und legt sie in den Einkaufswagen. Überall kaufen die Leute dabei vor allem die billigen Bananen – die teureren bleiben meistens liegen.

Als ich die Verkäufer in den Läden frage, wieso sämtliche Bananen so wenig kosten, woher sie kommen und unter welchen Bedingungen sie angebaut werden, können sie mir keine genaue Auskunft geben. Auch nach Schildern, die über die Hintergründe der Bananen informieren würden, suche ich vergebens. Manche Angestellten verweisen darauf, dass zumindest bei Bio- und Fairtrade-Bananen vieles durch

die Gütesiegel klar geregelt sei: Die Bio-Früchte würden ohne Pestizide und chemische Düngemittel angebaut. Bei Bananen mit Fairtrade-Siegel wiederum erhielten die Produzenten Festpreise für die Früchte und einen Aufpreis für soziale Projekte – ein weltweites Handelssystem, das es auch für Kaffee, Kakao und zahlreiche andere Produkte gebe. Wie es jedoch um die Umwelt- und Arbeitsbedingungen bei den Früchten der niedrigen und mittleren Preisklassen bestellt ist, lässt sich als »normaler« Kunde nicht in Erfahrung bringen.

Ich wende mich mit meinen Fragen an die Pressestellen der Supermärkte und Discounter, vor allem an die von Aldi, Lidl, Edeka und Rewe, den größten Unternehmen im deutschen Lebensmitteleinzelhandel. Nach einer Weile und meist erst nach mehrfachem Nachhaken trudeln erste Antworten ein. Wirklich zufrieden stellen sie mich jedoch nicht: Edeka schreibt, man wolle mir »aus Wettbewerbsgründen keine pauschalen Auskünfte zu unserer Sortiments- und Preisgestaltung geben«. Aldi und Lidl schildern nur, was ich über Bio- und Fairtrade-Bananen bereits weiß. Zu den bei ihnen verkauften billigen Bananen – beziehungsweise »konventionellen«, wie es in der Branche in Abgrenzung zu Bio- und Fairtrade-Bananen heißt – schreiben sie, dass sie sie von deutschen Importfirmen beziehen, mit denen eine teils jahrelange, »vertrauensvolle« Zusammenarbeit bestehe. Wer diese Importeure sind, will man mir nicht sagen. Auch wo die Bananen angebaut werden, erfahre ich nicht – außer in welchen Ländern die Plantagen liegen: vor allem in Ecuador, Kolumbien und Costa Rica sowie im Fall von Lidl auch in der afrikanischen Elfenbeinküste.

Nur bei Rewe ist man nach einigem Hin und Her etwas auskunftsfreudiger. Zwar bleiben die Firmenvertreter bei den Billigbananen ebenfalls ziemlich vage. Die kämen meist aus Kolumbien oder Ecuador, würden dort von verschiedenen Produzenten angebaut und ebenfalls über deutsche Importeure bezogen, heißt es. Die Bio-Bananen wiederum wachsen auf Plantagen in Peru, Ecuador oder der Dominikanischen Republik. Fairtrade-Bananen hat Rewe nicht im Angebot. Als dritte Kategorie bieten sie Chiquita-Bananen an – »aus nachhaltiger Produktion«, wie man mir sagt. Sie stammen vor allem aus den mittelamerikanischen Staaten Costa Rica und Panama; von Plantagen, die Rewe-Mitarbeiter selbst regelmäßig besuchen. Meine Neugier auf diesen Bananenkonzern ist erneut geweckt. Für weitere Fragen solle ich mich jedoch bitte zunächst an dessen Firmenleitung wenden, so die Auskunft von Rewe. Chiquita müsse selbst entscheiden, ob man mir einen Einblick in die Produktionsbedingungen geben und möglicherweise auch Zutritt zu ihren Plantagen gewähren wolle.

Auf eines weisen mich indes alle Supermärkte und Discounter hin: Die Bananen unterlägen strengen Qualitätskontrollen, die sie passieren müssen, bevor sie in den Obsttheken der Geschäfte landen dürfen. Auch sei ihre Herkunft über Importeure und Produzenten sehr wohl rückverfolgbar bis zur jeweiligen Plantage, von der sie stammen. Nur für die Öffentlichkeit ist diese interne Transparenz offensichtlich nicht gedacht. Meine Bitte, mir die Kontrollen und die Rückverfolgung ansehen zu dürfen, zum Beispiel in einem der vielen gigantischen Logistikzentren, die alle großen Einzelhandelsunternehmen überall in Deutschland und Europa betreiben und von wo aus sie die Waren an die Filialen verteilen, stößt auf Ablehnung. Aber es gebe einen Ort, der sozusagen das Nadelöhr für Bananen sei. Dort komme der Großteil der importierten Früchte an, die später auch in deutschen Supermärkten und Discountern landen: im Hafen von Antwerpen in Belgien.

Ich beschließe, meine Suche nach dem Weg der Bananen dort fortzusetzen. Es ist der Beginn einer Reise, die mich von Antwerpen bis zu Bananenplantagen in Mittelamerika und über viele Etappen wieder zurück in deutsche Supermärkte und Discounter führen wird – und bei der ich auf Hintergründe und Zusammenhänge stoße, mit denen ich nicht gerechnet habe.

Die Spur der Bananen
Die globalisierte Frucht

Die Sonne ist gerade erst aufgegangen, aber am Kai herrscht schon seit zwei Stunden laute Betriebsamkeit. »Vorsicht!«, ruft mein Begleiter und hält mich am Arm fest. Vor mir flitzt ein Gabelstapler aus einem Rolltor in Richtung Schiff, lädt eine Palette gelb-blau bedruckter Kartons auf seine Zinken und verschwindet wieder in der Halle. Wir gehen weiter, hinter uns zischt schon der nächste Gabelstapler vorbei, dann dröhnt ein Signalton durch die Luft. »Der Kran!« Arno van Ederen zeigt nach oben. Weit über unseren Köpfen hebt ein Kran die nächste Fuhre Paletten aus dem Schiff, setzt sie erstaunlich sacht am Boden ab und schwenkt wieder in Richtung der *Chiquita Italia*. Van Ederen ist im Hafen von Antwerpen für das Qualitätsmanagement der Firma Chiquita zuständig – also dafür, dass die importierten Bananen den Qualitätsanforderungen der Supermärkte genügen, in denen sie verkauft werden sollen.

Auf Englisch erklärt mir der Belgier, dass das weiße Frachtschiff seit gestern Abend am Leopolddock liegt, dem Obst- und Gemüsebereich des Hafens, und dass es einen weiten Weg hinter sich hat. Erst wurde es in Costa Rica mit Containern und Paletten voller Bananenkartons beladen, danach nahm es in Panama weitere Lieferungen Bananen auf. Anschließend fuhr es zwei Wochen lang über den Atlantik und lief nach einem Stopp im britischen Sheerness schließlich in den Hafen von Antwerpen ein. Nachdem die Zollpapiere geklärt waren, hat gestern das Entladen begonnen. »In knapp zwei Tagen werden Schiffs- und Hafencrew damit fertig sein«, meint van Ederen.

Zuerst haben sie sich die Container vorgenommen, die auf dem Schiffsdeck festgezurrt waren. Ein Teil von ihnen war für Großbritannien bestimmt, in Antwerpen hievt der Kranführer den Rest der

Kühlschiffe fürs gelbe Obst: In Antwerpen, dem größten Bananenhafen der Welt, kommen im Jahr 1,5 Milliarden Tonnen Bananen an.

insgesamt 150 Container von Bord, die das Schiff tragen kann. Jeder von ihnen ist gefüllt mit 960 Bananenkartons – macht insgesamt 144.000 Bananenkartons zu jeweils gut 18 Kilogramm. Die Container sind mit einer Kühlvorrichtung ausgestattet, die im Inneren für stabile 13,3 Grad Celsius und einen geringen Sauerstoffanteil sorgt. Die Kälte und die spezielle Luftmischung halten die noch grün geernteten Bananen davon ab, schon auf der Reise zu reifen – ohne durch zu große Kälte zu verderben. Auf keinen Fall dürfen die Früchte gelb sein, bevor sie im Hafen ankommen: Nur im grünen Zustand kann man sie lagern, um sie punktgenau, kurz vor Erreichen der Supermarktregale, reifen zu lassen.

Dieselbe Temperatur und derselbe niedrige Sauerstoffanteil herrschen in den Lagerräumen im Bauch des Schiffes, bevor sie fürs Entladen geöffnet werden. Auf Paletten gestapelt, haben auf der *Chiquita Italia* darin weitere 270.000 Bananenkartons den Atlantik überquert. Ich folge Arno van Ederen einige steile Treppen hinauf aufs Schiffsdeck, wo jemand aus der Besatzung uns mit Schutzhelmen versieht. Dann werfen wir durch eine schwimmbeckengroße Öffnung einen Blick hinab in den Bauch des Schiffes, aus dem der Kran gerade eine neue Palette hebt. Im Laderaum gestikulieren Männer in signalorangefarbener Arbeitskleidung und mit Schutzhelmen in Richtung Kranführer. »Sie sagen ihm, welche Palette als Nächstes dran ist«, klärt mich van Ederen auf. Die Männer haben den Raum erst nach dem Öffnen der Luke betreten, zuvor herrschte darin wegen des Sauerstoffmangels Lebensgefahr. »Es gibt Dutzende solche Lagerräume auf dem Schiff, auf vier Schiffsetagen«, ruft van Ederen, der bereits an der nächsten Luke steht. Insgesamt hat das Schiff 7.500 Tonnen Bananen von Lateinamerika nach Europa transportiert. Und dies ist nur ein einziges Schiff.

»Jede Woche kommen in Antwerpen im Schnitt sechs Bananenschiffe an«, zählt van Ederen auf, »alle aus verschiedenen Regionen in Lateinamerika.« Zwischen 1,3 und 1,5 Millionen Tonnen Bananen werden hier Jahr für Jahr importiert; Antwerpen ist der größte Bananenhafen der Welt. Bananen reisen so gut wie ausschließlich per Schiff, nur selten im Flugzeug. Das wäre zu teuer. Von der belgischen Küste aus gelangen die gelben Früchte in Supermärkte und Discounter in ganz Europa. Die meisten Schiffe legen zusätzlich in weiteren europäischen Häfen an, je nachdem, für welchen Abnehmer die Bananen bestimmt sind: in Göteborg, Sheerness, Bremerhaven, Hamburg, Le Havre, Marseille, Genua oder Neapel. Der weitaus größte Anteil an den Bananenladungen aber geht jedes Mal nach Antwerpen.

Deutschland ist Europameister – im Bananenessen

Rund achtzig Schiffe sind weltweit nach Angaben des Branchendienstes Reefer Trends ständig für die Bananenindustrie im Einsatz. Etwa vierzig davon gehören Konzernen wie Chiquita, Dole oder Del Monte. Der Rest steht im Dienst global tätiger Speditionen wie NYK Cool, Seatrade oder Baltic Shipping und wird von verschiedenen Produzenten und Importeuren gechartert. Alle Bananenschiffe sind mit ähnlichen Kühl- und Containervorrichtungen ausgestattet wie die *Chiquita Italia*. Würde man ihre Routen auf einer Weltkarte einzeichnen, ergäbe sich ein dichtes Netz rund um den Globus. Laut Ernährungs- und Landwirtschaftsorganisation der Vereinten Nationen (FAO) stammen 81 Prozent aller weltweit exportierten Bananen aus Lateinamerika und der Karibik, der Rest kommt aus Asien und westafrikanischen Ländern. Die wichtigsten Abnehmer dieser jährlich insgesamt rund 16 Millionen Tonnen gehandelten Bananen sind Europa und die USA, danach folgen Russland, Japan und andere asiatische Staaten. Bananen sind der Inbegriff einer globalisierten Ware, ihr Handel begann schon vor fast 120 Jahren – lange bevor auch andere Lebensmittel und Waren aus der »Dritten Welt« zu uns gelangten und der Begriff »Globalisierung« zum Alltag wurde.

Bevor ich nach Antwerpen kam, wusste ich nichts von den vielen Superlativen, mit denen der Bananenhandel aufwartet: Nach Reis, Weizen und Milch sind die Früchte das am viertstärksten gehandelte landwirtschaftliche Produkt – und damit das wichtigste exportierte Obst der Welt. Die meisten Dessert- und Kochbananen produziert

mit fast dreißig Millionen Tonnen im Jahr Indien, davon wird aber nur wenig exportiert. Wichtigste Ausfuhrländer sind Ecuador mit rund fünf Millionen Tonnen sowie Kolumbien, Costa Rica, Guatemala und die Philippinen mit jeweils um die zwei Millionen Tonnen exportierten Bananen.

»Beim Import hat Europa den Spitzenplatz inne«, sagt Arno van Ederen, während wir vom Schiffsdeck herunterklettern. »4,5 Millionen Tonnen Bananen landen pro Jahr in der EU, das ist mehr als ein Viertel des gesamten Welthandels.« Die USA liegen mit 4,4 Millionen Tonnen dichtauf. Russland kommt laut FAO auf 1,2 Millionen, Japan auf 1 Million Tonnen importierte Bananen. »Und auch innerhalb der EU gibt es einen unangefochtenen Spitzenreiter«, so van Ederen: Deutschland mit rund 1,3 Millionen Tonnen. Damit landet fast ein Drittel des gesamten EU-Imports bei uns, jede achte weltweit gehandelte Banane geht nach Deutschland. Zwar werden davon etwa 350.000 Tonnen Bananen jährlich an andere europäische Länder weiterexportiert. Doch unter dem Strich verzehren deutsche Kunden immer noch etwa eine Million Tonnen Bananen im Jahr. Pro Kopf macht das rund zwölf Kilogramm. Oder hundert einzelne Bananen.

Allerdings darf nicht jede Banane die Tore des Hafens passieren und in einen europäischen Supermarkt gebracht werden. Ich folge van Ederen in eine fußballfeldgroße Halle: das »Bananenterminal«, wie er es nennt. Es ist ebenfalls gekühlt. In einem abgetrennten Raum an der Seite der Halle sind zwei seiner Kollegen seit dem frühen Morgen damit beschäftigt, Bananenkartons zu wiegen, zu öffnen, sie Frucht für Frucht zu inspizieren und alles in einem Handcomputer zu vermerken. »Wir nehmen Stichproben von jeder Lieferung«, erklärt van Ederen. »Etwa jeden tausendsten Karton müssen wir laut EU-Vorschriften öffnen, um nachzusehen, ob die Bananen in Ordnung sind. Bei Chiquita prüfen wir in der Regel sogar jeden fünfhundertsten.« In den Logistikzentren der Supermärkte werde die Prozedur meist noch einmal wiederholt.

Bei Chiquita hat man auf meine Anfrage, mehr über die Herkunft und Produktionsweise der Bananen zu erfahren, erstaunlich offen reagiert – sowohl in der Konzernzentrale in den USA[*] als auch in der europäischen Niederlassung, die 2008 in den kleinen Ort Rolle in der Schweiz gezogen ist und nur noch ein paar Büros am früheren Sitz Antwerpen hält. Bereitwillig zeigt man mir den Import im Hafen von Antwerpen und ist auch einverstanden, mich auf Plantagen in Lateinamerika zu empfangen.

Bis heute gehört Chiquita Brands International neben den zwei ebenfalls US-amerikanischen Konzernen Dole Food Company und Del Monte Foods zu den größten Bananenproduzenten der Welt.

---

[*] Im Jahr 2012 verlagerte Chiquita seinen Hauptsitz von Ohio, Cincinnati, nach Charlotte, North Carolina. Ob der Sitz mit der für 2015 geplanten Übernahme Chiquitas durch den brasilianischen Konzern Cutrale Group und den Finanzinvestor Safra Group nach Brasilien verlagert wird, ist bei Redaktionsschluss dieses Buches noch offen.

In Deutschland kommt Chiquita nach Firmenangaben auf einen Marktanteil bei Bananen von rund zwanzig Prozent. Dole und Del Monte möchten »aus Wettbewerbsgründen« zu solchen Zahlen keine Auskunft geben. Im Vergleich zu früheren Jahren ist der Einfluss der »großen Drei« allerdings deutlich geschrumpft. Noch in den 80er Jahren kontrollierten sie gemeinsam 65,3 Prozent aller Bananenexporte weltweit. Im Jahr 2013 waren es laut FAO nur noch 36,6 Prozent: Chiquita kommt dabei auf rund 13 Prozent, Del Monte auf zwölf und Dole auf elf Prozent. Durch die für 2015 geplante Übernahme Chiquitas durch den brasilianischen Zitrusfruchtkonzern Cutrale Group und den Finanzinvestor Safra Group wird sich an diesen Marktanteilen nichts ändern.

Van Ederen krempelt die Jackenärmel hoch, sein Kollege Gino Geuens stellt einen Karton vor ihm ab, den er gerade an der Waage kontrolliert hat. Auf 18,14 Kilogramm müssen die Bananenkartons kommen, es ist das weltweit vereinbarte Normgewicht. Die scheinbar krumme Zahl entspricht den in den USA üblichen vierzig Pfund. Van Ederen legt mit schnellen, geübten Handgriffen ein grünes Bananenbündel nach dem anderen vor sich auf den Tisch, holt ein Maßband heraus und beginnt, Gino Geuens Länge und Dicke der Bananen in den Handcomputer zu diktieren. Dann nimmt er die Bündel einzeln hoch und sucht die Früchte nach Schäden ab.

»Hier, solche Stellen können wir nicht durchgehen lassen.« Van Ederen zeigt mir eine Reihe dunkelbrauner Kerben auf einigen Bananen. »Vermutlich lagen die Früchte zu eng gepackt im Karton, die Spitzen der hinteren Bananen haben auf den Schalen der vorderen Abdrücke hinterlassen.« Er greift nach dem nächsten Bündel und fährt mit der Fingerkuppe über nadeldünne Kratzer in der Schale zweier Früchte, jeder nicht länger als einen Zentimeter. »Das ist gerade noch okay. Aber mehr davon wäre schon ein Ausschlusskriterium.« Die nächste Kiste ist dran. »Solche Stellen sind besonders heikel.« Er hält mir eine Banane hin, bei der die Schale rund um die Spitze bräunlich-schwarz verfärbt ist, mit weißen Stellen dazwischen. »Bakterienbefall. Da besteht die Gefahr, dass auch das Fruchtfleisch betroffen ist.«

Strenge Kontrollen: Nur Bananen, die alle Vorschriften der EU erfüllen, dürfen importiert werden.

Mit einem Taschenmesser schneidet van Ederen die Banane der Länge nach auf und klappt sie auseinander. Das weiße Fruchtfleisch glänzt, eine zähe Flüssigkeit tropft herab – Latex, wie ich erfahre. Wenn es austritt und trocknet, verfärbt es sich braun – so wie man es von den Enden der Bananen kennt, an denen die Fruchtstände nach der Ernte in verbraucherfreundliche Bündel zerschnitten wurden. Für Kontrolleure wie van Ederen liefert es aber auch einen wichtigen Hinweis auf die korrekte Kühlung beim Transport: »Durch das Latex verfärben sich die Schalen grau, wenn die Bananen zu kalt gelagert oder zu früh aus der Reifung geholt werden«, so van Ederen. »Schön gelb und reif werden solche Bananen dann nicht mehr.« Er wendet sich wieder der Banane mit Bakterienbefall zu. »Aber bei dieser hier ist das Fruchtfleisch nicht befallen. Sofern wir nicht noch mehr solche Bananen finden, scheint die Lieferung in Ordnung zu sein.« Ob ich einmal kosten möchte, fragt van Ederen und hält mir ein Stück weißes Fruchtfleisch entgegen. Ich zögere, beiße dann eine winzige Ecke ab – und spucke die bittere, kalte Masse sofort wieder aus. »Essen kann man die Früchte jetzt noch nicht«, lacht van Ederen. Die Bananen wandeln erst während der Reifung die in ihnen enthaltene Stärke in Fruchtzucker um.

Einen Teil seiner Stichproben sendet van Ederen anschließend an ein Lebensmittellabor in der Nähe. »Um sicherzugehen, dass die Pestizidrückstände auf den Schalen die zulässige Höchstmenge nicht überschreiten«, sagt er. Das Ergebnis erhielten anschließend die Supermärkte, um es in eigenen Stichproben zu überprüfen. Dabei gehe es vor allem um ein Mittel, das die Bananen vor Pilzbefall beim Transport schützen soll: Der Wirkstoff Thiabendazol werde dafür auf den Plantagen meist eingesetzt. Von der Weltgesundheitsorganisation wird er als nur wenig gefährlich eingestuft. »Alle anderen Pestizide, die auf der Plantage zum Einsatz kommen, verflüchtigen sich vorher schon oder werden abgewaschen«, erklärt van Ederen. In die Frucht selbst gelangten ohnehin keine giftigen Substanzen, erfahre ich – die dicke Schale schütze das Fruchtfleisch gut.

Van Ederen richtet sich bei alldem nach Regeln, die nicht nur für Chiquita gelten, sondern für alle Bananenproduzenten und -importeure in Europa. »Wenn die Bananen nicht den Anforderungen der EU entsprechen, müssen wir sie wegen schlechter Qualität zurückweisen.« Er legt die Bananen vom Tisch wieder in den Karton. »Der Grund sind meist Narben auf der Schale, Flecken oder Verformungen.« Dabei orientiert er sich – neben manch zusätzlicher Anforderung der Supermärkte – an der Bananenverordnung der Europäischen Union, genauer: der Verordnung (EG) Nr. 2257/94 der Kommission vom 16. September 1994 zur Festsetzung von Qualitätsnormen für Bananen. Für Bananenproduzenten und -importeure ist sie eine Art Bibel. Die Verordnung legt fest, wie eine Banane beschaffen sein muss, damit sie in einem europäischen Geschäft verkauft werden darf: Länge, Dicke und Aussehen sind genau beschrieben. Finden die Kontrolleure in mindestens drei Paletten einer Lieferung einer Plantage jeweils zehn Kartons, die gegen die Auflagen verstoßen, muss die ganze Lieferung vernichtet werden – und wird nicht bezahlt. Die betroffene Plantage wird in einer Liste vermerkt und muss dieselbe Menge Bananen auf eigene Kosten erneut liefern. Kommt von einer Plantage immer wieder mangelhafte Ware, droht im schlimmsten Fall die Auslistung als Lieferant, berichtet van Ederen. Für den betreffenden Betrieb bedeutet es meist das schnelle Ende.

Die Regeln führen nicht nur zu akribischen Prüfungen der gelben Früchte, bevor wir Verbraucher sie erhalten. Sondern auch zu einem gigantischen Müllberg. Insgesamt fallen im Hafen von Antwerpen im Jahr um die 170.000 Bananenkartons bei den Qualitätskontrollen durch, summiert Steven Beuselinck, Mitarbeiter von Sea-Invest. Die Firma betreibt die Terminalanlagen am Leopoldkai im Hafen von Antwerpen; Chiquita und andere Unternehmen wie Dole und Del Monte sind dort nur Pächter – das allerdings seit Jahrzehnten. Rund 3.000 Tonnen Bananen wandern damit allein in Antwerpen jährlich auf den Müll. Das sind 25 Millionen einzelne Früchte. Manchmal entsteht der Schaden erst beim Transport, weil Kartons beim Ausladen beschädigt werden. Oder im Schiff läuft Öl aus und verdreckt die Kartons mitsamt ihrem Inhalt. Aber die meisten Müllbananen scheitern an den strengen EU-Regeln. »Kann man nicht die Kunden davon überzeugen, dass auch äußerlich verformte oder fleckige Bananen im Inneren noch in Ordnung sind?«, frage ich Arno van Ederen. Er nickt. Es gebe dazu immer wieder umfangreiche Tests in Supermärkte, erzählt er. »Aber die Kunden sind nicht bereit, als ›hässlich‹ empfundene Bananen zu kaufen.« Und die Supermärkte würden sich nicht trauen, solche Bananen überhaupt anzubieten.

Ein wenig kann ich es nachvollziehen – auch ich möchte nicht, dass die Bananen nach einem Tag in der Obstschale braun und matschig sind. Nach meinem Besuch in Antwerpen probiere ich es zu Hause aus: Ich lege Bananen, die leichte Flecken und Kratzer auf der Schale haben, neben lupenrein hellgelbe Früchte. Das Ergebnis: Die fleckigen oder verkratzten Bananen werden gar nicht früher braun und matschig als ihre sauberen Gegenstücke. Sie sehen nur nicht ganz so hübsch aus. Im Geschmack unterscheiden sie sich sowieso nicht. Den Abfallberg in den Bananenhäfen könnte man also leicht reduzieren, wenn Kunden und Supermärkte das Ganze etwas entspannter sähen. Und wenn die strengen EU-Vorschriften für Bananen gelockert würden.

Zeit ist Geld – auch bei Bananen

»Ungefähr die Hälfte der Lkw fährt nach Deutschland, die andere in die Niederlande und nach Belgien.« Am hinteren Ende des Bananenterminals unterbricht Michel Vanmechelen sein Gespräch mit zwei Fahrern, schüttelt mir die Hand und deutet eine lange Reihe geöffneter Hallentore entlang. Dahinter verlieren sich die offenen Bäuche wartender Lkw im Dunkeln. Vanmechelen betreut die Obst- und Gemüseterminals für Sea-Invest. Den Zugang zu Terminal 220, das sich die Firmen Chiquita und Dole für ihren Bananenimport teilen, hat mir die Pressestelle von Sea-Invest gern gewährt. »Wir haben erst kürzlich sämtliche Abläufe im Terminal modernisiert und einen Großteil automatisiert«, erklärt Vanmechelen. Auf die Neuerungen ist man im Hafen besonders stolz.

Was sich vor meinen Augen abspielt, entspricht dem Motto »Zeit ist Geld«. Gabelstapler setzen die von den Schiffen gehobenen Paletten mit Bananenkartons auf Rollbändern ab. Ein Automat scannt ihren Barcode, daraufhin fahren sie computergesteuert in einen zugewiesenen Bereich im gekühlten Innersten des Terminals, zu dem Menschen keinen Zugang haben. Dort warten die Früchte, bis jemand sie per Computerbefehl abholt. Ab der Ernte können gekühlte Bananen bis zu vier Wochen gut aushalten – also etwa zwei Wochen ab Ankunft im Hafen. Sobald klar ist, wohin die Paletten geliefert werden, und sobald der entsprechende Lkw da ist, fährt das System sie aus dem Kühlbereich zu einer Brüstung am Ende des Terminals. Dort saust ein Gabelstapler heran, der Fahrer scannt den Barcode erneut und bringt die Palette zum passenden Lkw, bevor er sich wieder in das Ballett seiner surrenden und kurvenden Gabelstaplerkollegen einfügt.

»Von hier aus bringen die Fahrer die Bananen in Reifereien in der Nähe der Supermärkte oder Logistikzentren«, erklärt Vanmechelen. »Dort bleiben sie fünf bis acht Tage, je nach Wetter. Wenn es im Sommer warm ist, reift das Obst schnell weiter, und die Leute kaufen bei Hitze weniger Bananen. Sie werden dann tendenziell etwas früher und grüner aus der Reiferei genommen, damit sie im Supermarkt nicht vor sich hingammeln.« In den Kammern der Reifereien – große Hallen, in denen die Bananenkartons parzellenweise hinter Lamellentoren eingeschlossen werden – verteilt ein Ventilator 24 Stunden am Tag gasförmiges Ethylen, so dass es sich durch die Löcher in den Kartons gut um alle Bananen verteilt. Ethylen ist ein ganz besonderes Hormon, das in der Natur in fast allen Pflanzen vorkommt; es steuert Wachstum, Reifung und Alterung der Pflanzen und ihrer Früchte. Auch bei Bananen läuft dieser Prozess normalerweise auf natürliche Weise ab. Beim Transport wird er jedoch unterbrochen und in der Reifekammer dann beschleunigt nachgeholt. »Zu Hause sollte man Bananen allerdings nicht neben Äpfel, Birnen oder Pfirsiche in den Obstkorb legen«, bemerkt Michel Vanmechelen. »Viele Früchte strömen Ethylen aus, und die Bananen werden dadurch schnell überreif.«

Auch in den Kühlschrank gehören sie nicht, erfahre ich – dort ist es zu kalt, die Zellwände werden porös, die Banane reift nicht mehr richtig und verfärbt sich gräulichbraun. Es sind Tipps, die ich seither dankbar beherzige.

Bevor ich Antwerpen verlasse, nimmt Michel Vanmechelen mich noch auf eine Tour durch den Obst- und Gemüsehafen mit. Wir fahren an langen Reihen leerer Container und weiterer Terminals vorbei, an einem der hinteren steigen wir aus und eilen durch den Nieselregen, der inzwischen eingesetzt hat, in die Halle. »Insgesamt bieten wir für Importeure fünf Millionen Kubikmeter überdachten, trockenen Stauraum – das schafft kein anderer europäischer Hafen«, wirbt Vanmechelen für seinen Arbeitsplatz und macht eine Armbewegung in die Halle hinein. »Auf Obst und Gemüse entfallen davon zwei Millionen Kubikmeter Stauraum in gekühlten Lagerhäusern. Und in wiederum etwa drei Viertel davon liegen Bananen.«

Zwei Millionen Kubikmeter, das entspricht knapp dem Volumen der Cheops-Pyramide. Sie stehen nicht nur großen Konzernen wie Chiquita, Dole oder Del Monte zur Verfügung. Während wir im Terminal an langen Regalreihen voller Bananenkisten vorbeigehen, berichtet Vanmechelen von einem Trend, den sie bei Bananen seit einigen Jahren im Hafen beobachten: »Es kommen immer mehr Lieferungen kleiner Produzenten bei uns an. Die Namen kann ich mir zum Teil gar nicht merken, denn oft verschwinden sie nach kurzer Zeit wieder vom Markt, und neue kommen hinzu. Aber gerade in Lateinamerika machen sie sich gegenseitig Konkurrenz und unterbieten die großen Produzenten bei den Preisen.« Laut Vanmechelen sind die Billigproduzenten einer der Gründe, weshalb die Marktanteile von Chiquita, Dole und Del Monte so stark gesunken sind.

In der Halle stehen Kisten mit Aufschriften aus Kolumbien, Ecuador oder Costa Rica. Bisher sei noch nicht klar, an welche Kunden sie gehen, so Vanmechelen: »Auf dem Bananenmarkt herrscht oft ein

Ein Viertel aller in Deutschland konsumierten Bananen stammt aus Costa Rica in Mittelamerika.

ziemliches Überangebot, weil die kleinen Produzenten mehr liefern, als von den Supermärkten bestellt wurde. Dann geht das Feilschen los.« Die Einkäufer der Supermärkte und Discounter verlangten von den Importeuren möglichst niedrige Preise, so Vanmechelen. »Und die sind bei den zusätzlich produzierten Bananen einfacher zu erzielen als bei vorbestellten Mengen fester Lieferanten.« In der Branche nennen sie diese Bananen »vagabundierende Mengen«. Oft kommen noch sogenannte Jobber-Bananen hinzu, die in anderen europäischen Häfen nicht verkauft wurden, per Lkw nach Antwerpen gelangen und dort auf Abnehmer hoffen. »Meistens finden sich bald Käufer für sie, vor allem in Deutschland«, so Vanmechelen. Schließlich würden dort bekanntermaßen besonders viele Bananen gegessen – zu besonders niedrigen Preisen.

Das Phänomen der Billigbananen greife aber auch auf andere europäische Länder über. Sehr zur Sorge von Johan Claes, dem Chef von Sea-Invest. »Wir blicken in eine unklare Zukunft«, schildert er es in einem Interview mit dem Branchenportal *Fresh Plaza*. »Der Einzelhandel in der EU stellt immer höhere Anforderungen an Bananen, will aber weniger für das Obst bezahlen.« Einige Anbauländer konzentrierten sich deshalb bereits stärker auf den Nahen Osten und andere Regionen der Welt. »Wir müssen in Europa mehr für solche Produkte zahlen, denn sonst werden sie uns bald gar nicht mehr geliefert«, befürchtet Claes.

Keine Bananen mehr, weil Europas Supermärkte und Discounter zu wenig für sie bezahlen? Droht so etwas wirklich? Vanmechelen glaubt, dass es zwar nicht sofort so weit sein wird, aber die Tendenz sei da.

Im Nieselregen mache ich mich auf den Rückweg nach Berlin. Während die *Chiquita Italia* weiter gelöscht und in wenigen Tagen für ihre Rückfahrt beladen wird – viele Bananenfrachter nehmen dann Autos oder Maschinenteile an Bord –, bereite ich mich ebenfalls auf eine Reise in die Tropen vor. Ich habe immer mehr Fragen im Gepäck: Wie kommen die Produzenten vor Ort mit den niedrigen Preisen auf dem Bananenmarkt zurecht? Wie arbeiten sie, um gleichzeitig den hohen Anforderungen europäischer Importeure gerecht zu werden? Und wie geht es auf den Plantagen von Chiquita tatsächlich zu? Hat der einst als ausbeuterisch verschriene Bananenkonzern wirklich einen so starken Wandel vollzogen, wie er es von sich behauptet?

Als Ziel meiner Reise habe ich Costa Rica ausgewählt. Ein Viertel aller Bananen, die in Deutschland verzehrt werden, stammt von dort. Zudem wurde die Bananenindustrie vor fast 120 Jahren in diesem kleinen zentralamerikanischen Land erfunden – und heute entscheidet sich dort, wie es mit den gelben Früchten weitergeht. In der Branche gilt Costa Rica als eine Art Zukunftslabor für die Bananenindustrie: Was dort funktioniert, kann auch anderswo klappen. Was dort scheitert, hat auch in anderen Ländern kaum eine Chance. Ich will mir ansehen, was es damit auf sich hat.

Im grünen Dschungel
Auf Bananenplantagen in Lateinamerika

Die Machete zischt durch die Luft, mit einem laut schmatzenden Geräusch durchtrennt sie den armdicken, grünen Strunk über unseren Köpfen. Évan Jiménez tritt mit der Machete zur Seite, sein Kollege Santiago Herra lädt sich das abgetrennte Büschel aus etwa 200 Bananen auf die Schulter. Eine gelbe Gummimatte federt das Gewicht des Fruchtstandes ab, unter dessen rund vierzig Kilogramm der kleine, schmächtige Arbeiter leicht wankend und mit vorsichtigen, aber schnellen Schritten davoneilt. Jiménez hackt die restlichen Blätter vom Stamm der Bananenstaude, verteilt sie auf dem Boden und marschiert ebenfalls los.

Sein Blick ist konzentriert nach oben gerichtet, dorthin, wo die Bananen hängen, manche in Kopfhöhe, die meisten aber weit darüber, in drei bis vier Meter Höhe. Ab und zu bleibt er stehen, reißt mit einem scharfen Metallhaken an einem langen Stab ein Loch in einen der blauen Plastiksäcke, die die Fruchtbüschel umhüllen, und geht dann weiter. »Ich muss gucken, welche dick und reif genug sind zum Ernten«, ruft er über die Schulter, während ich Mühe habe, mit ihm Schritt zu halten und dabei nicht auszurutschen. Der Boden liegt voller Bananenblätter, wie Palmwedel groß, darunter ist die Erde noch feucht vom letzten tropischen Regenguss. Zwischen den Stauden sind rote und gelbe Schnüre gespannt – gefährliche Stolperfallen, die wie Spinnweben die Plantage durchziehen. Sie laufen diagonal zwischen den Stämmen, um die Stauden aneinander festzuhalten und sie so vor den oft starken tropischen Winden zu schützen.

Als Jiménez stehen bleibt und seine Machete erneut zückt, ist auch Herra wieder zur Stelle. Zuerst hackt Jiménez ein Dreieck in die Bananenstaude, genau unterhalb der Stelle, an der sich der Strunk mit den Bananenfrüchten wie eine Laterne über uns beugt. Das Büschel sackt mit lautem Krachen in unsere Richtung, ich trete zur Seite, da hat Jiménez es schon mit seinem Stab aufgehalten und beginnt, den blauen Plastiksack, der sich nun auf Augenhöhe um die Bananen spannt, nach oben zu raffen. Perfekt geformte, grüne Früchte legt er frei, die beiden Arbeiter schieben Schaumstoffplatten zwischen die einzelnen Büschelreihen. »Damit sich die Schalen nicht berühren und zerkratzen«, murmelt Herra in meine Richtung. Dann schubst er die Gummimatte auf seiner Schulter zurecht, geht leicht in die Knie und nickt seinem Kollegen zu. Jiménez hackt mit der Machete das Büschel ab, Herra stöhnt leicht, lächelt mich dann tapfer an und eilt davon.

Ich folge ihm zu einem schlammigen Weg, wo er die Ernte an einem Metallhaken befestigt. Daneben hängen schon etwa zwanzig weitere Bananenbüschel an über Drahtseile verbundenen Haken. Sie sind Teil einer kilometerlangen Seilbahn, die in mehreren Trassen kreuz und quer durch die Plantage läuft und mit deren Hilfe die Arbeiter ihre Ernte in die Packstation ziehen. Diese Technik wird schon seit Jahrzehnten auf den Bananenplantagen verwandt. »Wir können hier keine großen Maschinen durchfahren lassen, dafür ist kein Platz und der Boden zu schlammig«, so Herra, »außerdem sind die Seilbahnen schnell und effektiv.« Damit schwingt er sich auf ein Bündel aus Schaumstoffmatten, das am vorderen Ende der Bananenkette hängt, stößt sich mit seinem langen Stab am Boden ab und pfeift mir einen Abschiedsgruß zu. Mit lautem Klackern und Surren macht sich die Bananenkarawane auf den Weg, bald ist Herra inmitten grüner Stauden verschwunden.

Wie rohe Eier behandeln die Arbeiter die zentnerschweren Bananenbüschel, damit die Früchte keine Flecken oder Kratzer bekommen.

»Ein Ernteteam schafft bis zu fünfzig Bananenbüschel am Tag«, erklärt Hermógenes López, der hinter mir steht und seine Baseballmütze zurechtzieht. Stolz blitzt aus seinen Augen, er ist einer von vier Aufsehern auf der Plantage und hat viele Arbeiter wie Jiménez und Herra angelernt. Insgesamt arbeiten auf der Finca Trópico, einer 240 Hektar großen Plantage im Osten von Costa Rica, etwa 200 Menschen. Zu den etwa hundert Erntehelfern und ihren Aufsehern kommen Spezialisten für neue Setzlinge, Dünger, Pestizide und Pflanzenpflege. Außerdem waschen, sortieren und verpacken rund vierzig Männer und Frauen die Bananen in der Packstation. Weitere zwanzig Mitarbeiter sind in der Verwaltung tätig. Jede Plantage ist wie ein kleines Unternehmen – und wer dort arbeitet, weiß: Es lebt davon, dass die Bananen in möglichst gutem Zustand beim Kunden ankommen, bei jeder Lieferung. Die Arbeiter werden nach Menge und Qualität der geernteten und verschifften Bananen bezahlt, mal gibt es mehr, mal etwas weniger Geld. Auch deshalb achten sie penibel darauf, dass die empfindlichen Früchte keine Kratzer oder

Druckstellen bekommen. Derart »beschädigte« Bananen würden später im Zielhafen von Kontrolleuren wie Arno van Ederen aussortiert werden.

Seit zwei Wochen bin ich zu Gast in einer Region von Costa Rica, die Touristen in der Regel nicht zu sehen bekommen: der Plantagenregion. Das kleine Land in Mittelamerika – wegen seiner Größe, politischen Stabilität und des relativen Wohlstands oft »die Schweiz Lateinamerikas« genannt – lässt sich geografisch in drei Regionen aufteilen: Im Westen liegt die tropische Pazifikküste, mit viel Regenwald und traumhaften Stränden sowie einer heiß-trockenen Zone im Norden. Die Hochlandregion wiederum durchzieht Costa Rica in der Mitte und ist geprägt von aktiven Vulkanen, fruchtbaren Hochtälern mit Kaffeeanbau und einem pulsierenden Ballungsraum rund um die Hauptstadt San José. Im Osten schließlich liegt zwischen der Karibikküste mit ein paar Touristenorten im Süden und dem aus Flüssen, Stränden und Regenwald bestehenden Tortuguero-Nationalpark im Norden eine weite Region voller Plantagen: die Provinz Limón. Angebaut werden dort das ganze Jahr hindurch vor allem Bananen und Ananas; die Früchte haben keine spezielle Saison. Sie sind die wichtigsten landwirtschaftlichen Exportgüter des Landes. Allein Bananen sorgen für 19 Prozent der Deviseneinkünfte und rund sieben Prozent der Exporteinnahmen Costa Ricas.

Bis an die Vulkanhänge des zentralen Hochlands und an die Atlantikküste im Osten reichen die Plantagen heran. Etliche Dörfer wurden für die Bananenarbeiter und ihre Familien gegründet, manche vor Jahrzehnten, andere im Zuge der letzten Expansionswelle vor rund zwanzig Jahren. Bananenplantagen bedecken in Costa Rica insgesamt rund 42.000 Hektar, eine Fläche so groß wie das Bundesland Bremen und knapp ein Prozent der Landesfläche Costa Ricas. Auf noch einmal so viel Fläche wachsen Ananaspflanzen in Reih und Glied. Seit etwa zehn Jahren, mit Einführung der Sorte

Extra Sweet, hat ihr Anbau rapide zugenommen. Inzwischen stammt jede zweite Ananas, die in Deutschland gegessen wird, aus Costa Rica.

Der Bananenhandel im Land wird bis heute von den großen Drei dominiert: von Chiquita, Dole und Del Monte. Ihnen gehören rund zwei Drittel aller Bananenplantagen im Land, Del Monte liegt mit rund 29 Prozent der costa-ricanischen Exporte vor Dole mit etwa 25 Prozent und Chiquita mit gut 22 Prozent. Zusätzlich beziehen alle drei Firmen Bananen von kleineren, unabhängigen Produzenten und exportieren sie unter ihrem eigenen Namen. Die drei US-Konzerne gehören zu den wichtigsten Arbeitgebern im Land. In der Provinz Limón stellt die Bananenindustrie laut der nationalen Erzeugergemeinschaft Corbana etwa achtzig Prozent aller Arbeitsplätze.

Durchzogen wird die Region von der Carretera 32 – einer Hauptschlagader des costa-ricanischen Verkehrs, die auch ich täglich mehrfach befahren muss. Eine Alternative gibt es nicht. Nur sie führt vom Hochland bis an die Karibikküste, nur sie verbindet die Plantagen und wichtigsten Orte der Region – Siquirres, Guápiles und Guácimo – mit der Hafenstadt Puerto Limón. Pro Fahrtrichtung gibt es nur eine Spur, so dass riesige Trucks mit röhrenden Motoren, überfüllte Touristenbusse, Viehtransporter, Geländewagen und normale Pkw oft entweder nur langsam vorankriechen oder sich abenteuerliche Überholmanöver liefern. Fließt der Verkehr, dann gerne auch mit Tempo hundert – überholt wird trotzdem. Ich bin jedes Mal froh, wenn ich in eine der Dorfstraßen links und rechts neben der Carretera 32 abbiegen kann, und schicke für die Fußgänger und Radfahrer, die ebenfalls auf diese Hauptverkehrsstraße angewiesen sind, Stoßgebete zum Himmel. Vor allem in den nicht beleuchteten Nachtstunden kommt es immer wieder zu Unfällen und Toten. Angeblich soll die Straße demnächst mit chinesischen Geldern auf vier Spuren ausgebaut werden – bis dahin wird es wohl weiter so chaotisch bleiben.

Bei meinem ersten Besuch in Costa Rica während einer Reise im Jahr zuvor habe ich Plantagen im Norden des Landes und im gleich südlich angrenzenden Panama besichtigt. Jetzt halte ich mich insgesamt drei Wochen lang in der Bananenregion im Osten auf, um mit Arbeitern, Vorarbeitern, Umweltexperten, Managern, Gewerkschaftern und Wissenschaftlern zu sprechen und sie bei ihrer Arbeit zu begleiten.

Makellose Bananen für die Kunden in Europa

Konzentriert hält Genaro Obregón eine Messlehre – eine Art Lineal mit einem festen und einem verschiebbaren Regler – an die Bananenbüschel, die per Seilbahn in die Packstation kommen. Am Eingang der überdachten, an den Seiten offenen Halle notiert ein Kollege die Anzahl der Büschel sowie wer sie geerntet hat, aus welcher Parzelle sie stammen, wann sie gepflanzt wurden und ob die Bananen einer ersten optischen Qualitätskontrolle genügen. Obregón misst daraufhin den Durchmesser der Bananen, die in der Mitte der Büschel hängen, und achtet auf jeden Millimeter. »Die Bananen müssen mindestens 2,7 Zentimeter dick sein, um in die USA oder Europa exportiert werden zu dürfen«, erklärt Obregón. »Das Maximum beträgt für Europa gut 3,8 Zentimeter, für die USA knapp 3,9 Zentimeter.«

Wenn Obregón die Maße in einer Liste vermerkt hat, fahren die Bananen am Seilzug weiter; zunächst durch eine Wasserdusche, in der sie von allen Seiten abgespritzt werden. »So werden Käfer, Insekten und Reste von Pflanzenschutzmitteln von den Büscheln entfernt«, erklärt Obregón. Hinter der Dusche lösen Arbeiter mit gezielten Machetenhieben jeweils eine Reihe Bananen von den Stauden und legen sie auf eine Arbeitsfläche. Dort stehen zehn Frauen in einer Reihe, um die Ernte weiterzuverarbeiten. »Jedes Bananenbüschel besteht aus bis zu zwölf ›Händen‹.« Obregón deutet auf die Ringe aus bis zu zwanzig Bananen, die in unterschiedlicher Höhe vom Strunk aus wachsen und tatsächlich aussehen wie riesige Finger an einer Hand. Die Riesenhände werden von den Frauen schnell und geübt in Bün-

Im Akkord schneiden Arbeiterinnen die Bananenhände zurecht und sortieren sie nach Größe und Gewicht.

del von vier bis acht Bananen zerschnitten – Mengen, wie wir sie aus dem Supermarkt kennen. Dann zücken sie ein biegsames Lineal und messen die Länge der Bananen, wiegen sie und werfen die Bündel in ein großes Wasserbecken vor ihnen. »Die mit den größten Bananen kommen nach rechts, die kleinsten nach links«, erklärt mir eine der Frauen. »Was zu klein oder fehlerhaft ist, kommt gar nicht ins Becken.« Sondern wird auf ein Förderband gelegt, das die Bananen auf einem Haufen neben dem Wasserbecken ablädt.

»Wir sind hier nicht aus Spaß so penibel, was Größe und Länge angeht«, kommentiert Dennis Zuñige die akribische Arbeit, »sondern erfüllen nur, was die Vorschriften der Importländer verlangen.« Der entspannt wirkende Verwalter der Finca Trópico, so um die Mitte dreißig, kommt gerade in hohen Gummistiefeln von seiner täglichen

Runde über die Plantage. Ein paar Meter hinter den Frauen rechnet er gemeinsam mit einem Mitarbeiter hoch, wie viele Bananenkartons sie wohl diese Woche in Richtung Hafen schicken können. »Vermutlich kommen wir diese Woche auf knapp über 10.000 Boxen«, schätzt Zuñige. »Das ergibt zumindest die Zahl der Bananenbüschel, die am Eingang der Packstation bisher gezählt wurden.« Über 10.000 Boxen entsprechen elf gefüllten Kühlcontainern, die von Lkw zum Hafen gebracht werden. Schon jetzt, gegen Mittag, steht an der Laderampe der für heute zweite Truck bereit. Im Minutentakt wird der Container auf seinem Fahrgestell mit Bananenkartons befüllt.

Die Menge produzierter Bananenkartons ist auf den Plantagen eine Art magische Zahl; sie ist der Nachweis guten oder nicht so guten Wirtschaftens. Möglichst viele Boxen pro Hektar bedeuten eine hohe Produktivität, und die ist für die meisten Bananenproduzenten in Lateinamerika das oberste Ziel. »Momentan liegt unsere Produktivität bei etwa 2.500 Boxen pro Hektar im Jahr«, bilanziert Dennis Zuñige, in etwa der Durchschnittswert in Costa Rica. Zuñige meint, dass die Produktion aber bald steigen werde. Sie hätten erst kürzlich neue Stauden auf einem Teil der Plantage gepflanzt und müssten nun warten, bis sie auch dort wieder ernten können.

Jede Bananenstaude benötigt neun Monate, bis sie ausgewachsen ist, und weitere drei bis fünf Monate, bis ihre Früchte erntefähig sind. Nach der Ernte wird der Stamm – der, botanisch gesehen, kein Stamm sondern ein dicker Stängel ist – mit der Machete abgeschlagen. Am Fuß der Pflanze sprießt dann meist schon ein neuer Schössling, die »Tochter«, kniehoch aus dem Boden. Die Stauden vermehren sich nicht durch Bestäubung, sondern klonen sich sozusagen selbst. Die »Tochter« geht direkt aus der »Mutterpflanze« hervor, und der Zyklus beginnt von vorn. So geht es etwa zwanzig bis dreißig Jahre, dann sind viele Böden ausgelaugt, werden aufgegeben oder für eine Zwischenzeit mit anderen Pflanzen versehen, bevor neue Setzlinge sprießen können.

Wie produktiv eine Plantage ist, hängt aber nicht nur von der Pflege der Pflanzen ab. In den feuchten Tropen können Stürme, Hurrikane, Überschwemmungen oder plötzliche Trockenperioden dem Bananenanbau jederzeit schwer zusetzen. In Antwerpen hat mir Arno van Ederen geschildert, dass die Liefermengen im Hafen und die Qualität der Bananen immer wieder schwanken. »Wir merken sofort, wenn es in einer Region einen Tropensturm, eine Insektenplage oder eine Überschwemmung gegeben hat.« Für die Arbeiter und Verwalter schweben solche Naturkatastrophen wie Damoklesschwerter über den Plantagen.

Klare Regeln: die EU-Bananenverordnung

»Die Importvorschriften der Europäischen Union sind besonders streng«, sagt Zuñige, als wir in der Mittagspause einen Zwischenstopp in seinem Büro neben der Packstation einlegen. In dem kleinen Raum mit Ventilator, Schreibtisch und Regalen an der Wand legt Zuñige mir die europäische Bananenverordnung vor. An ihr orientieren sich nicht nur die Kontrolleure in den Häfen Europas, sondern auch die Plantagen in Lateinamerika. Die gerade einmal vier Seiten lange Verordnung wirkt auf den ersten Blick harmlos. Bei genauem Lesen aber wird deutlich, weshalb die Plantagen bei ihrer Arbeit nur wenig Spielraum haben. Während die Importvorschriften der USA hauptsächlich verlangen, dass die Bananen grün geerntet werden und die gesetzlichen Grenzwerte für Pestizidrückstände einhalten, regelt der EU-Text so ziemlich alles, was eine Banane ausmachen kann.

Zuñige überfliegt laut die Einleitung: Alle Bananen müssen »an der Stufe der Abfertigung zum freien Verkehr« – also zum Export nach Europa – bestimmte »Mindesteigenschaften« erfüllen, um »die Versorgung des Marktes mit Erzeugnissen gleichbleibender und zufriedenstellender Qualität zu gewährleisten«. »Was dann folgt, lesen Sie am besten selbst«, meint Zuñige. Was ich gern tue. Es beginnt mit der Klärung, welche Bananen überhaupt importiert werden dürfen:

Ich blicke Zuñige verwundert an. Die Verordnung gilt nur für zwei Sorten Bananen, für Cavendish und Gros Michel – obwohl in der Natur über tausend tropische und subtropische Pflanzen wachsen, die zur Gattung der Bananengewächse (lateinisch *Musaceae*) zählen. Etwa 400 davon eignen sich als sogenannte Koch-, Dessert- oder Obstbananen (die alle den schönen Botaniknamen *Musa paradisiaca* tragen) zum Verzehr, schätzt Zuñige. Unter ihnen finden sich exotische Varianten: wie die Burro-Banane mit abgeflachten, eckigen Seiten und einem zitronigen Geschmack, die Manzano-Banane, die schwarz wird, wenn sie reif ist, und nach Erdbeeren und Äpfeln schmeckt, oder die Blaue-Java-Banane, die wegen ihres eiscremeähnlichen Geschmacks auch Ice Cream Banana genannt wird. In vielen tropischen Ländern gibt es solche Bananen auf dem lokalen Markt zu kaufen. Aber nur selten gelangen sie in weit entfernte Länder wie Deutschland. Nur Kochbananen, Minibananen oder rote Bananen – mit dunkelgelbem Fruchtfleisch und sehr intensivem Aroma – sind auch bei uns in spezialisierten Fruchtläden oder ab und zu in einem Supermarkt zu finden. Für sie gelten beim Import aufgrund der geringen Mengen Sonderregeln, die weniger streng sind als die EU-Bananenverordnung.

»Die Cavendish und Gros Michel beherrschen seit über hundert Jahren den Markt«, erklärt Zuñige. Bis in die 50er Jahre war die aromatisch-süße Gros Michel der Verkaufsschlager aller Bananenproduzenten. Ihre Schale ist so robust, dass die Plantagenarbeiter die Bananen ohne schützende Kisten oder Kartons büschelweise auf Eisenbahnwaggons und Schiffe warfen. Dann passierte, womit kein Produzent gerechnet hatte: Ein Bodenpilz breitete sich auf den Plantagen in Lateinamerika aus. Er nistete sich in den Wurzeln der Stauden ein, blockierte die Nährstoff- und Wasserversorgung der Pflanzen und führte dazu, dass sie in kurzer Zeit verwelkten. Kein Mittel kam dagegen an, die »Panamakrankheit« getaufte Plage griff schnell immer weiter um sich. Da sich die Zuchtformen der Bananenpflanzen nur durch Ableger vermehren, sind alle Stauden einer Plantage genetisch identisch – was sie für Krankheiten besonders anfällig macht. War eine Pflanze mit der Panamakrankheit infiziert, betraf es bald die ganze Plantage, dann auch die gesamte Region. Hunderte Bananenfincas mussten schließen.

Fieberhaft experimentierten die Konzerne mit alternativen Sorten und entschieden sich bald für die Cavendish, die gegen den Pilz resistent zu sein schien. Sie schmeckt etwas weniger intensiv als die Gros Michel, lässt sich aber ebenso gut anbauen. Nur ihre Schale ist empfindlicher, was Transportkisten und mehr Sorgfalt notwendig machte. Nach und nach stellten bis um das Jahr 1960 alle Plantagen trotzdem auf Cavendish um, die Produktion ging wieder aufwärts. Bis heute ist die Cavendish die meistangebaute Banane weltweit.

Mit Schrecken beobachten die Bananenproduzenten daher eine neue Entwicklung: In den 90er Jahren ist auf asiatischen Plantagen eine neue Welle der Panamakrankheit ausgebrochen, eine Variante des Bodenpilzes mit dem Namen »Tropical Race 4« (TR4). Sie greift auch die Cavendish an, und wieder kommt kein Mittel gegen die neue Pilzvariante an. Seit Jahren tüfteln Experten in Asien, Afrika und

Lateinamerika an alternativen Sorten und Kreuzungen. Genforscher der Universität Wageningen in den Niederlanden setzen auf die Entwicklung resistenter Bananensorten – bisher noch ohne Erfolg. Die Produzenten und Regierungen der Anbauländer hoffen, dass der Erreger sich nicht nach Lateinamerika ausbreitet. Doch als TR4 im Jahr 2013 erstmals auch in Jordanien und dem afrikanischen Mosambik auftrat, schrillten in der Branche die Alarmglocken.

In Lateinamerika will man die Ausbreitung des Pilzes nun mit strengen Vorsichtsmaßnahmen verhindern. Niemand soll einreisen, der sich zuvor auf einer Plantage in einem betroffenen Land aufgehalten hat, Schuhe und Stiefel sollen an Flughäfen und Grenzen auf Bodenreste kontrolliert werden. Aber nicht überall wird dies so streng gehandhabt, wie die großen Bananenkonzerne es sich wünschen. Sollte der Pilz auf Lateinamerika übergreifen, müsste der Pilz zunächst massiv bekämpft und im Zweifel erneut auf eine andere Sorte umgestellt werden – unter hohen Kosten und großem Aufwand. Und mit einem erheblichen Risiko: Produzenten und Forscher haben bisher keine Bananensorte gefunden, die sich ebenso gut anbauen lässt als auch vergleichbar schmeckt wie die Cavendish oder die Gros Michel.

Ich lese weiter in der EU-Verordnung und komme zu dem Abschnitt, der Aussehen und Beschaffenheit der Bananen betrifft.

»II. Bestimmungen betreffend die Güteeigenschaften

A. Mindesteigenschaften

In allen Güteklassen müssen die Bananen vorbehaltlich der besonderen Bestimmungen für jede Klasse und der zulässigen Toleranzen wie folgt beschaffen sein:

- grün, nicht gereift;
- ganz;
- fest;

- gesund; ausgeschlossen sind Erzeugnisse mit Fäulnisbefall oder anderen Mängeln, die sie zum Verzehr ungeeignet machen;
- sauber, praktisch frei von sichtbaren Fremdstoffen;
- praktisch frei von Schädlingen;
- praktisch frei von Schäden durch Schädlinge;
- mit unversehrtem, ungeknicktem, nicht ausgetrocknetem Stiel, frei von Pilzbefall;
- ohne Blütenstempel;
- frei von Missbildungen und anormaler Krümmung der Finger;
- praktisch frei von Druckstellen;
- praktisch frei von Kälteschäden;
- frei von anormaler äußerer Feuchtigkeit;
- frei von fremdem Geruch und/oder Geschmack.

Ferner müssen die Hände bzw. Cluster (Handteile) aufweisen:
- ein ausreichendes, gesundes Stück Krone normaler Färbung ohne Pilzbefall;
- eine glatte Schnittstelle an der Krone ohne Scharten, Abriss-spuren oder Schaftteilen.

Entwicklung und Reifezustand der Bananen müssen so sein, dass sie
- Transport und Hantierung aushalten,
- in zufriedenstellendem Zustand am Bestimmungsort an-kommen und nach Reifung einen angemessenen Reifegrad erreichen.«

Kaum jemand, der im Supermarkt Bananen kauft, macht sich wohl Gedanken darüber, dass all dies beim Anbau und in den Wasch- und Packstationen der Plantagen beachtet werden muss. Nichts wird dem Zufall überlassen. Die Bananen müssen quasi makellos sein, damit die

Kunden im fernen Europa sie erhalten dürfen. »Gerade in Deutschland sind die Kunden sehr penibel«, hört Dennis Zuñige immer wieder von den Importeuren. »Sie nehmen die Bananen hoch, drehen sie dreimal in der Hand, befühlen sie, und wenn ein winziger Fleck drauf ist, legen sie sie gleich wieder hin.« Wie viel Arbeit dahintersteckt und dass ausgiebig betatschte Bananen in Windeseile braun und unappetitlich aussehen, sei den Kunden nicht klar. Die Supermärkte müssten solches Obst am Abend tonnenweise wegschmeißen.

Im nächsten Abschnitt der Verordnung sind Mindestgröße und -dicke der Bananen vorgegeben – sowie die Art und Weise, wie sie ermittelt werden.

»III. Bestimmungen betreffend die Größensortierung

Die Größensortierung erfolgt nach
- der Länge der Früchte in Zentimeter, gemessen über die äußere Wölbung vom Stielansatz bis zur Spitze;
- der Dicke in Millimeter, gemessen als Durchmesser in der Mitte der Frucht zwischen ihren Längsseiten quer zur Längsachse.

Länge und Dicke der Referenzfrucht, anhand deren die Größensortierung erfolgt, werden gemessen
- am mittleren Finger der äußeren Reihe einer Hand;
- am ersten Finger der äußeren Reihe eines Clusters neben der Schnittstelle, mit der die Hand zerteilt wurde.

Die Länge muss mindestens 14 cm und die Dicke mindestens 27 mm betragen.«

Es gibt keine Kompromisse. Alles, was kleiner oder dünner ist, wird aussortiert und darf nicht nach Europa geliefert werden. Obwohl auch kleinere Bananen genauso gut schmecken und genauso gesund sind wie ihre größeren Geschwister. Anschließend unterscheidet die Verordnung noch zwischen Bananen verschiedener Handelsklassen.

»Die Bananen werden in die drei nachstehend definierten Klassen eingeteilt:

i) Klasse »Extra«

Bananen dieser Klasse müssen von höchster Qualität sein. Sie müssen die typischen Merkmale der betreffenden Sorte bzw. des Handelstyps aufweisen. Die Finger dürfen keine Mängel aufweisen, mit Ausnahme sehr leichter oberflächlicher Fehler, deren Fläche insgesamt 1 cm² nicht überschreitet, sofern diese weder das allgemeine Aussehen noch die Qualität, Haltbarkeit und Aufmachung beeinträchtigen.

ii) Klasse I

Bananen dieser Klasse müssen von guter Qualität sein. Sie müssen die typischen Merkmale der betreffenden Sorte bzw. des Handelstyps aufweisen. Folgende leichte Fehler sind jedoch zulässig, sofern diese das allgemeine Aussehen, die Qualität, Haltbarkeit und Aufmachung nicht beeinträchtigen.

- leichte Formfehler,
- leichte durch Reibung hervorgerufene Schalenfehler sowie sonstige oberflächliche Fehler, sofern deren Fläche 2 cm² der Fingeroberfläche nicht überschreitet.

Die Fehler dürfen nicht das Fruchtfleisch beeinträchtigen.

iii) Klasse II

Zu dieser Klasse gehören Bananen, die nicht in die höheren Klassen eingestuft werden können, aber den vorstehend definierten

Mindesteigenschaften entsprechen. Folgende Fehler sind zulässig, sofern die Bananen ihre wesentlichen Eigenschaften hinsichtlich Qualität, Haltbarkeit und Aufmachung behalten:

- Formfehler,
- Schalenfehler durch Kratzer, Reibung oder andere Ursachen, sofern die Fläche insgesamt 4 cm² nicht überschreitet.

Die Fehler dürfen nicht das Fruchtfleisch beeinträchtigen.«

Auf die Größe kommt es an

Für Laien liest sich das wie ein Sammelsurium an Absurditäten. Vor allem, da die äußere Erscheinung der Bananen nichts mit ihrem Inneren zu tun hat. Doch auf den Plantagen sind die Regeln bitterer Alltag. Dabei sind die Bananenkonzerne und Supermarktketten mit an ihnen schuld. Schon in den 60er Jahren entschied Chiquita, dass Bananen mit diesem Namen mindestens 15 Zentimeter lang sein müssen und besonders wenige Flecken haben dürfen. Dadurch wollte man sich von anderen Produzenten abheben. Im Laufe der Zeit zogen immer mehr Bananenproduzenten nach. Heute sind aus den 15 Zentimetern als Vorgabe für Bananen der Klasse Extra bei den Konzernen sogar zwanzig Zentimeter geworden – ihr Wettbewerb schraubt die Maßstäbe immer weiter hoch, was die Plantagen zum verstärkten Einsatz von Düngemitteln und strengeren Anbaumethoden zwingt. Die großen Handelskonzerne wiederum greifen die inzwischen EU-weit übliche Einteilung in Klassen gern auf: Auf dieser Grundlage können sie an den Obsttheken ihrer Supermärkte unterschiedliche Preise verlangen.

Für Bananen der Klasse Extra zahlen Rewe, Edeka & Co. den Plantagen mehr Geld als für die kleineren Bananen, erklärt mir Dennis Zuñige, und sie verlangen auch von den Kunden mehr dafür. Auf der Finca Trópico bemühen sich die Mitarbeiter deshalb, möglichst viele große und dicke Bananen zu produzieren. Sie tragen Beinamen

In der Packstation auf der Plantage erhalten die Bananen kleine Aufkleber, die Marke und Herkunft verraten.

wie Premium oder Supreme – Chiquita selbst nennt seine Premium-Banane einfach Chiquita, bei Dole heißt sie Dole Premium – und liegen in den Geschäften meist im mittleren Preissegment. »Zwischen achtzig und neunzig Prozent aller von Chiquita produzierten Bananen gehören zur Klasse Extra«, versichert mir Dennis Zuñige. Bei Dole gehören im Schnitt etwa die Hälfte der angebauten Bananen zur Klasse Extra – je nach Bodenqualität, Sorgfalt im Anbau, Düngung oder klimatischen Faktoren. Der Rest ist Klasse I, II oder Ausschuss. Klasse II werde allerdings im anspruchsvollen Deutschland gar nicht verkauft, sondern gehe ausschließlich in Länder wie Russland oder nach Südeuropa.

An Discounter wie Aldi oder Lidl liefert Chiquita nicht. Dort gebe es gar keine Klasse-Extra-Bananen, berichtet Zuñige, weil sie für ihr Tiefpreisniveau zu teuer wären. Was in Supermärkten und Discountern als Billigbananen angeboten wird, entspricht der Handelsklasse I. Wegen der großen Nachfrage bauen manche Produzenten gar keine

Klasse-Extra-Bananen an, sondern konzentrieren sich auf Klasse I und II – vor allem in Ecuador. Diese Bananen sehen innen genauso aus wie die der Klasse Extra, schmecken auch in der Regel identisch und wachsen bei Dole oder Chiquita sogar an denselben Stauden – sie sind nur ein bisschen kleiner und möglicherweise verkratzter. Bei den Discountern ist ihre Schale zudem oft noch sehr grün, wie mir ein Importeur sagt. Es sei dort üblich, die Bananen früher aus der Reiferei zu holen, um Geld zu sparen. Zu Hause werden die Discounter-Bananen dadurch oft nicht mehr gelb und süß, sondern bleiben gräulich und fad.

Am hinteren Ende der Packstation schwemmt eine leichte Strömung die Bananen im Wasserbecken an. Männer in Gummischürzen greifen sie heraus und platzieren sie auf großen Plastiktabletts, denen sie einen leichten Schubs geben. Ein Rollband transportiert die Tabletts zu einer Reihe von Frauen, die mit geübten Handgriffen kleine Aufkleber auf die Bananen kleben. Es sind die gelb-weiß-blauen Sticker, die Chiquita-Bananen schon seit Jahrzehnten kennzeichnen. Zusätzlich kleben die Frauen noch einen weiteren Aufkleber auf die Schalen. Er trägt als Emblem einen grünen Frosch und den Schriftzug »Rainforest Alliance« und steht für Chiquitas Zusammenarbeit mit einer New Yorker Umweltorganisation dieses Namens. Vor meiner Reise habe ich darüber viele Berichte gelesen. Während einige Beobachter voll des Lobes sind, werfen Kritiker Chiquita vor, der Frosch-Aufkleber diene nur dem guten Image des Bananenkonzerns. In den nächsten Wochen will ich herausfinden, was es mit der Zusammenarbeit auf sich hat.

Am Rollband daneben bekommen die etwas kleineren Bananen rote, eckige Aufkleber mit der Aufschrift »Consul« verpasst. »Das ist bei Chiquita eine der Marken für Bananen der Klasse I«, erklärt mir eine Arbeiterin. Es gebe auch noch Amigo, Frupac oder Chico – je nachdem, in welches Land und an welche Supermarktkette die Lieferung geht. Anschließend schieben die Frauen die Bananentabletts auf eine Waage, die anzeigt, ob das erforderliche Normgewicht von 18,14 Kilogramm erreicht ist. Die unterschiedlich schweren Bündel werden auf den Tabletts so lange hin und her sortiert, bis das Gewicht stimmt. Erst dann dürfen die Bananen auf dem Rollband weiterfahren, zu einer Reihe männlicher Kollegen, die sie in Kartons legen und diese verschließen.

Neben dem Wasserbecken hieven derweil zwei Männer Kisten mit aussortierten Bananen auf die Ladefläche eines kleinen Lkw. Entgegen meiner Annahme wird der Ausschuss nicht auf dem lokalen Markt verkauft. Dieses Geschäft überlasse man lokalen Produzenten, die keinen Zugang zum lukrativeren Exportmarkt haben, so Dennis Zuñige. Die aussortierten Bananen werden zu Viehfutter oder in einer nahe gelegenen Fabrik zu Bananenpüree verarbeitet, als Basis für Kindernahrung oder Fruchtmix-Smoothies. Oder sie landen auf dem Müll. Der Anteil an Bananen, die nicht den EU-Normen entsprechen und deshalb aussortiert werden müssen, liegt in Lateinamerika laut Branchenangaben insgesamt bei rund 16 Prozent.

Vielleicht würde sich die strenge Haltung der EU ändern, wenn mehr Kunden wüssten, wie viel Arbeit in jeder gelben Frucht steckt. Und wenn ihnen klar wäre, wie sehr sie selbst mit jedem Kauf einer Banane die Arbeit auf den Plantagen prägen. Ebenso wenig ahnen viele Verbraucher, dass sie auch in der langen, wechselvollen Geschichte des Bananenanbaus eine wichtige Rolle spielen. Kein anderes Lebensmittel oder Exportgut hat das Leben, die Wirtschaft und die Politik in den Ländern Lateinamerikas so stark geprägt wie die Banane. Doch ihre Geschichte spielt nicht nur in Lateinamerika – sondern in erstaunlich großem Maße auch in Deutschland, Europa und den USA.

Als ich abends von der Plantage in Richtung Hotel fahre, überquere ich eine Trasse alter Eisenbahnschienen. Sie verläuft parallel zur Carretera 32 vom Hochland bis zur Küste, wird aber schon lange nicht mehr genutzt. Die rostigen Schienen sind die letzten verbliebenen Zeugen der Anfangszeit der Bananenindustrie. Vor mehr als hundert Jahren begann hier die Geschichte der United Fruit Company – der Firma, die heute Chiquita heißt. Um zu verstehen, was seitdem passierte und was sich wie geändert hat, tauche ich ein in die Geschichte des Konzerns – und die der »Bananenrepubliken« Lateinamerikas.

Hundert Jahre Ausbeutung?
Vom Wandel eines Bananenkonzerns

Es begann mit einem Zufall. Als der junge US-amerikanische Unternehmer Minor C. Keith und sein Onkel Henry Meiggs 1871 damit beauftragt wurden, in Costa Rica eine Eisenbahnlinie zu bauen, ahnten sie nicht, dass diese den Grundstein für ein Firmenimperium legen würde. Die Regierung wollte die Kaffeeplantagen des Hochlands mit der Hafenstadt Puerto Limón am Atlantik verbinden. Das damals wichtigste Exportgut sollte so schneller zu den Kunden in den USA und Europa gelangen. Die Aufgabe entpuppte sich als schwieriger als gedacht. Das Abholzen, Sprengen und Brückenbauen in großteils unerschlossenen Regenwaldgebieten wurde zur Mammutaufgabe, der tropische Regen erschwerte das Verlegen der Schienen, Krankheiten und Unfälle forderten unter den Arbeitern Tausende Tote. Um wenigstens für ausreichend Verpflegung zu sorgen, pflanzte Keith entlang der Schienen Bananenstauden an. Und da die Fertigstellung der Trasse sich hinzog, begann er bald damit, im Hafen von Puerto Limón neben Kaffee erstmals auch Bananen auf die Schiffe zu laden. Er wollte herausfinden, ob sie sich vielleicht im Ausland verkaufen ließen. Seine erste Lieferung ging nach New Orleans und wurde zu einem riesigen Erfolg. Die Menschen rissen den Verkäufern die noch kaum bekannten, süßen Früchte quasi aus der Hand und verlangten nach mehr.

Ein paar Jahre zuvor hatte der US-amerikanische Kapitän und Abenteurer Lorenzo Dow Baker bei seiner Rückkehr aus Jamaika bereits eine ähnliche Idee gehabt: Er brachte die in den Tropen so beliebten Bananen in die USA mit. Sein Boot landete 1870 im Hafen von Jersey City, gegenüber der Südspitze Manhattans – und auch ihm kauften Passanten und neugierige Händler sämtliche Früchte in Win-

Mit Lieferungen aus Costa Rica und Jamaika – hier eine Zeichnung des Schiffes von Lorenzo Dow Baker – begann im 19. Jahrhundert der weltweite Bananenhandel.

deseile ab. Baker baute das Bananengeschäft bald aus, holte immer mehr gelbe Früchte in die USA und gründete 1885 gemeinsam mit weiteren Partnern die Boston Fruit Company, die bald zu einer der größten Firmen der Stadt wurde. Als Minor Keith, der inzwischen seinerseits die Tropical Trading and Transport Company gegründet und Bananen aus immer mehr Ländern Lateinamerikas zu importieren begonnen hatte, in finanzielle Schwierigkeiten geriet, schlossen sich 1899 beide Firmen zusammen. Es war die Geburtsstunde der United Fruit Company.

Die Firma wuchs rasant. Sie erwarb nicht nur in Costa Rica und Jamaica, sondern bald auch in Guatemala, Honduras, Kuba, Panama und Kolumbien immer weitere Flächen Land. Wenn Geld und gute Worte nicht reichten, sorgten die US-Amerikaner dafür, dass viele Kleinbauern und Einwohner dafür enteignet wurden. Die Firma holzte Hunderttausende Hektar Regenwald für Bananenplantagen ab. Sie errichtete für ihre Arbeiter, Manager und deren Familien ganze Siedlungen, da es in vielen neu angelegten Plantagenregionen zuvor weder Dörfer noch irgendeine Infrastruktur gab. Schon bald wurde der Konzern zum größten Arbeitgeber ganz Mittelamerikas, nicht nur im Bananenanbau: Minor Keith hatte Eisenbahnlinien in mehreren Ländern gebaut, die United Fruit Company ließ Straßen, Wasser- und Telefonleitungen, Kraftwerke und Häfen errichten und verfügte mit ihren rund hundert weiß gestrichenen Kühlfrachtern – der sogenannten Great White Fleet – in den 30er Jahren über die größte und modernste Handelsflotte der Welt.

Doch immer wieder starben Hunderte Arbeiter an Tropenkrankheiten. Deshalb investierte die United Fruit Company viel Geld in die Bekämpfung der Malaria, des Gelbfiebers und anderer Seuchen. In weiten Teilen Mittelamerikas wurden die Krankheiten dadurch bis heute ausgerottet. Der Konzern baute Krankenhäuser und Schulen und finanzierte den Arbeiterkindern eine sechsjährige, kostenlose Schulbildung. Im Umkreis vieler Siedlungen bildeten sich mancherorts Slums, auch siedelten sich Händler, Restaurants, Bars, Werkstätten und andere Unternehmen an. Viele heutige Orte in Costa Rica und anderen lateinamerikanischen Ländern sind auf diese Weise entstanden.

Die United Fruit Company trug in Lateinamerika bald einen wenig schmeichelhaften Beinamen: *el pulpo*, der Krake, der mit seinen Tentakeln alles im Griff hat. Auch nennen viele Menschen in Lateinamerika die Firma bis heute *mamita yunai* (*yunai* entspricht dem Anfang des Worts »united«), nach dem Erfolgsroman des costa-ricanischen Schriftstellers und Politikers Carlos Luis Fallas von 1940.* Er hatte selbst auf Plantagen des Bananenkonzerns gearbeitet und schildert die oft miserablen Lebensumstände der Plantagenarbeiter und die sozialen Ungerechtigkeiten aufgrund der Übermacht des Konzerns. Gemeinsam mit dem Gedicht *Der große Gesang* des Chilenen Pablo Neruda und dem Roman *Hundert Jahre Einsamkeit* des Kolumbianers Gabriel García Márquez, in denen ebenfalls die Unterdrückung und Ausbeutung der Plantagenarbeiter angeprangert werden, gehört *Mamita Yunai* zu den eindrücklichsten literarischen Verarbeitungen der Ära der United Fruit Company.

Die Regionalmanager der Bananenfirma verfügten in vielen lateinamerikanischen Staaten tatsächlich über mehr Einfluss und Macht als die nationalen Regierungen. Diese ließen den Konzern allerdings oft bewusst freizügig schalten und walten – in der Hoffnung auf Steuereinnahmen, Arbeitsplätze und einen guten Draht zu den mächtigen USA im Norden. Von gesetzlichen Mindestlöhnen, Umweltschutz oder Arbeiterrechten war damals noch keine Rede. Dabei bekamen auch die Staatskassen trotz großzügiger Steuererleichterungen beim Plantagenbau oft nicht viel von den Erlösen aus dem Bananenhandel ab. Dessen Gewinne wurden meist außer Landes gebracht.

Der Erfolg des *pulpo* animierte zahlreiche Nachahmerfirmen, ebenfalls mit Bananen zu handeln. Viele von ihnen kaufte der Konzern bald auf. Zur ernsthaften Konkurrenz wuchs lediglich die Standard Fruit Company heran, die heute Dole heißt. Die seit 1899 bestehende US-Firma baute Bananen zunächst vor allem in Honduras an, brachte sie nach New Orleans und machte der United Fruit Company

---

* *Mamita Yunai* ist in den 50er Jahren unter dem Titel *Die grüne Hölle* auch in einer deutschen Ausgabe erschienen, aber nicht mehr lieferbar.

Schuften für die Kunden im Norden: Arbeiter beladen ein Dampfschiff um 1920 im Hafen von Port Antonio, Jamaika.

dort die Kunden streitig. Bald investierten die aus Sizilien stammenden Gründer von Standard Fruit, die Brüder Vaccaro, ebenfalls in eine Handelsflotte, expandierten in Mittel- und Südamerika und wurden zur zweiten Bananenmacht mit ähnlichen Interessen und einem ähnlichen Gebaren wie die United Fruit Company. Kontrollierte diese in den 30er Jahren noch geschätzte achtzig bis neunzig Prozent des weltweiten Bananenhandels, war ihr Anteil in den 50er Jahren aufgrund der Konkurrenz auf nunmehr ein Drittel geschrumpft.

Historiker beschreiben das Vorgehen der US-Bananenkonzerne in Lateinamerika als Wirtschaftskolonialismus, vergleichbar der Ausbeutung rohstoffreicher Staaten und Kolonien in Afrika. Mit ihrer Kontrolle über etliche politische, wirtschaftliche und soziale Bereiche verwandelten United und Standard Fruit die Staaten Lateinamerikas in sprichwörtliche Bananenrepubliken. Eingeführt hat den Begriff wohl der US-Schriftsteller O. Henry. Schon 1904 nannte er in seiner Novelle *Cabbages and Kings* ein fiktives, stark an Honduras erinnerndes Land »Bananenrepublik«.* Bis heute kennzeichnet der Ausdruck Länder, in denen Korruption und politische Willkür vorherrschen und die Ausbeutung des Landes zugelassen wird – oft zugunsten der lokalen Machtinhaber.

Mit den Jahrzehnten veränderten sich zunehmend die Struktur und Machtverhältnisse bei den Bananengiganten. In den 60er Jahren wurde die Standard Fruit Company vom US-amerikanischen Agrar- und Nahrungsmittelkonzern Castle & Cooke übernommen, der Name aber zunächst beibehalten. Etwa zeitgleich verleibte sich Castle & Cooke mit der James Dole's Hawaiian Pineapple Company den größten US-Ananasproduzenten ein. 1991 benannte sich das Obstimperium in Dole Food Company um. Heute ist Dole mit zuletzt 4,2 Milliarden Dollar Umsatz und rund 40.000 Mitarbeitern das weltweit größte Obst- und Gemüsehandelsunternehmen. Bananen machen gemeinsam mit Ananas, Orangen und anderem Obst 65 Prozent des Gesamtumsatzes aus.

Bei Chiquita sind Bananen allein für 64 Prozent des Umsatzes zuständig. Insgesamt kommt Chiquita Brands International laut Geschäftsbericht von 2013 auf 3,1 Milliarden Dollar Umsatz im Jahr und hat rund 20.000 Mitarbeiter. Wie sich diese Zahlen mit der Übernahme durch die Cutrale und Safra Groups verändern werden, ist bei Redaktionsschluss dieses Buches noch nicht absehbar. Der Konzern steht damit im Obsthandel bislang auf Rang drei, hinter Dole und Del Monte Foods. Del Monte ist schon seit 1886 im US-amerikanischen Obst- und Gemüsegeschäft aktiv, stieg aber erst 1967 ins Bananengeschäft ein und wurde zur zweiten großen Konkurrenz der United Fruit Company. Heute setzt der Konzern 3,7 Milliarden Dollar mit Gemüse, Obst und Tiernahrung um und kommt auf 46.000 Angestellte.

---

* Auch diese Novelle gab es mal in einer deutschen Ausgabe – Titel: *Kohlköpfe und Caballeros* –, die ebenfalls längst vergriffen und nur noch antiquarisch zu bekommen ist.

Auf Bananen entfallen 46 Prozent des Umsatzes. Die Bananenfirmen sind seit Jahrzehnten börsennotiert und gehören ihren Aktionären – außer Dole, deren sämtliche Anteile der Vorstandsvorsitzende David Murdock 2013 für insgesamt 1,2 Milliarden Dollar aufkaufte.

Exotisches Image, brutale Realität

Von den fragwürdigen, korrupten Machenschaften in den Bananenrepubliken Lateinamerikas bekamen die Kunden in Europa und den USA zunächst nicht viel mit. Die Konzerne präsentierten ihnen saubere, makellose Bananen – das hatte zu genügen. Die United Fruit Company führte zudem im Jahr 1944 etwas ein, was es bis dahin nicht gab: eine Bananenmarke. Sie gaben ihr den Namen »Chiquita«, das spanische Kosewort für »kleines Mädchen«. Plötzlich hatten die ohnehin schon beliebten gelben Früchte ein Gesicht: In einer breit angelegten Werbekampagne tanzte die Miss Chiquita Banana zunächst nur in den USA durch Kinosäle und mit Aufkommen des Fernsehens auch durch Wohnzimmer: eine gelbe Trickfilmbanane mit gestreiftem Rock und Puffärmeln, langen Wimpern, rotem Mund und einem Obstkorb als Hut. Die Vorgängerin der bis heute vom Konzern gepflegten Marketingfigur Miss Chiquita bezirzt in den Werbespots fein gekleidete Männer, besucht brave Mittelklassehausfrauen mit lachenden Kindern in ihren Küchen und beschwört in einem bis heute im US-Radio immer wieder zu hörenden Lied den hohen Nährwert, den richtigen Reifegrad und die korrekte Aufbewahrung von Bananen:

> »I'm Chiquita banana and I've come to say
> Bananas have to ripen in a certain way
> When they are fleck'd with brown and have a golden hue
> Bananas taste the best and are best for you
> You can put them in a salad

You can put them in a pie-aye

Any way you want to eat them

It's impossible to beat them

But, bananas like the climate of the very, very tropical equator

So you should never put bananas in the refrigerator.«*

Angesichts des großen Erfolgs in den USA wurde die Marke Chiquita 1967 auch in Deutschland und anderen Ländern Europas eingeführt. Im Wirtschaftswunderland galten Bananen als Inbegriff des westlichen Luxus, sogar als Beweis des überlegenen politischen Systems – schließlich gab es in der DDR bis zur deutschen Wiedervereinigung nur sehr selten Bananen zu kaufen, und wenn, dann zu horrenden Preisen. Schon in den 60er Jahren verspeiste jeder Westdeutsche im Schnitt 10,2 Kilogramm Bananen im Jahr – heute sind es mit zwölf Kilogramm auch nicht viel mehr. Allerdings drohte die United Fruit Company angesichts der zunehmenden Konkurrenz Marktanteile zu verlieren. Daher machte sie mit ihren Chiquita-Bananen auch in Deutschland und Europa »aus Bananen Markenartikel wie Seife oder Kaffee«, wie das Nachrichtenmagazin *Der Spiegel* im Mai 1967 schrieb, um »das Tafelobst aufzuwerten«. Neu war auch die Einführung von Mindestanforderungen, die später in die EU-Bananenverordnung übergingen: Die Chiquita-Bananen sollten mit einer Länge von mindestens 15 Zentimetern nicht nur größer als andere Bananen sein, sondern auch »von besonders gutem Aussehen«, damit die Kunden den höheren Preis im Vergleich zur »namenlosen Konkurrenz«

---

* Der Text variiert über die Jahre in verschiedenen Versionen. Deutsche Übersetzung: »Ich heiße Chiquita Banane, und ich muss euch sagen: Bananen müssen auf bestimmte Art reifen. Wenn sie braun gefleckt sind und golden glänzen, schmecken sie am besten und sind am bekömmlichsten. Man kann sie in einen Salat schneiden oder in eine Torte. Egal wie Sie sie essen möchten, sie sind unschlagbar. Aber Bananen lieben das Klima des tropischen Äquators, deshalb sollten Sie sie nie in den Kühlschrank legen.«

akzeptierten, so *Der Spiegel* weiter. Den Grundstein für die heutigen Importvorschriften legte der Bananenkonzern also selbst.

Das so harmlos-exotische Image der Chiquita-Bananen überdeckte, dass auf den Plantagen immer bedenklichere Zustände herrschten. Um die Produktion zu steigern und die riesigen Monokulturen gegen zunehmende Probleme mit Insekten, Pilzbefall und anderen Krankheiten zu schützen, setzten die Bananenfirmen äußerst aggressive Pflanzenschutzmittel ein, von denen man inzwischen weiß, dass sie zu Hautkrankheiten, Atemproblemen, Unfruchtbarkeit, Fehlbildungen bei Neugeborenen oder Krebs führen können. Viele Arbeiter hatten täglich Kontakt mit den Pestiziden, bei der Arbeit trugen sie weder Handschuhe noch Stiefel oder Mundschutz. Die Frauen und Männer in den Packstationen tunkten jedes Bananenbüschel vor dem Transport in einen Chemiecocktail, um es zu desinfizieren – ebenfalls ohne Handschuhe. Regelmäßig wurden seit den 30er Jahren zudem Gifte gegen einen neu auftretenden Blattpilz namens *Black Sigatoka* versprüht; zuerst über die Beregnungsanlagen, später mit Hilfe von Kleinflugzeugen, wie sie auch heute noch auf den Plantagen zum Einsatz kommen. Die Gifte wurden eingeatmet, tropften von den Staudenblättern, verteilten sich im schlammigen Boden und wurden von den meist barfuß laufenden Arbeitern bei der Herstellung der Mixtur, beim Reinigen der Geräte oder beim Gang durch die Plantage aufgenommen.

Niemand klärte die Arbeiter über die möglichen Gefahren der eingesetzten Produkte auf. Auch fehlte es an unabhängigen wissenschaftlichen Studien über gesundheitliche Folgen. Der sorglose Umgang mit Pflanzenschutzmitteln war bis weit in die 70er Jahre hinein nicht nur in Lateinamerika, sondern auch in den USA und Europa vollkommen üblich. Allerdings benötigen Bananenplantagen bis heute eine besonders große Menge an Pestiziden; im tropisch-feuchten Klima gedeihen auch Insekten, Pilze, Beikräuter, Bakterien und Würmer besonders gut. Zudem breiten sich Krankheiten in Monokulturen mit genetisch identischen Bananenstauden schnell aus. Zum Schutz der Plantagen werden in Mittelamerika bis heute jedes Jahr um die vierzig, je nach Region sogar fünfzig Kilogramm Chemikalien pro Hektar verteilt. In Europa kommt nur der Weinbau mit zwanzig bis dreißig Kilogramm Pestiziden pro Hektar im Jahr auf eine annähernd ähnliche Größenordnung. Bei Weizen oder Gerste liegt der Verbrauch im Durchschnitt bei lediglich etwa zwei bis vier Kilogramm Pestiziden pro Hektar.

Vor allem zwei Mittel machten den Arbeitern zu schaffen: das als Unkrautvernichter eingesetzte Paraquat mit dem Handelsnamen Gramoxone und das gegen Bodenwürmer benutzte DBCP (Dibromchlorpropan), verkauft unter den Namen Fumazone oder Nemagón. Das Paraquat zogen die Arbeiter in offenen Tonnen über die Seilbahn in die Plantage. Die Flüssigkeit füllten sie von Hand in Kanister, die sie sich auf den Rücken schnallten. Über eine Handpumpe sprühten sie das Mittel auf die unerwünschten, teilweise bis in Kopfhöhe wuchernden Pflanzen, die den Bananenstauden Wasser und Nährstoffe abzugraben drohten. Viele der Arbeiter, die das Paraquat ausbrachten, klagten bald über Atemprobleme sowie Augen- und Hautreizungen. Die größte Gefahr liegt jedoch laut Studien in der potenziell krebserregenden, fruchtschädigenden und schwach mutagenen, also das Erbgut verändernden Wirkung dieses Pestizids. Nimmt man es in größeren Mengen auf, wirkt es tödlich.

Diese Gefahren hat die US-amerikanische Umweltbehörde EPA (Environmental Protection Agency) im Rahmen eines Überprüfungsverfahrens erst 1997 klar benannt. Da die Behörde jedoch davon ausgeht, dass die eingesetzten Mengen in der Landwirtschaft unterhalb einer kritischen Grenze liegen, wurde der Stoff trotz der Gefahren erneut zur Anwendung zugelassen. Auch in Kanada, Australien, Japan und knapp hundert weiteren Staaten ist der Einsatz von Paraquat bis

Schutzkleidung fehlt auf vielen »Billigplantagen« bis heute. Die Arbeiter haben direkten Hautkontakt mit giftigen Pestiziden.

heute erlaubt. Die Europäische Union hingegen entzog dem von der Schweizer Firma Syngenta hergestellten Mittel 2007 die Zulassung. Der Stoff gehört zudem zum »Dirty Dozen«, einer Liste besonders gefährlicher Pestizide des Pesticide Action Network (PAN) – eines weltweiten Netzwerks aus über 600 nichtstaatlichen Organisationen, das sich seit den 80er Jahren den Kampf gegen besonders gefährliche Pestizide auf die Fahnen geschrieben hat.

Auch das Nematizid DBCP gehört zu diesem »dreckigen Dutzend«. Es soll winzige Fadenwürmer (Nematoden) töten, die sich in den Wurzeln der Bananenstauden einnisten und sie an der Nährstoffaufnahme hindern. Wegen des DBCP-Einsatzes kam es vor US-Gerichten zu zahlreichen Klagen lateinamerikanischer Plantagenarbeiter gegen Chiquita, Dole und Del Monte sowie gegen Am-Vac, Dow Chemical, Occidental und Shell, die Hersteller des Mittels. Der zentrale Vorwurf lautet, das über die künstliche Bewässerung versprühte oder verrieselte DBCP habe Zehntausende Plantagenarbeiter in Nicaragua, Costa Rica und anderen Ländern unfruchtbar gemacht. Dole wird vorgeworfen, das Mittel trotz einer 1977 in den USA verhängten Sperre wegen des Unfruchtbarkeitsverdachts auf den Plantagen weiter angewendet zu haben. Die United Fruit Company hatte es damals bereits aussortiert. In einigen Fällen gaben die Gerichte den Arbeitern recht, oder man einigte sich außergerichtlich. Es wurden zweistellige Millionenbeträge zur Entschädigung gezahlt, von denen nach Abzug aller Gerichts- und Anwaltskosten allerdings nur wenig bei den Arbeitern ankam. Andere Fälle wurden aus Mangel an Beweisen eingestellt oder wegen gefälschter Zeugenaussagen und fragwürdigen Vorgehens der Anwälte abgewiesen.

Die Arbeiter in der »grünen Hölle« hatten kaum eine Wahl: Entweder sie arbeiteten ohne Schutzkleidung oder sie mussten sich einen anderen Job suchen, was in vielen Plantagenregionen so gut wie unmöglich war. Die Konzerne hielten ihre Arbeiter in enger Abhängigkeit. So zahlte die United Fruit Company die Löhne jahrzehntelang nur in Wertcoupons, die dann in den firmeneigenen Läden in der Nähe der Plantagen zu teils überteuerten Preisen eingelöst werden mussten. Wer den Job aufgab, musste auch die Kinder aus der Schule nehmen und auf die Gesundheitsversorgung des Konzerns verzichten. Von staatlicher Seite wurden diese Dinge erst sehr viel später und in manchen Ländern bis heute gar nicht zur Verfügung gestellt. Die Wohnungen und Häuser, in denen die Arbeiter mit ihren Familien lebten, gehörten der Company, wurden aber über die Jahre vielerorts kaum instand gehalten. Wer sich indes in Gewerkschaften organisierte, um für bessere Arbeitsbedingungen zu kämpfen, wurde schnell entlassen – vor allem ab den 50er Jahren, als sich der Ost-West-Konflikt der Großmächte USA und Sowjetunion auch in Lateinamerika niederschlug. Die Gewerkschaften wurden politisch zur Seite des Kommunismus gezählt und galten damit als natürliche Feinde der United Fruit Company und der US-Regierung.

Als einziges Mittel des Protests blieb den Plantagenarbeitern der Streik. Davon machten sie häufig Gebrauch, auch wenn sie dabei ihr Leben riskierten. Schon im November 1928 streikten in Kolumbien binnen weniger Tage Zehntausende Arbeiter gegen die United Fruit Company. Je nach Schätzung kämpften zwischen 10.000 und 30.000 Menschen für besseren Wohnraum, höhere Löhne, das Ende der Wertcoupons und kürzere Arbeitszeiten, für eine Sechstagewoche und einen Achtstundentag. Auf ihre Forderungen ging die Company nicht ein, stattdessen beendete die kolumbianische Armee den Streik am 6. Dezember 1928 in der Hafenstadt Ciénaga mit einem blutigen Exzess: Nach der Sonntagsmesse schossen Soldaten in eine Menschenmenge aus Arbeitern, Frauen und Kindern. Die Zahl der Toten wird je nach Quelle mit um die fünfzig bis hin zu mehreren Tausend angegeben. Der Tag ging als Masacre de las Bananeras, als Bananenarbeitermassaker, in die Geschichte ein und inspirierte auch Gabriel García Márquez bei seinem Roman *Hundert Jahre Einsamkeit*. Beendet waren die Massenstreiks der Plantagenarbeiter in Lateinamerika damit noch lange nicht.

In Costa Rica verbreitete sich ein Streik im August 1934 wie ein Lauffeuer über die Plantagen, bis sich schließlich rund 10.000 Arbeiter im Ausstand befanden. Streikkomitees forderten ähnliche Verbesserungen wie in Kolumbien: angemessenen Wohnraum, das Ende der verhassten Coupons, bessere Löhne und eine geregelte medizinische Grundversorgung, die es nicht überall gab. Die Verhandlungen zogen sich über Wochen hin und wurden bald Teil eines ohnehin schwelenden Konflikts zwischen konservativer Regierung und der damals einflussreichen Kommunistischen Partei. Bis die Polizei – offenbar im Auftrag der United Fruit Company – Razzien durchführte, Streikende festnahm oder sie, da viele Bananenarbeiter aus Nicaragua stammten (was bis heute der Fall ist), des Landes verwies. Mehrere Versammlungsorte der Streikführer wurden in Brand gesetzt, es gab immer neue Verletzte. 1949 streikten in Costa Rica wiederum rund 15.000 Bananenarbeiter und lieferten sich gewalttätige Auseinandersetzungen mit der Polizei.

Erst in den 70er Jahren kehrte im Land eine gewisse Ruhe ein, als die Gewerkschaften endlich an Verhandlungen beteiligt und Tarifverträge abgeschlossen wurden, die bis heute als vorbildlich gelten. Doch schon 1984 flammte der Konflikt mit neuer Vehemenz auf: In der damals noch aktiven Plantagenregion Golfito im Südwesten Costa Ricas legten die Arbeiter 72 Tage lang die Arbeit nieder. Mit der Folge, dass United Brands (so hieß die United Fruit Company für einige Jahre, bevor sie sich 1990 in Chiquita umbenannte) sämtliche Plantagen der Region schloss und sich auf die Bananenproduktion im Norden und in der östlichen Atlantikregion konzentrierte.

Zu ähnlichen Plantagenschließungen war es zuvor auch schon in Honduras gekommen, das als klassische Bananenrepublik galt, weil United und Standard Fruit dort über Jahrzehnte maßgeblich mitentschieden, wer das Land auf welche Weise führen durfte. Als dort 1954 ein Bananenstreik quasi das ganze Land lahmlegte, wurde er vermutlich nur deshalb eher gütlich geregelt, weil United Fruit zugleich in eine weitaus größere Operation involviert war: Der US-Geheimdienst CIA plante den Sturz des demokratisch gewählten Präsidenten von Guatemala, Jacobo Árbenz Guzmán, und benötigte das angrenzende Honduras als Aufmarschgebiet. Árbenz hatte nicht nur angekündigt, einen eigenen Hafen und eine eigene Stromversorgung aufzubauen – Dinge, die bisher fest in der Hand der Company waren. Im Zuge einer Landreform sollte auch fast die Hälfte der Flächen der United Fruit Company verstaatlicht werden. Aus Sicht des Bananenkonzerns und der US-Regierung wurde Árbenz damit zum Kommunisten. In einer von der CIA monatelang vorbereiteten Aktion stürzten Truppen des späteren Diktators Carlos Castillo Armas 1954 den gewählten Präsidenten. Waffen und Kämpfer wurden dabei unter anderem auf

Schiffen der United Fruit Company transportiert, wie die Firma sehr viel später zugab. Es war der Auslöser eines mehr als dreißig Jahre dauernden Guerillakrieges, der in Guatemala rund 200.000 Tote und eine Million Flüchtlinge forderte.

Die politischen Verwicklungen des Konzerns gingen weiter. So stellte United Fruit auch 1961 für die gegen Fidel Castro gerichtete Invasion in der Schweinebucht auf Kuba firmeneigene Schiffe zur Verfügung. Und 1975 wurde die Firma von einem US-Gericht dafür verurteilt, dem honduranischen Präsidenten Oswaldo López Arellano 1,25 Millionen Dollar gezahlt und ihm noch einmal dieselbe Summe versprochen zu haben, wenn er die Exportzölle für Bananen senken würde. Der »Bananagate« getaufte Skandal war vermutlich einer der Gründe, weshalb sich Eli Black, der damalige Präsident von United Brands, im selben Jahr aus seinem Fenster im 44. Stock eines New Yorker Bürogebäudes stürzte. Der Suizid war der Höhepunkt der Turbulenzen um den Konzern. Selbst die an extremes und raffgieriges Geschäftsgebaren gewöhnte Wall Street strafte die Firma ab. Der Aktienkurs brach ein, die US-Regierung stellte im Anschluss an den Skandal Bestechungen im Ausland unter Strafe. United Brands zog zunehmend die Kritik von Journalisten, NGOs und Politikern auf sich. Der Wind begann sich gegen den Bananenkonzern zu drehen.

Protest gegen die üblen Machenschaften

Auch in Europa beobachtete man das Treiben des Bananenmultis in dieser Zeit immer kritischer. Einige Fernseh- und Printjournalisten schilderten die Armut und Unterdrückung auf den Plantagen; die politischen Umstürze und mutmaßlichen Verwicklungen der Firma sorgten für Wut und Irritation. Spätestens das 1985 von den USA gegen Nicaragua verhängte Wirtschaftsembargo lenkte den Blick der westlichen Öffentlichkeit verstärkt auf Lateinamerika. Eine breite linksrevolutionäre Bewegung hatte 1979 Nicaraguas langjährigen Diktator Anastasio Somoza Debayle gestürzt, 1984 wurde die neue sandinistische Regierung in einer freien Wahl bestätigt. Linke Gruppierungen aus Deutschland, der Schweiz und anderen europäischen Ländern solidarisierten sich mit den Sandinisten, die sich in einem blutigen Krieg gegen die von der CIA unterstützten Contras wehrten, sie organisierten Hilfe für benachteiligte Dörfer und Regionen, entsandten Mitarbeiter in das Land und forderten einen neuartigen, gerechten Handel – vor allem mit den wichtigen Exportgütern Kaffee und Bananen.

Es war die Zeit der Dritte-Welt-Bewegung. In zahlreichen deutschen Städten wurden die ersten Weltläden gegründet, die zunächst fair gehandelten Kaffee, Tee, Kakao, Gewürze oder Zucker verkauften. Mitte der 80er Jahre begannen sie auch damit, aus Nicaragua importierte »Solidaritätsbananen« zu vertreiben. Aus dieser Bewegung heraus entstanden viele Initiativen zum fairen Handel, unter anderem der bis heute im Bananenhandel aktive Verein BanaFair in Gelnhausen bei Frankfurt am Main. Gemeinsam mit anderen kritischen Gruppen wollten die BanaFair-Mitarbeiter den großen Obst- und Handelskonzernen etwas entgegensetzen. Sie verbanden ihr alternatives Geschäftsmodell, bei dem sie den Bananenbauern einen festen Abnahmepreis sowie zusätzlich eine Prämie zahlten, mit Informationskampagnen über ungerechte Welthandelsstrukturen und öffentlicher Kritik an den Mächtigen auf dem Bananenmarkt. Wenig später wurde auch TransFair gegründet, die deutsche Fairtrade-Organisation, die sich ab Ende der 90er Jahre auch Bananen widmete.

Vielen Menschen in Europa und den USA galt gerade die Firma Chiquita als Inbegriff des skrupellosen Bananenkonzerns, als »politischer Feind«, der sich über alle Sozial- und Umweltbelange hinwegsetzte und alles verkörperte, was in der zunehmend globalisierten Lebensmittelproduktion falsch lief. Schon seit den 70er

Jahren rief man in den USA bei Demonstrationen zum Boykott der Chiquita-Bananen auf und setzte sich für die Rechte lateinamerikanischer Plantagenarbeiter ein. Der Protest blieb nicht ohne Folgen: Chiquita-Bananen blieben immer häufiger in den Supermarktregalen liegen. Die Konsumenten entdeckten ihre Macht, nahmen sich selbst

Protest gegen den Bananenkonzern: In den USA riefen seit den 70er Jahren Demonstranten zum Chiquita-Boykott auf.

als kritische, mündige Bürger wahr und wollten den Konzern nicht länger unterstützen. Chiquita wurde zur Zielscheibe, weitaus mehr als Dole oder Del Monte. Bis heute haftet an Chiquita das Image des übermächtigen Bananenkonzerns, das nicht nur Aktivisten weiterhin skeptisch stimmt, sondern auch viele Verbraucher.

Die 90er Jahre wurden für Chiquita zu einer Phase der Umwälzungen: Das Unternehmen stand nicht nur öffentlich am Pranger, sondern schrieb auch immer häufiger rote Zahlen. Grund dafür waren nicht allein die Boykottaufrufe in den USA und Europa. Der

Konzern hatte sich im Zuge der deutschen Wiedervereinigung und der Öffnung der osteuropäischen Märkte seit 1990 auch verkalkuliert: In der Annahme, den Bananenumsatz dank der zusätzlichen Konsu-

Der Umsatz mit Bananen brach ein. Neue Frachtschiffe wurden zu millionenschweren Sonderabschreibungen für Chiquita.

menten drastisch steigern zu können, ließen Konzern und Regierung in Costa Rica noch Anfang der 90er Jahre 3.000 Hektar Regenwald für neue Plantagen abholzen. Außerdem hatte Chiquita sechzehn neue Frachtschiffe für den Bananentransport bestellt. Doch obwohl Bananen in Osteuropa reißenden Absatz fanden, blieb die Umsatzsteigerung weit hinter Chiquitas Kalkulationen zurück.

Hauptgrund war eine politische Entscheidung, die für den Konzern nicht absehbar war. Die Europäische Union führte 1993 die sogenannte Bananenmarktordnung ein, die den ganzen Bananenmarkt umkrempeln sollte. Bananen von europäischen Inseln wie den Kanaren oder Kreta sowie aus ehemaligen Kolonien in Afrika, der

Karibik und dem Pazifikraum (»AKP-Bananen«) wurden von jeglichen Einfuhrzöllen befreit. Zudem sicherte Europa den dortigen Bananenproduzenten Subventionen zu. Importeure von Bananen aus (vor allem lateinamerikanischen) Drittländern hingegen mussten ab einer bestimmten Menge nun höhere Abgaben zahlen. Damit sanken die zuvor nicht konkurrenzfähigen EU- und AKP-Bananen im Preis, während die Bananen von Chiquita, Dole, Del Monte und anderen Produzenten aus Lateinamerika plötzlich für die Supermarktketten viel teurer wurden.

Chiquitas Marktanteil in Europa brach dadurch um die Hälfte ein. Die neu angelegten Plantagen und teuren Frachter brauchte niemand, sie wurden zu Sonderabschreibungen in Höhe von etwa 700 Millionen Dollar. Die drei großen US-Konzerne beklagten sich bei der Regierung in Washington über die Umsatzeinbußen; gemeinsam mit einigen lateinamerikanischen Staaten legten die USA vor der Welthandelsorganisation (WTO) Beschwerde gegen die EU ein. Der Konflikt artete zum längsten Handelsstreit in der Geschichte der WTO aus und wurde erst 2009 im Genfer Bananenabkommen beigelegt. Seitdem wurden die Zölle schrittweise immer weiter abgesenkt, so dass der Bananenkrieg zwischen den USA und Europa inzwischen als beendet gilt.

Kurz vor Beginn dieser Verwerfungen, die auch Chiquitas Aktienkurs erneut in den Keller sacken ließen, riefen der Raubbau am Regenwald und der ungebrochen hohe Einsatz gefährlicher Pestizide die Umweltbewegung auf den Plan. Neben der ohnehin schon gegen Chiquita in Stellung gebrachten Dritte-Welt-Bewegung beobachtete auch sie das Treiben der Bananenkonzerne kritisch – vor allem die Rainforest Alliance aus New York. Die Gruppe war 1986 von engagierten Menschen gegründet worden, um gegen die weltweite Vernichtung von Regenwald und das damit verbundene Artensterben vorzugehen. Dafür wählten sie einen ungewöhnlichen Weg: Statt zu

Boykotts aufzurufen, wollten sie Unternehmen, die im Regenwald aktiv sind, einen wirtschaftlichen Anreiz verschaffen, nachhaltiger zu arbeiten. Als größter Übeltäter wurde zunächst die Forstwirtschaft ausgemacht, dicht gefolgt von der auf abgeholzten Flächen tätigen Agrarindustrie.

Im Jahr 1989 stellte die Rainforest Alliance ihr Konzept vor. Das fußte auf der Überzeugung, dass Unternehmen und Regierungen tropischer Entwicklungs- und Schwellenländer ihre Wälder nur schützen werden, wenn sie davon profitieren – wegen der Einnahmen aus dem Tropenholzexport und der Arbeitsplätze. Deshalb könne eine verantwortungsbewusste Forstwirtschaft dazu beitragen, den Regenwald zu schützen, weil er andernfalls von völliger Abholzung zugunsten profitablerer Viehweiden oder Palmöl- oder Sojaplantagen bedroht sei. Daher war eine umweltschonende, nachhaltigere Holznutzung in artenreichen Wäldern das erste Ziel.

Dafür entwickelten Umweltschützer und Wissenschaftler strenge Kriterien: Nur so viel Holz darf geschlagen werden, wie wieder nachwächst. Umfangreiche Managementpläne müssen aufgestellt werden. Kahlschlag ist verboten. Stattdessen sollen Arbeiter einzelne Bäume selektiv fällen und dabei Rücksicht auf umstehende Bäume und sensible Ökosysteme nehmen. Artenreiche Zonen sind tabu, wo geschlagen wurde, darf sich der Wald anschließend regenerieren. Die einheimische Bevölkerung muss bei allen Plänen aktiv eingebunden und die Rechte der Ureinwohner müssen geachtet werden. Im Gegenzug sollten die Firmen das Holz mit einem Gütesiegel versehen und zu einem höheren Preis auf dem Markt verkaufen können. Rücksicht zahlt sich aus – so der Anreiz.

In Indonesien und Mittelamerika vergab die Rainforest Alliance 1990 erstmals ihr »Smart Wood«-Siegel an zwei Holzfirmen. Parallel trieben auch andere Umweltgruppen die Idee der nachhaltigen Holzwirtschaft voran, der UN-Gipfel für Umwelt und Entwicklung in Rio de Janeiro gab 1992 der Bewegung weiteren Schwung. So gründete die Rainforest Alliance 1993 gemeinsam mit Greenpeace, dem WWF und weiteren Umweltschutz- und Menschenrechtsorganisationen, Gewerkschaften und Teilen der Holzindustrie einen unabhängigen Verein für nachhaltige Forstwirtschaft: den Forest Stewardship Council (FSC, Rat für nachhaltige Forstwirtschaft). Der FSC stellt weltweit gültige Bedingungen und Kriterien auf, die eingehalten werden müssen, wenn Firmen ihre Produkte mit dem FSC-Logo kennzeichnen wollen. Die Rainforest Alliance wurde zu einem von zahlreichen international tätigen Zertifizierern, die sich beim FSC akkreditieren lassen müssen und anschließend die Holzfirmen überprüfen. Weltweit werden inzwischen mehr als 180 Millionen Hektar Wald nach den Kriterien des FSC bewirtschaftet. Das Siegel für »Holz aus vorbildlich bewirtschafteten Wäldern« prangt auch in deutschen Möbelläden und Baumärkten auf Betten, Fensterrahmen oder Gartenbänken sowie auf vielen Papier- und Kartonprodukten. Viele Waldregionen wurden so vor dem Kahlschlag bewahrt. Zugleich sichert das FSC-Siegel Firmen und Arbeitern vor Ort ein stabiles, langfristiges Einkommen – was Kunden hierzulande mit ihrem Holzeinkauf unterstützen können.

Dann nahm sich die Rainforest Alliance das nächste Thema vor: Bananen. Weder für die gelben Früchte noch für irgendein anderes landwirtschaftliches Produkt aus den Tropen gab es damals Nachhaltigkeitsprogramme, die dem Umweltschutz Rechnung trugen. Auch Bio-Bananen waren noch ein ferner Zukunftstraum. Dabei wirkten sich die Abholzung, die Monokulturen und der Pestizideinsatz bei der Bananenproduktion stark auf die Menschen, Böden, Flüsse, Wälder und Küsten der Anbauregionen aus.

Die Rainforest Alliance gründete ein kleines Büro in Costa Rica. Angesichts von Chiquitas jüngsten Abholzungen zu Beginn der 90er Jahre und aufgrund der politischen Stabilität des Landes fanden sie, dass dies ein geeigneter Ort sei, um Kontakt mit der Bananenindustrie aufzunehmen. Sie wollten der Branche einen ähnlichen wirtschaftlichen Anreiz für mehr Nachhaltigkeit schaffen wie den Holzfirmen: Über ein Gütesiegel sollten Kunden Bananen aus umweltschonendem Anbau erkennen und kaufen können.

Ein Treffen unter Feinden

»Niemand von ihnen wollte zu Beginn mit uns reden. Beim ersten Treffen haben sie uns sogar fast rausgeschmissen«, erinnert sich Alejandro Álvarez schmunzelnd während eines gemeinsamen Abendessens in Costa Ricas Plantagenregion an die erste Begegnung der Rainforest Alliance mit Vertretern der großen Bananenfirmen. Ihn treiben die Bedingungen des Bananenanbaus seit 1990 um. Heute arbeitet er als Kontrolleur der Rainforest Alliance auf Plantagen in ganz Lateinamerika. Am nächsten Tag will er mir zeigen, was es mit dem Better Banana Project der Umweltgruppe auf sich hat und was sich seit Beginn der 90er Jahre verändert hat.

»Wir haben zunächst gemeinsam mit Forschern, lokalen Umweltgruppen und unabhängigen Plantagenbetreibern Kriterien für einen nachhaltigen Bananenanbau entwickelt. Gleichzeitig sind wir immer wieder auf die Konzerne zugegangen«, schildert Álvarez die ersten Schritte. Bei Chiquita, Dole und Del Monte bissen sie zunächst auf Granit, denn die Rainforest Alliance verband mit ihren Vorschlägen die Forderung, jederzeit Zugang zu den Plantagen zu erhalten: Sie wollten mit jedem Arbeiter sprechen, Boden- und Wasserproben nehmen, die Unterlagen der Plantage einsehen, Aufbewahrung und Art der Pestizide überprüfen dürfen und vieles mehr. Fremde Inspektoren wollte aber kein Bananenkonzern auf seine Plantagen lassen. Schon gar nicht die einer Umweltorganisation und jedes Jahr aufs Neue, um die Verbesserungen zu überprüfen und immer strengere Auflagen einzuführen, wie von der Umweltgruppe vorgesehen. Die

Arbeit auf den Plantagen war ein seit Jahrzehnten wohlgehütetes Betriebsgeheimnis, und so sollte es auch bleiben.

Nachdem jedoch Vertreter der Rainforest Alliance im Jahr 1992 erstmals viele Stunden auf einer Chiquita-Plantage in Costa Rica zu Gast gewesen waren, erklärte sich der damalige Regionalmanager im Land, David McLaughlin, schließlich bereit, die Zusammenarbeit wenigstens einmal auszuprobieren. »Ich war die massiven Kampagnen der Umwelt- und Menschenrechtsgruppen gegen Chiquita einfach leid«, begründet McLaughlin, der inzwischen die Seiten gewechselt hat und die Landwirtschaftssparte des WWF in den USA leitet, seinen Entschluss in einem Interview. »Selbst meine Kinder fragten mich angesichts der negativen Fernsehspots schon, was wir falsch machten.«

»David McLaughlin ging ein großes Risiko ein«, nickt Alejandro Álvarez, »denn ehrlich gesagt wusste niemand, wie sich unser Programm auf die Bananenindustrie auswirken würde. Wir galten in der Branche als Erzfeind.« Zunächst ohne die Unternehmensführung in den USA über seine Pläne zu informieren, plante McLaughlin, die Arbeit auf zwei Chiquita-Farmen in Costa Rica nach den Vorschlägen der Rainforest Alliance und ihres Better Banana Project umzustellen. Es war der Beginn eines Wandels, der das Unternehmen Chiquita bis heute prägt und der sich inzwischen auf viele Länder Lateinamerikas ausgeweitet hat.

Am nächsten Morgen folge ich Alejandro Álvarez und seinen Kolleginnen Ana Lucía Corrales und Ana Garzón auf einem Rundgang über eine Bananenplantage. Sie wollen mir zeigen, was sich seit Beginn der 90er Jahre verändert hat. Unter den Stauden und blauen Plastiktüten hindurch laufen wir bis zu einem der vielen Kanäle, die jede Plantage durchziehen, um das Wasser der tropischen Regengüsse herauszuleiten. Die Böschungen des Kanals sind mit dichten, dunkelgrünen Bodendeckern bewachsen, in die Álvarez prüfend mit der Hand greift. Früher sei der Boden rund um die Stauden und in den

Kanälen komplett kahl gewesen, erzählt mir Corrales. Mit Pflanzenschutzmitteln wurde alles zerstört, was als Unkraut galt. »Dadurch kam es zu Erosion, jeder Regen spülte Erde weg, und die Mittel gelangten in die Umgebung.« Die Rainforest Alliance fordert bis heute, dass die Bananen zuerst mit mechanischen und biologischen Mitteln vor Plagen und Unkraut geschützt werden müssen. Nur wenn das Vorgehen nicht funktioniert, dürfen Chemikalien eingesetzt werden. Allerdings muss es stets das Produkt sein, das von allen für die jeweilige Anwendung zur Verfügung stehenden am wenigsten giftig ist. Das Ziel ist, die Pestizide nach und nach ganz auszumustern, doch dieses Ziel ist schwieriger zu erreichen als ursprünglich gedacht.

Die Arbeiter begannen also, das Beikraut von Hand zu roden und zusätzlich Bodendecker zu pflanzen, die den Bananen kaum Nährstoffe oder Wasser wegnehmen, aber andere Pflanzen davon abhalten, sich auszubreiten. Auf den meisten der von der Rainforest Alliance kontrollierten Farmen ist der Boden inzwischen mit einem Bodendecker namens Geophila oder Oreja de Ratón (wörtlich »Rattenohr«) übersät. Herbizide werden nur noch dort eingesetzt, wo Macheten und Bodendecker gegen besonders hartnäckige und hoch wachsende Pflanzen nicht ankommen.

Dabei wurde gleich zu Beginn der Zusammenarbeit mit der Rainforest Alliance eines der giftigsten Mittel aussortiert: das bereits erwähnte Paraquat. Es war eine der Grundbedingungen der Umweltschutzorganisation, auf den Einsatz aller Mittel zu verzichten, die auf der Liste des »Dirty Dozen« des Pestizid-Aktions-Netzwerks stehen. Heute wird statt Paraquat meist Glyphosat verwendet. Dieses ist zwar wegen seines weltweiten, flächendeckenden Einsatzes auf landwirtschaftlichen Flächen, vor allem bei gentechnisch verändertem Saatgut, ebenfalls umstritten. Auf die Umwelt und die menschliche Gesundheit wirkt es sich aber laut zahlreichen Studien weitaus milder aus als Paraquat.

Dünne Plastiktüten sollen die Fruchtstände der Bananen vor Insekten schützen. Sie sind zusätzlich mit Pestiziden imprägniert.

Jahrzehntelang türmten sich die Plastikabfälle an den Rändern der Plantagen. Der Müll gelangte in die Umwelt und verschmutzte die Flüsse und das Meer.

»Ein weiteres Problem war das Plastik«, fährt Alejandro Álvarez fort. »An vielen Stellen der Plantage häufte es sich zu riesigen Müllhalden, die oft monatelang nicht entsorgt wurden.« Er deutet über den Kanal und in die Plantage hinein. Vor allem die blauen Tüten, die bis zur Ernte um die Bananenbüschel gewickelt sind, hatten sich zur

Plage entwickelt. Gemeinsam mit leeren Pestizidfässern, Düngersäcken und den Kunststoffschnüren, die die Stauden am Umfallen hindern, türmten sie sich oft meterhoch. Der Plastikmüll gelangte in die Flüsse und ins Meer und verfing sich in den Bäumen und Sträuchern der Umgebung, tonnenweise verbreitete er sich im ganzen Land. Heute werden die Tüten und Schnüre von den Plantagenarbeitern eingesammelt, zu Bündeln geschnürt und verkauft: an eine von Chiquita ins Leben gerufene, inzwischen unabhängige Recyclingfabrik, die daraus im Auftrag vieler Bananenproduzenten neue Kunststoffprodukte herstellt.

Allerdings sind die blauen Plastiktüten mit Pestiziden imprägniert. Einige Meter von uns entfernt lehnt ein Arbeiter eine Leiter an eine der Stauden, die noch keine Bananen tragen. Er klettert nach oben und zieht eine gefaltete Tüte aus einer Hüfttasche. Mit geübten Handgriffen stülpt er sie von unten über den großen, roten Blütenstand, der von der Staude herunterhängt. Oberhalb des wunderschön anzusehenden Gebildes bedecken sogenannte Hochblätter die zahlreichen Blüten der Pflanze. »Aus ihnen wachsen die Bananen rundherum wie Finger erst in Richtung Boden. Nach und nach biegen sie sich dann in Richtung Sonne«, erklärt mir Corrales. Daher rührt also die krumme Form der Bananen.

Die Blüten locken aber auch jede Menge Insekten an, die auf den Schalen der wachsenden Bananen Spuren hinterlassen oder ihre Rüssel in die Frucht hineinbohren. Das gilt es zu verhindern. Die Tüten werden daher mit Insektiziden imprägniert. Jahrelang wurde dafür ausschließlich der Wirkstoff Chlorpyrifos verwendet. Die Arbeiter mussten alle drei Monate ihre Blutwerte vom Arzt kontrollieren lassen. Das Mittel kann zu Koliken und Erbrechen führen und das Nervensystem angreifen, Studien weisen auch auf einen Zusammenhang mit Hirnschäden bei Embryos hin, weshalb es erst recht in der Kritik von Umweltschützern und Arbeiterbewegungen steht. Chiquita hat nach eigenen Angaben inzwischen auf allen Plantagen auf die milderen Chemikalien Bifenthrin oder Thiadiazine umgestellt. Die Umstellung wurde aber erst 2013 komplett vollzogen, zuvor gab es immer wieder heftige Kritik von Journalisten und NGOs, wenn noch

Arbeiter, die mit Pestiziden in Kontakt kommen, tragen auf von der Rainforest Alliance kontrollierten Plantagen Schutzkleidung.

Chlorpyrifos-Tüten auf den Plantagen gefunden wurden. »Die Plantagen benötigen eine gewisse Zeit, um auf Alternativen umzusteigen«, meint Alejandro Álvarez dazu. »Nicht in jeder Region wirken die harmloseren Mittel, und die Insekten vermehren sich teilweise sehr stark. Vor allem nach einem der vielen Tropenstürme oder Hurrikane ist das ein großes Problem.« Es habe zudem ein wenig gedauert, alle Plantagenmanager von der Umstellung zu überzeugen.

In Deutschland wird Chlorpyrifos bis heute im Obst- und Weinanbau eingesetzt und ist in manchen Schädlingsbekämpfungsmitteln für Haus und Garten enthalten, die frei verkäuflich sind.

Der Arbeiter klettert von seiner Leiter, zieht für einen Moment die Atemschutzmaske von Mund und Nase, nickt uns zu und eilt zur nächsten Staude. Nach etwa vier Wochen haben sich die Insektizide aus den Tüten verflüchtigt, sagt Alejandro Álvarez. Dann sind die Blüten verwelkt, die Tüten bleiben nur noch als mechanischer Schutz hängen. Álvarez blickt dem Arbeiter hinterher: »Solche Masken gab es früher nicht auf den Plantagen, genauso wenig wie Handschuhe und Gummistiefel oder die Vorschrift, lange Hemden und Hosen zu tragen. Heute ist die Ausrüstung für sämtliche Arbeiter Pflicht, die mit Pestiziden in Kontakt kommen. Je nach Produkt gibt es noch Schürzen, Mützen oder Schutzbrillen. Auch wenn es in der tropischen Hitze nicht immer angenehm ist, mit so einer Ausrüstung herumzulaufen.«

Das kann ich bestätigen: Als wir später einem Arbeiter dabei zusehen, wie er in voller Montur Herbizide versprüht, dürfen wir den Bereich nur mit den gleichen Atemschutzmasken betreten, die der Mann mit den Plastiktüten trug. Sie ähneln denen, die Bauarbeiter bei großer Staubentwicklung tragen. Schon nach einer halben Minute beginne ich darunter unglaublich zu schwitzen, das Atmen fällt schwerer als sonst, aber ich darf – und will – sie nicht absetzen.

Kompromisse für »bessere« Bananen

Von Beginn an suchte die Rainforest Alliance nach Kompromissen mit der Bananenindustrie. Man wollte den Einsatz giftiger Pestizide reduzieren und den Umweltschutz verbessern, aber die Plantagen sollten auch weiterhin so produktiv sein, dass sie keine Umsatzeinbußen hinnehmen müssen. Die Umstellungen durften daher nicht zu schnell und zu radikal sein. Sonst, so fürchteten die Mitglieder der Umweltgruppe, würden die Plantagenbetreiber jegliches Interesse an der Zusammenarbeit verlieren. Und tatsächlich hat Chiquita den Einsatz der giftigsten Pestizide nach eigenen Angaben über die Jahre halbiert. Im Zeitraum 2000 bis 2011 fiel der Anteil der von der Weltgesundheitsorganisation (WHO) festgelegten Gefahrenklassen Ia, Ib und II am gesamten Pestizideinsatz des Konzerns von rund 35 auf etwa 17 Prozent.

Im Laufe des Tages zeigen mir Álvarez und seine Kolleginnen immer weitere Veränderungen, zu denen ihr Better Banana Project geführt hat. So reinigen inzwischen Filter und Barrieren das Abwasser der Plantage von organischem und anderem Müll, der zuvor Kanäle und Flüsse verstopfte. Das Waschwasser in den Becken der Packstation, das die Bananen von Insekten und Pestizidresten befreit, enthält keine Chemikalien mehr und wird, wenn möglich, wiederverwendet, um Frischwasser zu sparen. Um die Bananen für den Transport vor Pilzbefall zu schützen, werden sie über ein Rollband in geschlossene Sprühkammern gefahren, wo ein Fungizid sie einnebelt – so kommen die Arbeiter nicht mit dem Mittel in Kontakt. Wer die Früchte anschließend noch berührt, trägt Gummihandschuhe. Regelmäßig nehmen externe Labors Proben vom Abwasser und vom Boden der Plantage, um es auf Chemikalien und Schadstoffe zu prüfen. Liegen die Werte über einem bestimmten Niveau, muss die Plantage nachbessern.

An den Rändern vieler Plantagen wurden zudem bis zu zehn Meter breite Streifen mit Bäumen und Sträuchern bepflanzt. Sie sollen nicht nur Vögeln, Insekten, Fröschen und anderen Wildtieren einen Zufluchtsort bieten und die umgebenden Waldgebiete als Biokorridore miteinander vernetzen, sondern schützen auch dahinter liegende Straßen, Wege und Flüsse sowie die oft nahen Häuser und Schulen vor Pestiziden, die herüberwehen könnten. Zusätzlich filtern die Wurzeln das abfließende Grundwasser auf natürliche Weise. Unter Agrarexperten gelten solche Vegetationsränder als wirksame Maßnahme, um landwirtschaftliche Monokulturen etwas umweltschonender zu gestalten.

Auch in Europa sollten bis vor Kurzem solche »ökologischen« Vorrangflächen an Feldrändern zur Pflicht werden. Doch das Vorhaben wurde im Zuge der Reform der Gemeinsamen Agrarpolitik der EU aufgeweicht, nun gibt es etliche Möglichkeiten, die Vorschrift zu umgehen. Vor allem die deutsche Bundesregierung wollte ihre Landwirte vor »allzu strengen« Maßnahmen schützen.

Álvarez und seine Kolleginnen führen mich hinter die Packstation, wo den Mitarbeitern Duschen, Umkleideräume, Toiletten und eine überdachte Cafeteria zur Verfügung stehen. Die Kleidung der Arbeiter, die auf der Plantage Pestizide ausbringen, wird nach der Arbeit gewaschen. Sie ziehen dann wieder ihre Straßenkleidung an und müssen nicht wie früher in verseuchten Klamotten nach Hause gehen. »Solche Dinge halten Europäer oder Amerikaner oft für selbstverständlich«, lächelt Ana Lucía Corrales mir zu. »Aber das alles gab es noch in den 90er Jahren auf so gut wie keiner Plantage. Und auf vielen nicht von uns kontrollierten Plantagen ist es bis heute Fehlanzeige.«

Nicht nur für die Arbeiter wurden neue Gebäude errichtet. Auch die Säcke und Kanister mit den chemischen Gift- und Düngemitteln stehen nun in überdachten, verschließbaren Lagerhäusern aus Stein statt in Bretterbuden oder offen am Rande der Plantage. Wer mit den Mitteln hantiert, muss sich vorher Schutzkleidung und -masken abholen. Zudem werden die Arbeiter regelmäßig im korrekten Umgang mit Agrochemikalien und ihrer Aufbewahrung geschult. So seien für die Wurmmittel, sogenannte Nematizide, ein Ganzkörperschutz und eine Atemmaske Vorschrift, berichtet Antonia Chávez, die für die Lagerhalle zuständig ist und Listen über die Bestände führt. Zwar werde das durch Klagen und Skandale bekannt gewordene Nematizid DBCP längst nicht mehr eingesetzt.* Aber auch die Ersatzstoffe zählen zu den aggressivsten Mitteln auf der ganzen Plantage. Substanzen wie Ter-

---

* Das Mittel steht im Verdacht, Zehntausende Arbeiter auf Bananenplantagen in Lateinamerika unfruchtbar gemacht zu haben. Nach Prozessen gegen Bananenkonzerne und Hersteller in den USA mussten diese Schadensersatzzahlungen in Millionenhöhe leisten.

bufos oder Carbofuran sind in Costa Rica als Nematizide zugelassen, Chiquita benutzt vorwiegend den Wirkstoff Oxamyl. Alle drei gelten als extrem bis hochgefährlich für die menschliche Gesundheit.

Einmal die Woche versprühen Flugzeuge chemische Mittel gegen den Blatt-pilz Black Sigatoka über den Plantagen.

»Ohne die Mittel geht es bisher leider nicht, wenn man eine bestimmte Produktivität beibehalten will«, so Chávez, »die Würmer sind eines der größten Probleme auf den Plantagen.« Vor allem der winzige Fadenwurm *Radopholus similis* greife die Wurzeln der Bananenstauden hartnäckig an und lasse sie absterben. Allerdings würden die Nematizide bei Chiquita nur noch drei- statt viermal im Jahr ausgebracht und nicht als Granulat unter den Pflanzen verteilt, sondern direkt in die Wurzeln injiziert, erfahre ich. Auf diese Weise würden die Nematizide nicht mehr ins Grundwasser oder die Umgebung gelangen. Zudem sei damit der Gesamtverbrauch seit dem Jahr 2009 fast auf die Hälfte der ursprünglichen Menge gesunken.

Auch auf die gelben Flugzeuge, die einmal in der Woche über den Plantagen Antipilzmittel versprühen, könne die Branche bisher nicht verzichten, berichten die Mitarbeiter der Rainforest Alliance. Zwar sind sie Umweltschützern, Anwohnern und NGOs seit Langem ein Dorn im Auge. Doch sonst, so Álvarez, würde sich ein gefürchteter Blattpilz namens Black Sigatoka (*Mycosphaerella fijiensis*) rasend schnell auf den Plantagen ausbreiten. Er könnte innerhalb weniger Wochen die Blätter sämtlicher Stauden in der Umgebung vernichten, es kamen deshalb schon ganze Plantagen zum Erliegen. Immerhin seien auch hierbei die von Chiquita benutzten Mittel inzwischen weniger gefährlich: Es wird vor allem der Wirkstoff Mancozeb eingesetzt, der laut WHO und EPA »praktisch ungiftig« ist. Wissenschaftler aus Costa Rica und anderen lateinamerikanischen Ländern widersprechen dieser Einschätzung jedoch vehement. In neuesten Studien weisen sie nach, dass Mancozeb mitnichten so harmlos ist, wie Behörden, Hersteller und Produzenten behaupten. In einigen Tagen bin ich mit einigen von ihnen verabredet, um mehr darüber zu erfahren.

Geht es wirklich nicht ohne Pestizide?, frage ich mich. Alejandro Álvarez erklärt mir, dass man in tropischen Regionen wie Costa Rica Bananen bisher nicht auf gänzlich ökologische Weise anbauen kann – also ohne chemische Pflanzenschutz- und Düngemittel. Das Klima sei dafür zu feucht, Pilze, Insekten und Fadenwürmer seien zu aggressiv. Tatsächlich stammen sämtliche Bio-Bananen, die in Europa verkauft werden, aus Peru, Ecuador, Kolumbien und der Dominikanischen Republik, wo es auch trockenere Regionen gibt und Plagen wie die Black Sigatoka so gut wie nicht vorkommen. In Costa Rica gibt es zwar erste Versuche, Bananen biologisch anzubauen, doch bisher nur auf zwei unabhängigen Plantagen, und diese kämpfen mit erheblichen Problemen. In den nächsten Tagen werde ich auch diese Plantagen besuchen.

Die Maßnahmen auf den Chiquita-Plantagen sind im Vergleich zu früher tatsächlich eine »Revolution«, wie Alejandro Álvarez behauptet hat. »Auf den von uns kontrollierten Plantagen wird heute ganz

anders gearbeitet als noch vor zwanzig Jahren«, sagte er. 1994 passierte, womit noch wenige Jahre zuvor niemand gerechnet hätte: Die ersten zwei Chiquita-Plantagen in Costa Rica erhielten das Zertifikat der Rainforest Alliance, weil sie deren Maßnahmenkatalog erfolgreich umgesetzt hatten. Regionalmanager David McLaughlin wollte nun auch weitere Farmen umstellen und begann, der Unternehmensleitung in den USA von dem Vorhaben zu berichten. Er brauchte Unterstützung und Geld, denn Neuerungen wie Schutzkleidung, Lagerhäuser, Wasseranalysen, Schulungen und die Umstellung auf alternative Chemikalien forderten immer neue Investitionen.

In der Chefetage von Chiquita in den USA stieß das Experiment zunächst auf große Skepsis. Allerdings waren dort auch die Kampagnen kritischer NGOs und Boykottaufrufe gegen Chiquita nicht ohne Wirkung geblieben. »Es war deutlich zu spüren, dass unsere Kunden und Verbraucher in Europa und den USA immer mehr Wert auf Umweltschutz und Arbeiterrechte legten«, schildert George Jaksch die Stimmung bei Chiquita in einem Gespräch am Rande einer Bananenplantage in Costa Rica. Der gebürtige Deutsch-Brite, der selbst lange in Lateinamerika gelebt hat, ist seit Ende der 90er Jahre Direktor für

Unternehmensverantwortung (Corporate Social Responsibility) bei Chiquita und Sprecher des Unternehmens in Europa. So oft wie möglich verlässt er sein Antwerpener Büro und besucht die Plantagen, um sich über die Fortschritte vor Ort zu informieren. »Wir erhielten auch Tausende von Briefen von Menschen, die wissen wollten, warum wir dies oder jenes taten.« Er blickt in die Luft, wo ein Sprühflugzeug mit lautem Motor zu einer weiteren Runde über eine Plantage ansetzt. »Der Druck war definitiv da.«

Zugleich hatte nach Aussage von Jaksch auch im Unternehmen ein Umdenken begonnen. »Viele Mitarbeiter sehnten einen Kurswechsel herbei«, erinnert er sich. »Eine neue Generation« war am Hebel und suchte nach Lösungen. Aus eigener Überzeugung heraus fanden viele: Wir müssen etwas tun.« Man begann daher, das Better Banana Project nicht länger als Bedrohung zu sehen, sondern als Chance.

Unter Leitung des Vorstandsvorsitzenden Steven Warshaw fiel 1996 eine Entscheidung, die das Unternehmen bis heute prägt: Sämtliche Chiquita-Plantagen in ganz Lateinamerika – also zu jener Zeit in Costa Rica, Guatemala, Honduras, Panama und Kolumbien – sollten an dem Projekt der Rainforest Alliance teilnehmen. Chiquita investierte dafür zunächst rund zwanzig Millionen Dollar, für laufende Maßnahmen und weitere Verbesserungen wurden bis heute insgesamt um die fünfzig Millionen Dollar fällig. »Manche mögen das vielleicht nicht glauben, aber wir wollten ein sozial verantwortliches Unternehmen sein«, erklärt George Jaksch den Sinneswandel. »Dabei war damals nicht absehbar, ob der Plan aufgeht.« Noch immer arbeitete zunächst kein anderer großer Bananenkonzern mit der Rainforest Alliance zusammen – die Branche war skeptisch, ob es sich wirtschaftlich lohnen würde.

1997 erteilte die Rainforest Alliance sämtlichen Chiquita-Plantagen in Costa Rica ihr Zertifikat, im Jahr 2000 bestanden alle firmeneigenen Plantagen in ganz Lateinamerika die Kontrollen. Heute sind zusätzlich sämtliche Zulieferer, von denen Chiquita Bananen bezieht, von der Rainforest Alliance zertifiziert. Jedes Jahr wird im Rahmen mehrtägiger Kontrollen überprüft, ob die Plantagen die Standards einhalten, neu hinzugekommene Vorgaben einführen und Pläne für weitere Verbesserungen haben. Nur dann wird das Zertifikat erneut vergeben.

Gegenwind aus Europa – und die Folgen

Die Kunden in Europa bekamen von den Umstellungen des Bananenkonzerns zunächst nichts mit. Erst 2005 entschied Chiquita, das Gütesiegel der Rainforest Alliance mit dem grünen Frosch* auf einen Großteil aller Bananen zu kleben, die sie in Deutschland und anderen europäischen Ländern verkaufen – zusätzlich zum blau-gelben Chiquita-Sticker. In den 90er Jahren ging das Unternehmen mit der Zusammenarbeit zunächst noch nicht an die Öffentlichkeit. Man wollte erst abwarten, wie sich das Programm entwickelt.

Dann kam das Jahr 1998, in dem der Konzern herbe Rückschläge einstecken musste.

In Panama streikten zu Beginn des Jahres 5.000 Arbeiter gegen Chiquita wegen schlechter Bezahlung und der mangelnden Ausbesserung von Wohnhäusern und Latrinen. Der Arbeitskampf zog sich über 75 Tage hin, Chiquita machte Verluste im zweistelligen Millionenbereich. Kurz nachdem der Streik unter Vermittlung durch das panamaische Arbeitsministerium beigelegt worden war, erschien im Mai im *Cincinnati Enquirer*, der Tageszeitung am damaligen Hauptsitz von Chiquita in Ohio, eine 18-seitige Sonderbeilage. Ihr Titel: »Chiquitas Geheimnisse aufgedeckt«. Die Berichte basierten auf einer

---

* Bis 2001 nannte sich das Gütesiegel der Rainforest Alliance »Eco-O.K.«, wurde aber nicht auf die exportierten Bananen geklebt.

einjährigen Recherche in Lateinamerika und den USA und schilderten wenig Rühmliches: Es ging um Bestechungen und Steuerhinterziehungen in lateinamerikanischen Staaten, die schlechte Behandlung von Plantagenarbeitern sowie den mancherorts noch immer fahrlässigen Gebrauch gefährlicher Pestizide. Auch die Rainforest Alliance wurde wegen angeblich zu lascher Auflagen kritisiert und ihre Unabhängigkeit in Frage gestellt.

Dann, im Oktober, traf der Hurrikan Mitch auf Honduras, wo Chiquita bis heute etliche Plantagen besitzt. Tausende Tote, Millionen Obdachlose und zahllose zerstörte Straßen und Brücken waren die Folge, siebzig Prozent aller Bananenplantagen waren verwüstet, die Angestellten verloren ihre Arbeit – vielfach auch in den Nachbarländern Guatemala, Nicaragua und El Salvador. Chiquita unterstützte Hilfsmaßnahmen, um der Region auf die Beine zu helfen, und erklärte sich bereit, die Plantagen wieder aufzubauen, was in der Branche nicht selbstverständlich war. Die Arbeiter sollten während dieser Zeit weiter bezahlt werden, wofür Chiquita von kirchlichen und sozialen Gruppen in den USA ausnahmsweise sogar gelobt wurde.

Dennoch waren es vor allem die Enthüllungen des *Cincinnati Enquirer*, die in den USA und Europa hohe Wellen schlugen. Auch wenn die Reporter kurz darauf zugaben, dass manche Informationen aus dem illegalen Abhören interner Voicemail-Nachrichten von Chiquita stammten – worauf die Zeitung ihnen kündigte und dem Konzern mehr als zehn Millionen Dollar als Schadenersatz zahlen musste. Die inhaltlichen Vorwürfe wurden von Chiquita nicht ausgeräumt. Der Skandal war Wasser auf die Mühlen der Kritiker des Konzerns.

In Brüssel traf sich wenig später das 1998 gegründete Netzwerk Euroban – ein Zusammenschluss mehrerer Organisationen unter Federführung der britischen NGO Banana Link, die für »sozial gerechte, rentable und umweltfreundliche Tropenfrüchte« eintreten – mit der Dachorganisation der Bananenarbeiter-Gewerkschaften Lateinamerikas COLSIBA zu einer Konferenz über den Bananenhandel. In Deutschland beteiligte sich vor allem der im fairen Handel aktive Verein BanaFair an der Kritik und veranstaltete 1999 – pünktlich zum

Zu Chiquitas 100-jährigem Firmenbestehen fordern Aktivisten 1999 in Bremen und Hamburg bessere Arbeitsbedingungen auf den Plantagen

hundertjährigen Bestehen von Chiquita – im Hamburger Hafen und am deutschen Firmensitz in Bremen Demonstrationen und Boykottaufrufe. Die Teilnehmer warfen Chiquita auf Transparenten »100 Jahre krumme Dinger« vor und forderten: »Schluss mit der Ausbeutung von Mensch und Umwelt«.

Als ich Alistair Smith, den Leiter von Banana Link, 2012 in Prag während einer Konferenz über »Unternehmensverantwortung entlang der Lieferkette bei Tropenfrüchten« auf die damaligen Proteste anspreche, sagt er, dass Chiquita wohl das »Pech« gehabt habe, zur Zielscheibe von Protesten zu werden, die im Grunde alle Bananenkonzerne und auch andere landwirtschaftliche Produkte betrafen.

»Nur weil Chiquita angefangen hatte, sich zu bewegen, wollten wir noch lange nicht weggehen und sagen: ›Wunderbar, jetzt könnt ihr machen, was ihr wollt.‹« Chiquita war eben sehr bekannt und die Banane das ideale Symbol für Verfehlungen multinationaler Unternehmen. »Sojabohnen sind einfach nicht so sexy, obwohl die Probleme dort ähnlich sind«, wird Smith im Buch *Smart Alliance* der Autoren J. Gary Taylor und Patricia J. Scharlin zitiert.

Die Ereignisse hatten auf Chiquita eine starke Wirkung. Kurz nach der Brüsseler Euroban-COLSIBA-Konferenz rief der Vorstandsvorsitzende Steven Warshaw eine Abteilung für Corporate Social Responsibility ins Leben, die einen Verhaltenskodex und ethische Werte für Chiquita entwickeln sollte. Deren Umsetzung im Unternehmen und auf den Plantagen überwacht bis heute ein Steuerungskomitee, dem auch George Jaksch angehört. Die Rainforest Alliance gab zu, dass sie die Frage der Sozialstandards bisher außer Acht gelassen hatte, und nahm nun auch soziale Kriterien in ihren Anforderungskatalog auf. Offen erklärt mir Chris Wille, der Mitgründer und bis 2014 Leiter der Landwirtschaftssparte der Organisation, in einem Telefonat, dass die Allianz zwar viele Ideen für bessere Umweltbedingungen und den Gesundheitsschutz der Arbeiter gehabt habe, aber Arbeiterrechte und Gewerkschaften zunächst »einfach nicht unser Fachgebiet« gewesen seien.

Heute beinhalten die insgesamt 245 Kriterien, nach denen die Rainforest Alliance die Plantagen kontrolliert, neben Umweltaspekten auch zahlreiche soziale Anforderungen. Der »Standard für nachhaltige Landwirtschaft«[*] umfasst zehn Prinzipien, die von einem Ma-

---

[*] Der »Standard für nachhaltige Landwirtschaft« wird seit 1998 vom Sustainable Agriculture Network (SAN) herausgegeben, einem Verband amerikanischer, afrikanischer, asiatischer und europäischer Nichtregierungsorganisationen, dem die Rainforest Alliance angehört. Er gilt auch für andere landwirtschaftliche Produkte.

nagementsystem für soziale und Umweltfragen über den Erhalt der Ökosysteme, den Schutz von Wildtieren und Gewässern über gute Arbeitsbedingungen, Gesundheit und Sicherheit am Arbeitsplatz bis zu guten Beziehungen zu Gemeinden, dem Pflanzen-, Bodenschutz und dem Abfallmanagement reichen. Der Anbau genmanipulierter Sorten ist verboten. Die Plantagen müssen Arbeitern den gesetzlichen Mindestlohn oder mehr bezahlen, die Arbeitszeiten dürfen die Grenzen der Internationalen Arbeitsorganisation (ILO) nicht überschreiten. Die Arbeiter dürfen sich gewerkschaftlich organisieren, Kinder- und Zwangsarbeit sind verboten. Die Behausungen der Arbeiter, die auf den Plantagen wohnen, müssen in gutem Zustand sein; ärztliche Versorgung und auch Schulunterricht für ihre Kinder müssen gewährleistet sein. Werden Arbeiter über Subunternehmer beschäftigt, müssen diese die Bedingungen ebenfalls einhalten. Erst wenn eine Plantage mindestens achtzig Prozent der gesamten Kriterien des Standards einhält – wobei einige »kritische Kriterien« in jedem Fall erfüllt sein müssen –, gilt sie als zertifiziert und darf das Gütesiegel der Rainforest Alliance auf ihre Bananen kleben.

Unabhängig von der Rainforest Alliance begann Chiquita 1998, mit dem lateinamerikanischen Gewerkschaftsdachverband COLSIBA über bessere Arbeitsbedingungen zu verhandeln. Drei Jahre später unterzeichneten Konzern und Verband ein »Abkommen über Vereinigungsfreiheit, Arbeitsmindestnormen und Beschäftigung«, gemeinsam mit der Internationalen Union der Arbeitnehmerverbände im Lebensmittelbereich (IUF) und unterstützt von der Internationalen Arbeitsorganisation (ILO). Jeder Chiquita-Arbeiter kann sich bei Problemen auf das Abkommen berufen oder sich anonym über Missstände beschweren, auch auf Zulieferplantagen und bei Subunternehmen. Chiquita, COLSIBA und die IUF beraten in halbjährlichen Treffen über Fortschritte, Verbesserungen und Probleme.

Im Jahr 2001 veröffentlichte Chiquita seinen ersten Corporate-Social-Responsibility-(CSR)Bericht – ein hundert Seiten starkes Dokument zur »sozialen Unternehmensverantwortung«, das seither regel-

Seit 2005 tragen viele in Deutschland verkaufte Chiquita-Bananen auch das Gütesiegel der Rainforest Alliance.

mäßig neu erscheint. Erstmals gab das Unternehmen darin manche Fehler der Vergangenheit zu: die Unterstützung von Militärputschs, politische Bestechungen und die jahrzehntelange Ausbeutung der Arbeiter in der Ära der United Fruit Company. Auch die Situation auf den Plantagen wird bis ins Detail geschildert. In erstaunlicher Transparenz erfährt der Leser die Namen der eingesetzten Pestizide, das Lohnniveau der Arbeiter in verschiedenen Ländern oder Inhalte der Schulungen von Mitarbeitern und Vorgesetzten. Das Vertrauen der Kunden, Mitarbeiter, sozialen Gruppen und Aktionäre des Unternehmens sollte zurückgewonnen werden. »Das ist von entscheidender Bedeutung für unseren Erfolg«, heißt es im Bericht.

Als Nächstes arbeitete Chiquita daran, dass ab 2004 alle Plantagen dem internationalen Arbeitsstandard SA 8000 genügten. Dieser Standard der US-amerikanischen NGO Social Accountability International basiert auf Konventionen der ILO und der Vereinten Nationen und sieht die Einhaltung grundlegender Arbeiter- und Menschenrechte vor. Auch er wird regelmäßig von unabhängigen Prüfern kontrolliert.

Allerdings wurden die Zustände auf den Zuliefererplantagen zunächst weiter heftig kritisiert. Chiquita hatte 2002 viele Plantagen verkauft. Seit Mitte der 90er Jahre machte der Konzern Verluste, rettete sich 2001 sogar in ein Insolvenzverfahren und beantragte Gläubigerschutz. Die Firma überlebte nur dank einschneidender Maßnahmen wie dem Plantagenverkauf und der Ausweitung auf andere Obstsorten wie Kiwis, Ananas, Melonen und Trauben. Die Bananen der abgestoßenen Plantagen vertreibt Chiquita jedoch weiter unter seinem eigenen Namen; etwa zwei Drittel aller Chiquita-Bananen stammen heute von Zulieferern, die nicht dem Konzern gehören, aber ihr Obst meist ausschließlich für ihn anbauen. »Die Anstrengungen in Richtung Nachhaltigkeit sind wie ein täglicher Marathon«, räumt George Jaksch ein. Es sei schwierig, angesichts Zigtausender Mitarbeiter in vielen Ländern und einer teils hohen Fluktuation immer alle bei der Stange zu halten. Gerade im »mittleren Management« seien die Widerstände gegen die Auflagen zu Beginn oft groß gewesen. Aber Chiquita kaufe ausschließlich von solchen Produzenten, die sich ebenfalls von der Rainforest Alliance kontrollieren lassen und sämtliche Standards des Konzerns einhalten. Natürlich gebe es insgesamt noch viel zu verbessern, und immer wieder erlebe man Rückschläge. Aber am Nachhaltigkeitsprogramm werde nicht gerüttelt, so George Jaksch, auch nicht in wirtschaftlich schwierigen Zeiten. »Der grundsätzliche Weg steht nicht in Frage.«

Dole und Del Monte zögern

Kein anderer großer Bananenkonzern hat bisher so viel unternommen wie Chiquita, um die Arbeit auf den Plantagen sozial und ökologisch nachhaltiger zu gestalten. Weder Dole noch Del Monte bringen bisher einen Bericht zur Unternehmensverantwortung heraus. Dole widmet in seinem Jahresbericht dem Umweltschutz und dem Umgang mit den Arbeitern nur ein kurzes Kapitel. Del Monte schreibt zu sozialen Belangen gar nichts, zum Thema Umwelt heißt es im Jahresbericht bloß, dass man sich beim Einsatz von Chemikalien und Pestiziden an die jeweiligen Gesetze im Land halte. Beide Unternehmen stellen auf ihren Websites eher ihre guten Absichten als ihr tatsächliches Engagement in puncto Verantwortung und Nachhaltigkeit aus.

So kritisierten die NGOs Banana Link, BanaFair, Peuples Solidaires und US/Leap im Bericht *Dole: Behind the Smoke Screen* von 2006 die »vernebelnden« schönen Worte des Konzerns und die schlechten Zustände auf den Plantagen. Ein Folgebericht von 2009 erkannte zwar erste Verbesserungen an, hielt aber an der grundsätzlichen Kritik fest. Dole begann daraufhin, einen Teil seiner Plantagen in Costa Rica, Honduras und Ecuador ebenfalls von der Rainforest Alliance kontrollieren zu lassen. Auch auf Gespräche mit Gewerkschaften ließ man sich ein, in Costa Rica gibt es inzwischen ein Abkommen mit einem Dachverband, in Ecuador hat Dole sich auf Tarifverhandlungen eingelassen. Die Plantagen des Obstmultis in Costa Rica und auf den Philippinen genügen nun auch dem Arbeitsstandard SA8000. »Dank der massiven Kritik haben wir begriffen, dass wir zuvor nur Imagepflege betrieben hatten«, sagt mir Sylvain Cuperlier, bis Sommer 2014 für Unternehmensverantwortung bei Dole zuständig.

Bisher klebt das Gütesiegel der Rainforest Alliance aber nur in den USA auf manchen Dole-Bananen, so Cuperlier, nicht in Europa. »Die Kunden in Europa können über einen Code im Internet

erfahren, wo die gekauften Bananen angebaut wurden und welche Standards die Plantage einhält«, erklärt er. Etwa die Hälfte der Bananen des Konzerns würden inzwischen von der Rainforest Alliance zertifiziert. Dole verweist darauf, dass man zusätzlich fair gehandelte und biologisch angebaute Bananen von Kleinbauern aus Peru und Ecuador unter dem Firmennamen vertreibe. Der Anteil von Bio- und Fairtrade-Bananen an Doles gesamtem Bananenumsatz beträgt nach Unternehmensangaben zwischen zehn und fünfzehn Prozent.

Doles neue Strategie scheint allerdings schon wieder zu wackeln. Im Sommer 2014 hat der Konzern die weltweite Abteilung für Unternehmensverantwortung im Zuge zahlreicher interner Umstrukturierungen geschlossen und Sylvain Cuperlier – der auch unter Kritikern als integer und engagiert gilt – entlassen. Die Aufgaben würden nun von der Marketing- und Kommunikationsabteilung übernommen, lässt das Unternehmen wissen, die »Nachhaltigkeitsstrategie« bleibe bestehen. Aus seiner Irritation macht Cuperlier im Gespräch keinen Hehl; er sorgt sich um die Zukunft des eben erst begonnenen Dialogs mit Gewerkschaften, Kritikern und Handelsketten sowie um die

Nachhaltigkeitsprojekte, die er mit auf den Weg gebracht hat. Auch Alistair Smith von Banana Link hält die Maßnahme für kein gutes Zeichen, zumal die Haltung von Dole gegenüber den Gewerkschaften zuletzt wieder härter geworden sei.

Del Monte hat auf Kritik von außen bis heute kaum reagiert. Zahlreiche Vorwürfe von Gewerkschaften und NGOs stehen gegen das Unternehmen im Raum: vor allem wegen des fahrlässigen Umgangs mit Chemikalien, mangelhaften Gesundheitsschutzes, niedriger Löhne und der Verweigerung von Verhandlungen mit Gewerkschaften. In Guatemala kam es in jüngster Zeit zu einer Reihe von Mordfällen, denen vor allem Gewerkschafter zum Opfer fielen, die auf Del Monte-Bananenplantagen arbeiteten. Keiner der Fälle wurde bisher aufgeklärt. Die Skandale sorgen und ärgern nicht nur Arbeiter und Gewerkschaften vor Ort sowie hiesige NGOs, sondern auch George Jaksch und Sylvain Cuperlier, weil unter solchen Vorwürfen und ungeklärten Missständen das Image der gesamten Bananenbranche leidet.

Die einzigen Standards, denen sich inzwischen so gut wie alle kleineren und größeren Bananenproduzenten auf dem Exportmarkt unterwerfen, heißen ISO 14001 und GlobalGAP. Die weltweit gültige Norm ISO 14001 legt branchenübergreifende Anforderungen an ein Umweltmanagement fest – ob auf Bananenplantagen oder in einer Papierfabrik in Deutschland. Die Norm beinhaltet aber keine konkreten Maßnahmen und Ziele. Auf Bananenfarmen bewirkt sie meist eine gewisse Reduktion von Pestiziden, Abwasserkontrollen und den geregelten Umgang mit Plastikmüll. ISO 14001 gilt unter Kritikern als zahnloser Papiertiger: Das Zertifikat ist leicht zu bekommen, die Maßnahmen entsprechen ohnehin üblichen Praktiken der Branche, und die Einhaltung der Ziele wird vor Ort kaum kontrolliert.

GlobalGAP wiederum ist ein Qualitätssicherungssystem, das in allen deutschen und vielen europäischen Supermärkten für Produzenten von Obst und Gemüse, Fleisch, Fisch oder Blumen Pflicht ist. Die Abkürzung steht für Good Agricultural Practice (bis 2009 hieß es EurepGAP) und soll Produkte kennzeichnen, die »nachhaltiger« hergestellt werden. Auch GlobalGAP gilt jedoch als nicht besonders hilfreich für den Umweltschutz und die Arbeiterrechte. In 234 Punkten geht es vor allem um Hygienevorschriften und die Rückverfolgbarkeit der Produkte. So sollen Lebensmittelskandale verhindert werden. Dennoch kommt es immer wieder zu welchen. Auf die Umwelt und das Wohlergehen der Arbeiter gehen rund siebzig der Punkte ein, die wenigsten sind aber verpflichtend. Meist beinhalten sie wiederum hygienische Vorschriften oder die Ziele, Wasser zu sparen, den Pestizideinsatz zu regulieren oder wilde Tiere zu schützen. Als Instrumente für mehr Nachhaltigkeit auf den Plantagen halten die Produzenten, mit denen ich spreche, ISO 14001 und GlobalGAP für wirkungslos.

Von den vielen Standards im konventionellen Bananenanbau ist das Programm der Rainforest Alliance das umfassendste und strengste. Trotzdem erntet die Zusammenarbeit von Rainforest Alliance und Chiquita oft Kritik. Manche Medien und NGOs werfen dem Konzern vor, er betreibe Greenwashing: Das Gütesiegel mit dem Frosch solle nur das Image von Chiquita aufbessern, während die Zustände auf den Plantagen noch immer bedenklich seien.

Was ist also dran an der stolzen Aussage von Chiquita, gemeinsam mit der Rainforest Alliance die Bananenindustrie »neu erfunden« zu haben? Geht es dem Konzern wirklich um die behaupteten Fortschritte in Sachen Nachhaltigkeit? Oder macht er mit dem Gütesiegel falsche Versprechen, von denen er profitiert – auf Kosten der Arbeiter und der Umwelt sowie der Kunden, die diese Bananen gutgläubig kaufen?

Greenwashing oder Nachhaltigkeit?

Werden die Verbaucher in die Irre geführt?

Nach etlichen Besuchen auf Plantagen in Lateinamerika schwirrt mir ein wenig der Kopf vor lauter Standards, Kontrollsystemen und Verhaltenskodizes, denen sich Chiquita unterwirft. Doch trotz aller Erklärungen und sichtbaren Verbesserungen auf den Plantagen: Auch ich werde meine Skepsis gegenüber dem Konzern und der recht selbstzufrieden daherkommenden Umweltorganisation Rainforest Alliance nicht ganz los. Was hat es mit der Kritik auf sich, Chiquita betreibe mit Hilfe der Umweltschutzorganisation lediglich Grünfärberei?

Gewerkschafter und Umweltschützer in Lateinamerika sowie ihre Unterstützer in Europa und den USA werfen der Rainforest Alliance unter anderem vor, ihre Kontrollbesuche vorher nicht anzukündigen. Ihre Kriterien seien zudem zu lasch, Verstöße führten nur selten zum Entzug des Zertifikats. Auch die Finanzierung wird hinterfragt: Ist die Organisation wirklich unabhängig? Schließlich bezahlen die Plantagen sie für ihre Kontrollen und das Gütesiegel. Außerdem halten die Kritiker die Rainforest Alliance für ungeeignet, die Einhaltung der Arbeiterrechte glaubwürdig zu überprüfen. Stattdessen sollten die Gewerkschaften stärker eingebunden werden.

Ich versuche mir während meiner Reisen und in vielen Gesprächen ein eigenes Bild zu machen. Mein Eindruck: Viele Kritikpunkte verblassen bei näherem Hinsehen. So wäre es natürlich gut, wenn Arbeiter und Gewerkschaften stärker beteiligt würden. Aber auf Chiquitas Plantagen und den Zulieferbetrieben wird genau daran bereits gearbeitet. Es gibt Rahmenabkommen und Strukturen, die eine Beteiligung und Beschwerden der Arbeiter ermöglichen, nur dass sie offenbar nicht immer von diesen genutzt werden. Andererseits ist eine gewisse Arroganz in der Haltung mancher Chiquita-Vertreter vor Ort gegenüber Mitarbeitern und Gewerkschaftern nicht zu übersehen, was nicht gerade zu beiderseitigem Vertrauen und einer Versachlichung der Debatte beiträgt. Manche Vorwürfe werden in den Regionalverwaltungen offenbar erst nach Monaten überprüft. Dann aber räumen die Konzernmitarbeiter die Konflikte meist tatsächlich aus dem Weg.

Scheingewerkschaften und angekündigte Kontrollen

In puncto Gewerkschaften gibt es in Lateinamerika von Land zu Land weite Unterschiede, weshalb auch die Zusammenarbeit mit den Bananenkonzernen sehr unterschiedlich ausfällt. So haben es Gewerkschaften in Costa Rica und Ecuador häufig schwer – auch bei Chiquita. Ihre traditionelle Nähe zu kommunistischen oder sozialistischen Parteien und die Tatsache, dass manche Betriebe schließen mussten, weil zu hohe Löhne gefordert wurden, sorgen bei vielen Plantagenverwaltern bis heute für Skepsis. Alistair Smith von der britischen NGO Banana Link schätzt, dass in Costa Rica nur sechs respektive zwei Prozent der Bananenarbeiter gewerkschaftlich organisiert sind, während es in Panama 95 und in Kolumbien 90 Prozent sind.

In Costa Rica hat zudem eine Koalition aus katholischer Kirche, Regierung und großen Unternehmen ein System eingeführt, das den Gewerkschaften vor allem in den 80er Jahren die Mitglieder abjagte: sogenannte Asociaciones Solidaristas. In diese »Solidaristischen

Vereinigungen« – unternehmerfreundliche, gewerkschaftsähnliche Gruppierungen – können alle Arbeiter eintreten und dort einen Teil ihres Lohns bei guter Verzinsung anlegen. So haben viele Arbeiter kein Interesse mehr, zusätzliche Beiträge an eine Gewerkschaft zu zahlen. Die Vereinigungen gerieren sich, obwohl sie reine Scheingewerkschaften sind, oft als Arbeitnehmervertretung und handeln für einzelne Arbeiter sogar Löhne aus, was Tarifverhandlungen unmöglich macht. Dole und Chiquita haben sich inzwischen offiziell von diesem System distanziert, auch die Internationale Arbeitsorganisation erkennt die Vereinigungen nicht als legitime Arbeitnehmervertretung an. Doch auf einigen anderen Plantagen in Costa Rica erschweren die Vereine noch immer die Arbeit der Gewerkschaften. Diese gelten in Costa Rica erst dann als legal anerkannte Arbeitnehmervertretung, wenn mindestens ein Drittel aller Arbeiter eines Betriebs Mitglied ist, was auf den wenigsten Bananenplantagen der Fall ist.

Stattdessen kümmert sich auf allen Plantagen ein Comité Permanente um die Arbeiterrechte. Dieses Komitee besteht – je nach Plantagengröße – aus bis zu drei Vertretern sowohl der Arbeiter als auch des Managements und tagt einmal im Monat. Da die Arbeitervertreter – zumindest bei Chiquita – von den Belegschaften gewählt werden, äußern sich die Mitarbeiter auf vielen Plantagen, auf denen ich zu Gast bin, zufrieden über ihre Comités. Eine Gewerkschaft brauche man einfach nicht, höre ich in Costa Rica oft, Konflikte könne man ja auch so lösen.

Nur im südlichen Costa Rica hat Chiquita mit einer Gewerkschaft einen Tarifvertrag abgeschlossen, fast alle Arbeiter sind dort Gewerkschaftsmitglieder. Auch in Panama, wo Gewerkschaften auf eine lange Tradition zurückblicken, sind Comité und Gewerkschaft kein Widerspruch und Tarifverhandlungen der Normalfall, auch bei Chiquita. In Kolumbien haben Gewerkschaften jüngst sogar flächendeckend höhere Löhne für Plantagenarbeiter durchgesetzt. Wie gut oder schlecht sich Gewerkschaften behaupten können, hängt also zunächst von der Region ab und erst danach vom Bananenkonzern. Grundsätzlich steht Chiquita den Gewerkschaften aber – auch aufgrund des Drucks kritischer Gruppen aus Europa und den USA – inzwischen offen gegenüber.

Wie steht es um die Umweltverbesserungen? Tatsächlich kommen noch immer Pestizide auf den von der Rainforest Alliance kontrollierten Plantagen zum Einsatz, weil der großflächige Bananenanbau ohne sie in tropischen Ländern bisher nicht möglich ist. Allerdings hat Chiquita Menge und Gefährlichkeit der Mittel nachweislich reduziert. Womöglich macht sich die Rainforest Alliance indes mit ihrem Ziel, auf Pestizide langfristig ganz verzichten zu wollen, angreifbar. Ihr Siegel wird oft als falsches Bio-Abzeichen kritisiert, dabei erheben weder Chiquita noch die Alliance den Anspruch, »bio« zu sein – sehr wohl aber, Bananen ökologisch und sozial nachhaltiger anzubauen, was sie durchaus tun.

Dass die Rainforest Alliance oft nicht streng genug zu sein scheint, wie Kritiker monieren, liegt auch daran, dass der Standard für nachhaltige Landwirtschaft, auf dem ihre Arbeit basiert, für viele Produkte und Regionen der Welt gilt – und deshalb manchmal weiter gefasst ist, als es für Bananen möglich wäre. Die Organisation ist inzwischen in siebzig Ländern vertreten und kümmert sich neben Holz und Bananen auch um den Anbau von Kaffee, Kakao und Zitrusfrüchten sowie um Tourismusprojekte. Das macht konkrete Verschärfungen und flexible Anpassungen für ein einzelnes Produkt oder ein Anbauland schwierig.

Alle sieben Jahre überarbeitet und verschärft das Sustainable Agriculture Network (SAN), dem die Rainforest Alliance angehört, den Nachhaltigkeitsstandard in einem aufwendigen Prozess. So werden derzeit sämtliche Prinzipien und Kriterien in tagelangen Konferenzen diskutiert, es gibt öffentliche Anhörungen und Beratungen.

Die Kontrolleure der Rainforest Alliance überprüfen auf den Plantagen auch die sichere Unterbringung der Pestizide und Düngemittel.

Im Herbst 2015 soll der neue Standard erscheinen und auch neue Kriterien unter anderem zum Kohlendioxidausstoß und dem sich verändernden Klima beinhalten. Branchenkenner mit Einblick in das Verfahren loben das neue Regelwerk schon jetzt als erfreulich streng.

Finanziell ist die Rainforest Alliance entgegen mancher Behauptungen so gut wie unabhängig von den Bananenkonzernen. Rund sechzig Prozent ihres Budgets von rund 46 Millionen Dollar stammen aus öffentlichen Fördermitteln, Stiftungen, privaten Spenden und den Beiträgen der rund 35.000 Mitglieder. Ein Drittel sind Zertifizierungs- und Servicegebühren, die Betriebe aus der Forst- und Landwirtschaft – auch aus der Bananenindustrie – sowie dem Tourismus zahlen. Die Gebühren decken Fahrt- und Reisekosten der Kontrolleure, ihre Arbeitszeit sowie die Auswertung der Kontrollen und Ausstellung des Zertifikats. Dass geprüfte Betriebe solche Kosten übernehmen, ist bei allen Gütesiegeln gängige Praxis, auch beim FSC-Holz oder bei Bio- und Fairtrade-Produkten. Die Idee ist, dass die Betriebe die Kosten über einen leicht höheren Preis ihres Produkts wettmachen können – was bei Bananen allerdings kaum funktioniert, wie ich noch erfahren werde.

Im Jahresbericht der Rainforest Alliance – der im Internet einsehbar ist – sind zudem alle Unternehmen und Einzelpersonen aufgelistet, die der Organisation bei jährlichen Galas und anderen Veranstaltungen spenden. Dazu gehört auch Chiquita. Aus diesen Spenden kommen im Jahr etwa 1,3 Millionen Dollar zusammen – was nur 2,8 Prozent des Gesamtbudgets ausmacht. Insgesamt haben die Bananenfirmen nach Aussage des Mitgründers Chris Wille daher »einen sehr kleinen Anteil am Budget der Rainforest Alliance«.

Auch der Vorwurf, dass die Kontrolleure vorab einen Termin für ihren Besuch vereinbaren, verliert bei genauerem Hinsehen an Brisanz. Das Vorgehen ist ebenfalls bei allen Gütesiegeln normal, wie mir etliche Fairtrade-Mitarbeiter und Bio-Importeure auf Nachfrage bestätigen. Die Gründe ähneln denen, die Alejandro Álvarez von der Rainforest Alliance mir schildert: »Die Treffen sind aufwendig: Wir halten erst eine Sitzung mit leitenden Angestellten ab – oft in einer Gruppe aus mehreren Farmen. Dann müssen wir jedes Mal eine Menge Papierkram durchgehen. Kämen wir einfach so, könnten wir uns zwar die Arbeit auf der Plantage angucken. Aber die Gefahr wäre groß, dass Mitarbeiter nicht da oder die Unterlagen nicht vollständig sind und wir noch mal wiederkommen müssen – das wäre für beide Seiten teuer und lästig.« Den Vorwurf, dass die Plantagen bei angekündigten Kontrollen bessere Zustände vortäuschen könnten, hält Álvarez für hanebüchen. »Langfristige Maßnahmen wie die Einhaltung der Arbeitsrechte, die Abwasserreinigung oder den Umgang mit Pestiziden kann man nicht an zwei Tagen vortäuschen.« Auch lassen sich die Kontrolleure nicht vorschreiben, mit welchen Arbeitern sie während ihrer Besuche worüber sprechen. Sie wählen sie spontan und zufällig aus und fragen alles, was ihnen in den Sinn kommt – ohne dass die Manager dabei zuhören.

Zusätzlich zum jährlichen Kontrollbesuch gibt es auch unangekündigte Kontrollen, wenn etwa der Verdacht besteht, dass eine Plantage gegen Auflagen verstößt. Gelegentlich führen solche Kontrollen auch zum Entzug des Zertifikats, zuletzt geschah das im Dezember 2013 in Honduras. Schon lange hatten die Arbeiter auf drei Chiquita zuliefernden Plantagen über fehlende Tarifverträge und mangelhaften Gesundheitsschutz geklagt. Die Gründung einer Gewerkschaft wurde vom Management aktiv bekämpft, berichtet George Jaksch von Chiquita. Die Rainforest Alliance hatte dies in ihrem jährlichen Bericht vermerkt, das Zertifikat aber zunächst nicht entzogen – zum Ärger der honduranischen Dachgewerkschaft Festagro sowie der europäischen NGOs BanaFair, Banana Link und der Kampagne Make Fruit Fair. Zeitgleich zu deren öffentlicher Kritik entschied die Rainforest Alliance, die Vereinigungsfreiheit der Arbeiter in ihrem Standard zum Kriterium zu erheben, das in jedem Fall erfüllt sein muss, und den drei Plantagen das Zertifikat abzuerkennen. Ob dies in Reaktion auf die Kritik der NGOs geschah oder unabhängig davon, lässt sich nicht abschließend klären.

Hinter den Kulissen spielten sich aber noch ganz andere Dramen ab, die kaum an die Öffentlichkeit drangen. Nach Aussage von George Jaksch drohte der Besitzer der Plantagen, alle Arbeiter zu entlassen und die Fincas in Palmölplantagen umzuwandeln. Chiquita verhandelte deshalb monatelang mit dem honduranischen Arbeitsministerium sowie mit dem Besitzer und pochte darauf, dass die Regierung das gesetzlich verbriefte Recht der Arbeiter auf Vereinigungsfreiheit durchsetzt, was jedoch nicht geschah. Daraufhin entschloss sich Chiquita Anfang 2014, die Plantagen zu kaufen, das Management zu entlassen und Tarifverhandlungen mit der Gewerkschaft zu beginnen. Danach lobte sogar Iris Munguía von der honduranischen Dachgewerkschaft Festagro Chiquita und die Rainforest Alliance für den freien Zugang der Gewerkschaft zur Plantage, die gesicherten Arbeitsplätze und die bessere Behandlung der Arbeiter.

Dennoch bleibt der Eindruck, dass die Rainforest Alliance sehr lang zögerte. Die Frage ist aber, ob in solchen Fällen ein strengeres Vorgehen überhaupt möglich ist. Es kann dazu führen, dass Plantagenmanager vom Programm abspringen – wie der Besitzer in Honduras drohte – und auf eine billigere Produktion umsteigen, bei der Arbeiterrechte und Umwelt erst recht mit Füßen getreten werden. Deshalb setzt die Rainforest Alliance erst eine Frist, um Dinge zu verbessern, bevor sie das Zertifikat entziehen – was übrigens auch FSC-, Fairtrade- und Bio-Kontrolleure so handhaben. Laut Chris Wille gilt das Prinzip Zuckerbrot statt Peitsche: Man wolle eine Plantage lieber mit der Aussicht auf den Erhalt des Zertifikats locken, als sie gleich zu bestrafen.

Generell wird oft übersehen, dass ein Kontrollprogramm samt Gütesiegel kein Garant für ideale Zustände ist. Es sind Maßnahmen, Missstände zu verbessern – nicht mehr, aber auch nicht weniger. Dass dabei auch Fehler passieren, gehört dazu und ist auch bei Fairtrade- und Bio-Bananen nicht anders. Dieser Umstand wird aber auch von der Rainforest Alliance in der öffentlichen Kommunikation oft verschwiegen, dort wird ein rosiges Bild der Zustände auf den Plantagen gemalt. Eine realistischere Darstellung und Diskussion würden der Sache guttun und könnten überzogene Erwartungen und maßlose Kritik dämpfen. »Wir sagen nicht, dass die Zustände auf den von der Rainforest Alliance kontrollierten Plantagen perfekt sind«, räumt Ana Garzón vom Sustainable Agriculture Network ein. »Aber wir können zusichern, dass jeder, der eine Banane mit dem Gütesiegel kauft, dazu beiträgt, dass die Plantage, auf der sie wuchs, die wichtigsten Kriterien einhält und immer weiter auf unsere Nachhaltigkeitsziele hinarbeitet.«

»Der Wal, der bläst, wird harpuniert«

Trotz allem ist das Bild, das viele Kunden in Europa und den USA von Chiquita haben, noch immer schlecht. »Chiquita – das ist doch dieser üble Konzern, oder?«, bekomme auch ich in meinem Bekanntenkreis zu hören. Die Rainforest Alliance ist nach wie vor vielen unbekannt. Die wenigsten Kunden haben etwas von den Veränderungen mitbekommen – oder sie halten sie für nicht glaubwürdig. Chiquita selbst kommuniziert dazu erstaunlich wenig. Zwar gab es 2005, als der Konzern das Frosch-Gütesiegel auf die in Europa verkauften Bananen zu kleben begann, eine Werbekampagne zur Zusammenarbeit mit der Rainforest Alliance. Inzwischen wirbt Chiquita aber vor allem mit der angeblich besonders festen Schale und der langen Haltbarkeit seiner Bananen – ob da etwas dran ist, sei dahingestellt.

Auf öffentliche Anschuldigungen wegen vermeintlichen Fehlverhaltens reagiert Chiquita eher leise. Man habe schlechte Erfahrungen mit »breiten öffentlichen Stellungnahmen« gemacht, schreibt Manuel Rodriguez, der US-Leiter des Bereichs Unternehmensverantwortung, in einem Brief an die Supermarktkette Rewe. Diese würden meist gegen Chiquita ausgelegt und nicht zum eigentlichen Ziel beitragen. Stattdessen agiert Chiquita hinter den Kulissen, reden Firmenvertreter direkt mit den Kritikern oder lösen Probleme durch Verhandlungen, wie zuletzt in Honduras. Die Öffentlichkeit erfährt davon nur selten etwas.

Der eigenen, unrühmlichen Vergangenheit stellt sich Chiquita aber tatsächlich eher selten und dann auch eher jenseits des öffentlichen Lichts. Offizielle Entschuldigungen bei den früheren Arbeitern der Vorgängerfirma United Fruit Company gab es bisher jedenfalls keine – mit Ausnahme der Zahlungen an DBCP-Geschädigte. Zwar hat Chiquita die früheren politischen Einmischungen als Fehler zugegeben, genau wie die Umweltverseuchung, den über Jahrzehnte fehlenden Gesundheitsschutz und die Blockadehaltung gegenüber Gewerkschaften. Doch die Aussagen findet nur, wer Chiquitas CSR-Bericht von 2001 liest, der zwar im Internet abrufbar ist, aber wohl nur selten dort gefunden wird.

In der Öffentlichkeit sorgen stattdessen ganz andere Schlagzeilen für Aufsehen, die den Eindruck erwecken, es hätte sich nichts verändert. So musste Chiquita im Jahr 2007 wegen der Unterstützung einer terroristischen Vereinigung in Kolumbien 25 Millionen Dollar Strafe an ein US-Gericht zahlen. Der Konzern hatte der rechtsmilitärischen Bürgerwehrvereinigung AUC (Autodefensas Unidas de Colombia) insgesamt 1,7 Millionen Dollar Schutzgeld gezahlt und sich später selbst angezeigt. Chiquitas Erklärung: Man habe die rund 3.500 Plantagenarbeiter und ihre Familien vor den Angriffen und Morddrohungen der AUC, die das Land mit Gewalt und Schrecken überzog, schützen wollen. Führende Mitglieder der AUC sagten später aus, dass sämtliche im Land aktiven Bananenkonzerne Schutzgelder an sie gezahlt hätten, nicht nur Chiquita. Doch die übrigen Konzerne äußerten sich dazu nicht und wurden juristisch nicht verfolgt. So blieb nur an Chiquita das Image des in Mord und Terrorismus verwickelten Konzerns haften. Inzwischen ist die AUC aufgelöst, Chiquita hat alle Plantagen in Kolumbien verkauft, vertreibt aber die dort produzierten Bananen bis heute unter seinem eigenen Namen weiter.

»Wer einmal in Vorleistung geht, lädt die Kritiker zum noch genaueren Hinsehen ein«, meint der Ökonom David Vogel von der Haas School of Business in Berkeley. Das Prinzip der Unternehmensverantwortung könne für große Konzerne riskant sein. Andere Firmen duckten sich einfach weg, Kritik perle an ihnen ab. »Der Wal, der bläst, wird harpuniert.« Dabei hält selbst Luuk Zonneveld, der langjährige Direktor der Fairtrade Labelling Organization (FLO) – des Dachverbands der Fairtrade-Stiftungen –, die Umstellungen von Chiquita für glaubwürdig. »Seit den späten 90er Jahren hat sich bei diesem Unternehmen auf der Managementebene und in der Philosophie viel geändert«, wird er im Wirtschaftsmagazin *Brand eins* zitiert. »Das kann man nicht nur als Schaufensterdekoration aufbauen, dafür ist der Aufwand einfach zu groß.« Von bloßem Greenwashing, so auch mein Eindruck, kann bei Chiquita keine Rede sein.

Verbesserungen auf weiter Flur

Eines darf man daher nicht übersehen: Etwa zwölf Prozent aller auf dem Weltmarkt verkauften Bananen stammen inzwischen aus von der Rainforest Alliance kontrollierten Plantagen, wie das kanadische International Institute for Sustainable Development (IISD) schätzt.[*] Das sind weit mehr als alle Bio- und Fairtrade-Bananen zusammen: Gerade einmal zwei Prozent aller Exportbananen stammen laut IISD aus fairem Handel oder biologischem Anbau. Durch die Zusammenarbeit von Chiquita – und seit Kurzem auch Dole – mit der Rainforest Alliance haben Verbesserungen auf großer Fläche Einzug gehalten. Auf rund 80.000 Hektar weltweit werden Bananen nun umweltschonender angebaut und die Arbeiterrechte stärker respektiert, bei Verstößen wird an Verbesserungen gearbeitet. Das ist ein Erfolg, der nicht zu unterschätzen ist und an dem kritische Kunden in Europa durch ihren Druck auf den Konzern mitgewirkt haben.

Das eigentliche Problem sind daher nicht so sehr die noch ausstehenden Verbesserungen auf von der Rainforest Alliance kontrollierten Plantagen, sondern die verbleibenden 86 Prozent aller konventionell angebauten Bananen, bei denen Umweltschutz und Arbeiterrechte überhaupt keine Rolle spielen. Diese Plantagen werden von niemandem überprüft. Es geht dort vor allem um den Profit, im Zweifel auf

---

[*] Die Rainforest Alliance selbst gibt den Anteil mit mehr als fünfzehn Prozent an.

Kosten der Arbeiter und der Umwelt. Aber genau diese Bananen werden von den Kunden in Deutschland und Europa in weit überwiegendem Maße gekauft.

Der Wandel, den kritische Verbraucher und Organisationen in den 90er Jahren auf Chiquita-Plantagen mit herbeigeführt haben, befindet sich dadurch in akuter Gefahr. »Wenn man anständige Löhne zahlen, gute Arbeitsbedingungen schaffen und kontinuierlich den Umweltschutz verbessern will, dann braucht man dafür Mitarbeiter und Investitionen«, fasst George Jaksch es zusammen. »Und beides kostet Geld.« Bei unserem Gespräch am Rand der Plantage blickt er mich durchdringend an. »Für Chiquita ist es sehr schwierig geworden, das zu erhalten, was wir für notwendig erachten, um mit einer gewissen Rentabilität zu arbeiten. Wir durchlaufen Jahre der Krise, nicht nur einen Moment der Krise.«

Chiquita steckt in einem Dilemma. Ob die vielen ergriffenen Maßnahmen und Standards fortgeführt und weiter verbessert werden können, ist offen. Denn eine nachhaltigere Bananenproduktion funktioniert nur, wenn Supermärkte und Verbraucher sie durch ihren Einkauf »belohnen« – und genau daran hapert es. In den vergangenen zwanzig Jahren hat sich der Lebensmittelmarkt stark verändert, gerade in Deutschland. Es hat ein Trend Einzug gehalten, der die Verbesserungen erschwert und auf vielen Bananenplantagen erneut zu Ausbeutung und Umweltzerstörung führt: der Trend zu immer niedrigeren Preisen.

Der Bananenpreiskrieg
Ein Lebensmittel wird verramscht

Je mehr Zeit ich auf Bananenplantagen in Costa Rica und Panama verbringe, desto stärker ändert sich mein Blick auf die Obstauslagen in den hiesigen Supermärkten. Ich wundere mich über die fehlenden Informationen. Wie sollen Kunden erfahren, welche Zustände auf den Plantagen herrschen, von denen sie die Früchte kaufen? Und woher sollen sie den Unterschied zwischen billigen Bananen und den teureren kennen? Auch was das Gütesiegel der Rainforest Alliance auf den Bananen bedeutet, bleibt unklar. Kein Wunder, dass die wenigsten Kunden etwas von Chiquitas Wandel mitbekommen haben. Auf meine zufälligen Nachfragen im Supermarkt hin weiß kaum jemand zu sagen, was der grüne Frosch-Aufkleber auf den Bananen zu bedeuten hat – falls sie ihn überhaupt wahrgenommen haben.

»Die meisten Supermärkte verfolgen eine sogenannte ›clean desk‹-Politik«, erklärt mir ein Branchenkenner. »Schilder, Texte oder Informationstafeln würden aus ihrer Sicht nur stören. Nichts soll den Kunden vom Produkt in der Auslage ablenken.« Die einzige Information, die sofort ins Auge springt, ist der Preis. Und der ist bei Bananen so niedrig wie bei kaum einem anderen Obst. Nie kosten Bananen hierzulande mehr als 1,99 Euro das Kilogramm, bei Chiquita-Bananen liegt der Preis meist zwischen 1,59 und 1,99 Euro. Doch inzwischen bieten alle Supermärkte und Discounter auch Bananen an, die weniger als einen Euro das Kilo kosten. Zwar erfüllen auch diese Bananen die

Importauflagen der EU. Aber höhere Standards für bessere Arbeits- bedingungen und den Schutz der Umwelt sind bei ihnen Fehlanzeige.

Die Niedrigpreise – die viele Kunden als Errungenschaft empfin- den, über die sie sich beim täglichen Einkauf freuen – werden für die Landwirte in den Anbauländern immer mehr zum Problem. Vor allem einer Organisation bereitet diese Entwicklung Sorgen: Oxfam. Der gemeinnützige, ursprünglich britische Verein hat sich seit 1942 den Kampf gegen Hunger und Ungerechtigkeit in der Welt auf die Fahnen geschrieben, seit 1995 gibt es auch eine deutsche Zweigstel- le. Im Berliner Oxfam-Büro treffe ich die Agrarexperten Franziska Humbert und Frank Braßel. Beide beschäftigen sich seit Jahren mit den Arbeitsbedingungen im globalen Handel und der Landwirtschaft. Sie haben zahlreiche Bananenplantagen in Lateinamerika besucht und glauben, dass es grundsätzlich möglich ist, die Armut in Entwick- lungs- und Schwellenländern zu überwinden – sofern das Problem an der Wurzel bekämpft wird.

Aus einem Regal an der Wand eines Besprechungsraums zieht Frank Braßel drei DIN-A4-Dokumente. Es sind Studien, die Oxfam zum Thema Bananen veröffentlicht hat. Er breitet sie auf einem Steh- tisch vor mir aus: *Bittere Bananen* und *Endstation Ladentheke* heißen die ersten und stammen aus den Jahren 2011 respektive 2008. Der jüngste Bericht stammt vom September 2014 und trägt den Titel *Bil- lige Bananen. Wer zahlt den Preis?* »Wir wollten wissen, wie die Bana- nenpreise sich genau zusammensetzen«, erzählt Franziska Humbert, während sie Kaffeetassen und Wasser in Richtung Tisch balanciert, »was die Supermärkte ihren Lieferanten zahlen und ob sie das ab- decken, was Produzenten und Arbeiter in Ecuador und Kolumbien brauchen.« Als Referentin für soziale Unternehmensverantwortung untersucht Franziska Humbert, wie Arbeiter in der Dritten Welt, Han- delsunternehmen in Europa sowie deutsche und europäische Politik zusammenspielen und wie die Situation der Arbeiter verbessert wer-

den kann. Dabei fällt der Expertin für internationales Wirtschafts-
recht eines immer stärker auf, berichtet sie: Die Machtverhältnisse
im globalen Handel haben sich dramatisch verändert. Und bei kaum
einem anderen Produkt lasse sich das so deutlich sehen wie bei den
Bananen.

Frank Braßel, der lange Zeit selbst in Ecuador gearbeitet hat,
pflichtet ihr bei. Nach seiner Erfahrung und laut den Ergebnissen der
Oxfam-Studien spielen im Bananenhandel nicht mehr so sehr die großen Konzerne Dole, Chiquita und Del Monte die entscheidende Rolle,
sondern vor allem die Supermärkte und Discounter in Ländern wie
Deutschland. »Die großen Supermarktketten dominieren zunehmend
die gesamte Lieferkette der Bananen. Sie bestimmen die Preise – und
damit auch die Konditionen, unter denen Bananen angebaut werden.«
Die Folgen seien dramatisch, so Braßel. Franziska Humbert nickt:
Man müsse sich die Supermärkte wie eine Art Türsteher vorstellen.
»Sie stehen zwischen den Herstellern in Ländern wie Ecuador und
den Verbrauchern hier.« Sie deutet auf eine große, die Wand füllende
Weltkarte hinter sich und zieht mit der Hand einen Bogen von Lateinamerika nach Europa. »Die Händler bestimmen, welche Produkte in
die Regale gelangen und was die Verbraucher kaufen können. Das gibt
ihnen eine enorme Nachfragemacht. Die Hersteller müssen mit ihnen
zusammenarbeiten, um ihre Ware loszubekommen.«

Mit dem Begriff des Türstehers – oder auch des Nadelöhrs – als
Metapher für die Supermarktketten geht seit einigen Jahren auch eine
Institution an die Öffentlichkeit, die nur selten mit markigen Worten
auf sich aufmerksam macht: Das deutsche Bundeskartellamt, dem
Bundeswirtschaftsministerium unterstellt und zuständig für fairen
und freien Wettbewerb, untersucht ebenfalls die »fortschreitende
Konzentration im Einzelhandel mit Lebensmitteln«. Er betrachte
die Entwicklung »mit großer Sorge«, betont Amtspräsident Andreas
Mundt in einem Interview mit der Deutschen Presseagentur. Schon

im Jahr 2000 begann das Amt, von der Öffentlichkeit kaum wahrgenommen, die Niedrigpreise vieler Supermärkte und Fusionspläne in
der Branche zu hinterfragen.

In zahlreichen Stellungnahmen kritisiert das Bundeskartellamt,
dass nur noch vier große Handelsunternehmen den deutschen Lebensmittelmarkt kontrollieren: Aldi, Lidl (beziehungsweise die
Schwarz-Beteiligungs-GmbH, zu der Lidl gehört) sowie Edeka und
die Rewe Group. Diese vier Unternehmen verkaufen gemeinsam
mehr als 85 Prozent aller Lebensmittel in Deutschland. Eine gewaltige
Marktmacht. Gemeinsam mit der Metro-Gruppe, zu der unter anderem die Real-Supermärkte, die Elektronikketten Saturn und Media
Markt und die GALERIA-Kaufhof-Warenhäuser gehören, kommen
die fünf Konzerne sogar auf einen Marktanteil von über neunzig Prozent. Das Kartellamt ist überzeugt, dass der freie Wettbewerb in der
Branche dadurch »stark eingeschränkt« ist.

Erst jüngst hat das Amt eine »Sektoruntersuchung Lebensmitteleinzelhandel« veröffentlicht, nach drei Jahren Arbeit. Ziel war es
herauszufinden, ob und wie die Supermärkte und Discounter ihre
Nachfragemacht missbrauchen und wie man dagegen vorgehen kann.
Dafür wurden Fragebögen an über 200 deutsche Händler und Lebensmittelproduzenten verschickt und ausgewertet. Sie sollten schildern, ob sie unfair behandelt wurden und, wenn ja, in welcher Form.
Die Ergebnisse sind eindeutig. Die schon heute »hoch konzentrierte
Marktstruktur auf den Lebensmitteleinzelhandelsmärkten« laufe Gefahr, sich weiter zu verschärfen. Die großen Händler – also die vier
großen Supermarkt- und Discountketten – nutzten ihre Machtpositi-
on in den Verhandlungen mit ihren Lieferanten tatsächlich aus. Das
Kartellamt wolle daher einer »weiteren Verschlechterung der Wett-
bewerbsverhältnisse konsequent entgegenwirken«, so Amtspräsident
Andreas Mundt. Auf meine Frage, ob es dabei auch um den Bananenhandel gehe, erklärt mir Pressesprecher Kay Weidner, dass sich die

Untersuchung nicht auf »Frischeprodukte« beziehe und dass es bei den Produzenten nur um deutsche Markenhersteller und regionale Mittelständler gehe. Aber die Untersuchung gebe natürlich einen Anhaltspunkt, wie es generell im Lebensmittelhandel zugeht, so Weidner.

Nicht mehr die Bananenkonzerne haben das Sagen auf dem Weltmarkt, sondern die großen Supermarkt- und Discountketten, vor allem aus Deutschland.

Dem stimmt Franziska Humbert zu, denn die Strukturen im Handel mit Südfrüchten seien ja dieselben. Mangels offizieller Untersuchungen hat Oxfam in den drei eigenen Studien untersucht, wie sich die Marktmacht der Supermarktketten bei Bananen auswirkt. Sie staunten nicht schlecht: Selbst in Lateinamerika sind die Namen der großen deutschen Handelskonzerne bekannter als gedacht. Vor allem einen Namen kennt offenbar fast jeder Bananenbauer – aber nur selten spricht er ihn mit einem Lächeln aus, berichtet Frank Braßel: »In Lateinamerika spricht man viel vom sogenannten Aldi-Preis. Aldi definiert am Montag, wie viel sie in dieser Woche für die Kiste Banane zahlen, und dann haben Sie als Importeur oder Produzent noch einen

Spielraum für einen Cent darüber oder einen Cent darunter, mehr einfach nicht.« Wer zu den von Aldi vorgegebenen Preisen nicht liefern kann, habe Pech gehabt, denn alle Supermärkte orientierten sich bei den Billigbananen am Aldi-Preis. Die jüngste Studie habe gezeigt, so Braßel, dass gerade deutsche Einkäufer die Bananenpreise in Ecuador und Kolumbien deshalb regelmäßig unterbieten. So zementierten die Niedrigpreise »die Verhältnisse in dem traditionell von Ausbeutung und Menschenrechtsverletzungen geprägten Bananensektor«, heißt es in der Studie.

Die »Aldisierung« Deutschlands

Auf dem Nachhauseweg vom Oxfam-Büro quer durch Berlin wird mir klar, dass die Mächtigen in der Lebensmittelwelt mich längst umzingeln. Quasi an jeder Ecke steht mindestens eine Filiale von Aldi, Lidl, Edeka oder Rewe – oder von deren Discounttöchtern Netto und Penny. Auch in einem Radius von weniger als einem Kilometer um unsere Wohnung sind sie alle versammelt. Dabei ist das Discounterkonzept, eine überschaubare Auswahl an Lebensmitteln in schlichter Umgebung mit einem »Discount«, also Rabatt oder Preisnachlass, anzubieten, keine allein deutsche Erfindung. Aber in kaum einem anderen Land hatte es einen so durchschlagenden Erfolg. Seit die Brüder Karl und Theo Albrecht 1946 den kleinen Lebensmittelladen ihrer Mutter in Essen übernahmen und in der Folge in immer mehr Filialen möglichst geringe Kosten mit Lockangeboten an die Kunden kombinierten, ist die Geschichte der Discountkette Aldi eine der stetigen Expansion. Vor allem seit den 80er Jahren schießen immer neue Filialen wie Pilze aus dem Boden. Selbst unter linksliberalen Studenten und kritischen Besserverdienern galt es plötzlich als schick, bei Aldi Sekt oder Champagner zu besorgen – und zugleich den Wocheneinkauf zu erledigen. Dazu passte ab 1996 eine ganze Buchreihe unter dem Obertitel »Aldidente: Rezeptesammlungen mit Aldi-Produkten für das bürgerliche Milieu«. Die »Aldisierung« Deutschlands hatte begonnen.

Die Nachahmer ließen nicht lang auf sich warten. Schon in den 70er Jahren hatte der Händlersohn Dieter Schwarz begonnen, das Aldi-Konzept in den vom Vater übernommenen Lidl-Geschäften zu kopieren. 1984 eröffnete er die SB-Warenhauskette* Kaufland, die zur zweiten Säule der Schwarz-Beteiligungs-GmbH wurde. Heute liefern sich die Discounter Lidl und Aldi bei Filialen und Umsätzen ein Kopf-an-Kopf-Rennen. Seit den 70er Jahren expandiert Aldi, seit den 80ern auch Lidl nicht mehr nur in Deutschland, sondern in ganz Europa und sogar in Übersee.

Andere Discountketten kamen im Laufe der Jahrzehnte hinzu: Netto, Norma, Plus und Penny – sie alle basierten auf dem Erfolgskonzept, das die Aldi-Brüder zu den reichsten Menschen Deutschlands machte. Die klassischen Supermärkte verloren immer mehr Kunden an die Billigkonkurrenz und suchten nach Strategien, um zu überleben. Dabei schlugen Rewe und Edeka einander ähnliche Wege ein: Sie begannen, andere Ketten zu übernehmen. So wollten sie zum einen ebenfalls im Billigsegment aktiv werden und zum anderen durch gebündelte Einkäufe Kosten sparen. Die seit 1927 bestehende, inzwischen zur Aktiengesellschaft umgewandelte Rewe Group (ursprünglich »*Re*visionsverband der *West*kauf-Genossenschaften«) kaufte in den 1970er Jahren die HL- und MiniMal-Supermärkte, die Penny-Discounter sowie Toom-Warenhäuser und -Baumärkte. In den Achtzigern übernahm Rewe die Supermarktketten Globus, Stüssgen, Desuma und Otto Mess, 1990 folgte die Coop AG. Ab den 90er Jahren expandierte Rewe ins Ausland und machte die Tourismusbranche zur

---

* SB-Warenhaus steht für Selbstbedienungswarenhaus und bezeichnet Geschäfte ab einer Fläche von 2.500 Quadratmetern.

zweiten Säule des Unternehmens. Der Konzern übernahm zahlreiche Reiseveranstalter und -büros und beteiligte sich an der Fluggesellschaft LTU. Handelsgruppen wie die HIT-Märkte und der dm-Drogeriemarkt organisierten sich nach der Jahrtausendwende in Einkaufsgemeinschaften mit Rewe, zudem übernahm die Gruppe einen Teil der Filialen des Discounters Plus und alle süddeutschen Sky-Märkte.

Edeka begann erst später mit dem Übernahmekurs, ist dafür aber heute darin führend. Wie Rewe startete der Großkonzern als Gemeinschaftsprojekt einer Gruppe von Einzelhändlern. Im Jahr 1898 hatten sie sich zur »Einkaufsgenossenschaft der Kolonialwarenhändler im Halleschen Torbezirk zu Berlin«, kurz E.d.K. zusammengeschlossen.

Nur vier mächtige Handelskonzerne verkaufen in Deutschland 90 Prozent aller Lebensmittel: Aldi, Edeka, Lidl und Rewe.

Heute sind noch immer Genossenschaften die Eigentümer des Unternehmens, in denen mehr als 4.000 selbständige Einzelhändler in ganz Deutschland organisiert sind. Bei täglichen Entscheidungen wie der Sortimentauswahl oder der Einstellung von Mitarbeitern haben sie mehr Handlungsfreiraum als die Filialisten bei Rewe, Aldi oder Lidl. Erst ab etwa 2000 begann Edeka, auch Konkurrenten aufzukaufen. Zuerst kamen die Spar-Supermärkte und Netto-Markendiscounter hinzu. Dann übernahm Edeka die Discountkette Plus und machte daraus weitere Netto-Markendiscounterfilialen. Bald gehörten zusätzlich die kleineren Discounter Diska, Treff 3000, Aktiv Discount, NP-Markt und Garant sowie die Supermarktketten Nah&Gut, Mein Laden, Markttreff, Reichelt, Comet, Kupsch, Super 2000 und die SB-Warenhäuser Marktkauf, E-Center und Herkules-Center zum Edeka-Universum. Manche von ihnen firmieren weiter unter eigenem Namen, können aber auch das Edeka-Logo übernehmen. Als jüngsten Coup hat Edeka angekündigt, mit den 450 Filialen von Kaiser's Tengelmann eine der letzten verbliebenen kleineren Supermarktketten zu übernehmen.

Fusionen wie die geplante müssen vom Bundeskartellamt genehmigt werden. Es ist verpflichtet, eine »marktbeherrschende Stellung« eines einzelnen Unternehmens zu verhindern. Daher musste Edeka vor der Übernahme von Plus einige Filialen an Rewe abgeben, sonst wäre der Konzern zu groß geworden. Auch bezüglich der Tengelmann-Pläne ist das Amt alarmiert und hat eine vertiefte Prüfung angekündigt. Ob es zu der Übernahme kommt, ist bei Redaktionsschluss dieses Buchs noch offen.

Das Kartellamt hatte Edeka erst jüngst im Visier. 2009 beschwerte sich der Markenverband, ein Zusammenschluss rund 400 deutscher Hersteller, über »Hochzeitsrabatte«: Nach der Übernahme von Plus hatte Edeka von Lieferanten Preisabschläge gefordert und gedroht, sie sonst aus dem Sortiment zu nehmen. Der Protest hatte Erfolg: Das

Kartellamt erklärte Edekas Vorgehen als missbräuchlich, da es gegen das Gesetz gegen Wettbewerbsbeschränkungen verstoße. Danach darf ein Unternehmen seine Lieferanten nicht auffordern, »ihm ohne sachlich gerechtfertigten Grund Vorteile zu gewähren«. »Mit wirtschaftlich abhängigen Lieferanten muss ein marktmächtiges Unternehmen fairer umgehen«, urteilte Amtspräsident Andreas Mundt. Strafgelder wurden aber keine verhängt.

Aldi, Lidl, Edeka und Rewe sind zu milliardenschweren Konzernen gewachsen, deren Macht unanfechtbar scheint. Im Jahr 2013 setzte die Aldi GmbH (also Aldi-Nord und Aldi-Süd) mit seinen insgesamt über 4.200 deutschen Filialen laut Unternehmensangaben rund 26,5 Milliarden Euro um. Lidl kam mit knapp 3.300 deutschen Filialen auf einen Umsatz von rund 18 Milliarden Euro. Rechnet man Kaufland hinzu, liegt der Umsatz der Schwarz-Gruppe sogar bei etwa 32 Milliarden Euro. Diese Zahlen übertraf die Rewe Group 2013 noch mit einem Gesamtumsatz in Deutschland von 42 Milliarden Euro. Davon macht das »Vollsortiment National« – also die Rewe-Supermärkte selbst – 16,4 Milliarden Euro aus. Das Filialnetz der Rewe Group umfasst hierzulande mehr als 10.100 Läden. Unangefochten an der Spitze der Lebensmitteleinzelhandelsketten steht indes schon jetzt Edeka: Der Konzern hat in seinen über 11.500 deutschen Filialen zuletzt rund 46,2 Milliarden Euro umgesetzt.

Die vielen Supermärkte und Discounter sind längst nicht mehr die harmlosen Läden um die Ecke, als die viele sie noch immer wahrnehmen. Aldi, Lidl, Edeka und Rewe zählen zu den zehn größten Lebensmittel-Handelsunternehmen in Europa. Die Schwarz-Gruppe steht dort unangefochten auf Platz eins, mit insgesamt 74 Milliarden Euro internationalem Umsatz. Auf den Plätzen vier bis sieben folgen – nach dem britischen Tesco und dem französischen Carrefour – Metro, Aldi, Rewe und der im Ausland nur wenig aktive Edeka. Aldi, die Schwarz- und die Metro-Gruppe gehören sogar zu den zehn größten

Handelsunternehmen weltweit. Sie alle haben weit über 300.000 Mitarbeiter und machen Gewinne im dreistelligen Millionenbereich. Den größten Gewinn unter deutschen Handelsriesen verbuchte 2013 die Schwarz-Gruppe mit 880 Millionen, den kleinsten die Metro AG mit 140 Millionen Euro.

Ich gewöhne mir an, die Werbeprospekte der Supermärkte und Discounter zu sammeln, die regelmäßig in meinem Briefkasten landen. Zum einen will ich den Bananenpreis in den verschiedenen Läden beobachten. Zum anderen will ich sehen, mit welchen Slogans die Händler Kunden in ihre Läden locken. Dabei unterscheiden sich die in großen Buchstaben gedruckten Botschaften kaum voneinander: Überall geht es darum, dem Kunden Topprodukte zu möglichst niedrigen Preise anzubieten. »Zuschlagen und sparen!«, ruft Lidl den Lesern zu, oder: »Günstiger wird's nicht!«. Penny bietet »starke Marken« zu »kleinen Preisen«, Netto weist mit »Spitzenauswahl – Spitzenpreis« auf seine Produkte hin. Sogar Edeka wirbt in seinen Prospekten für »Tiefpreis-Wochen«, während Rewe in großen Lettern auf »Sensationspreise« oder mit dem Slogan »Keiner ist billiger! Tägliche Tiefstpreis-Kontrolle« auf die Eigenmarke »ja!« aufmerksam macht. Aldi »informiert« fast schon dezent über »Aktionen!«.

Das scheint anzukommen. Gerade den Discountern rennen die deutschen Kunden seit Jahren die Bude ein. In Umfragen geben neunzig Prozent aller Deutschen an, dort ab und zu einzukaufen, für viele sind sie die erste Wahl: Aldi, Lidl, Netto, Penny und Co. kommen laut der Gesellschaft für Konsumforschung (GfK) gemeinsam auf 44 Prozent Marktanteil in Deutschland. Fast die Hälfte aller Lebensmittel wird somit bei Discountern gekauft. Bei Bananen liegt der Discounteranteil laut der Oxfam-Studie *Endstation Ladentheke* sogar noch höher: »Zwei von drei Bananen wandern bei einem Discounter in den Einkaufskorb«, heißt es aufgrund von Branchenangaben. Der Marktanteil der »Vollsortimenter«, zu denen auch die klassischen

Rewe- und Edeka-Supermärkte gehören, liegt laut GfK nur bei etwa 26 Prozent. Der Rest verteilt sich auf SB-Warenhäuser wie Real, Toom oder Kaufland sowie Drogeriemärkte mit Lebensmittelsparte.

Geiz ist hierzulande offenbar immer noch »geil«. In kaum einem anderen Land der Welt wird so wenig Geld für Lebensmittel ausgegeben. Laut Statistischem Bundesamt und den Vereinten Nationen entfallen in deutschen Haushalten gerade einmal 11,2 Prozent der Konsumausgaben* auf Nahrungsmittel. In Ländern wie Spanien, Italien oder Frankreich liegt der Anteil bei rund 14 Prozent, in weniger reichen Ländern wie Russland oder der Ukraine sind es sogar über dreißig Prozent. Nur in wenigen Ländern wie Großbritannien, der Schweiz und den USA sparen die Menschen beim Essen noch mehr als die Deutschen: Dort fließen gerade einmal 9,1 (Großbritannien), 9,3 (Schweiz) und 6,7 Prozent (USA) der Konsumausgaben in Nahrungsmittel. Kein Wunder, dass Aldi und Lidl gerade in solchen Ländern ebenfalls auf Erfolgskurs sind. In Großbritannien verzeichnen beide Ketten seit Jahren zweistellige Wachstumsraten. In den USA ist Aldi bereits so erfolgreich, dass andere Discounthändler beginnen, sich gegen den deutschen Emporkömmling zusammenzuschließen. Lidl bereitet seinen Einstieg in Übersee gerade vor.

Der härteste Markt der Welt

»Die Deutschen gehören doch allesamt auf die Couch mit ihrem verengten Blick auf die Preise«, entfährt es Dieter Overath bei einer Tagung in Berlin 2012 zum Thema »Fairness im Welthandel«, ausgerichtet vom katholischen Hilfswerk Misereor. Der Geschäftsführer des Vereins TransFair – der deutschen Fairtrade-Organisation – redet sich

---

* Zu den Konsumausgaben zählen ansonsten noch die Kosten für Wohnraum, Kleidung, Verkehrsmittel oder Freizeit.

während einer Podiumsdiskussion in Rage: Seit der Nachkriegszeit gehe es hierzulande vor allem darum, gutes Essen zu möglichst niedrigen Preisen zu ergattern. Das sei zu Beginn vielleicht verständlich gewesen. Aber inzwischen werde viel Geld für Autos, Fernseher und andere technische Statussymbole hingelegt – nur nicht für Lebensmittel. Das sei nicht nur ein Fall für Wirtschaftsforscher, sondern auch für Psychologen, meint Overath.

Tatsächlich fechten Supermärkte und Discounter ihre Konkurrenz seit Jahren vor allem über die Preise aus. Der deutsche Lebensmittelmarkt ist gesättigt, es gibt kaum noch Möglichkeiten, Marktanteile zu gewinnen – es sei denn, man lockt Kunden mit etwas, was sie veranlassen kann, ihren Einkaufsladen zu wechseln. Über die Jahre ist so eine Preisspirale nach unten entstanden, die zahlreiche Produkte erfasst hat – zum Beispiel Bananen. Die Folge: Laut einer Studie der EU-Kommission kosten Bananen bei Aldi in Deutschland seit Jahren im Schnitt gerade einmal 0,80 Euro das Kilo.

Auch Supermärkte wie Rewe und Edeka bieten stets billige Bananen an, damit ihnen die »preissensiblen« Kunden nicht davonlaufen. Da sie eine weit größere Produktauswahl und höhere Kosten für mehr Mitarbeiter haben, liegt das Preisniveau oft darüber, aber bei vielen Produkten gibt es inzwischen eine Billigschiene. »Wir werden immer discountlastiger«, gibt selbst Alain Caparros, der Vorstandsvorsitzende der Rewe-Group, in einem Interview mit *Spiegel Online* zu. Je nach Saison kosten Billigbananen bei Rewe oder Edeka mal 1,19 Euro, mal auch nur 0,89 Euro. Gerade im Winter fallen die Preise, weil dann mehr Bananen gegessen werden als im Sommer. Man orientiere sich dabei am »Einstiegspreis«, erfahre ich von Rewe: dem niedrigsten Preis, der branchenweit für ein Produkt verlangt wird.

Zusätzlich haben Rewe und Edeka auch Bananen von Chiquita oder Dole im Angebot, die ein wenig teurer sind: »Marken«- oder »Premiumbananen« für um die 1,79 bis 1,99 Euro. Bei den Discounttöchtern Penny oder Netto kosten sie oft nur 1,59 Euro. Sie entsprechen der europäischen Importklasse Extra, sind also ein wenig größer, dicker und fleckenfreier als die anderen – was ihren höhe-

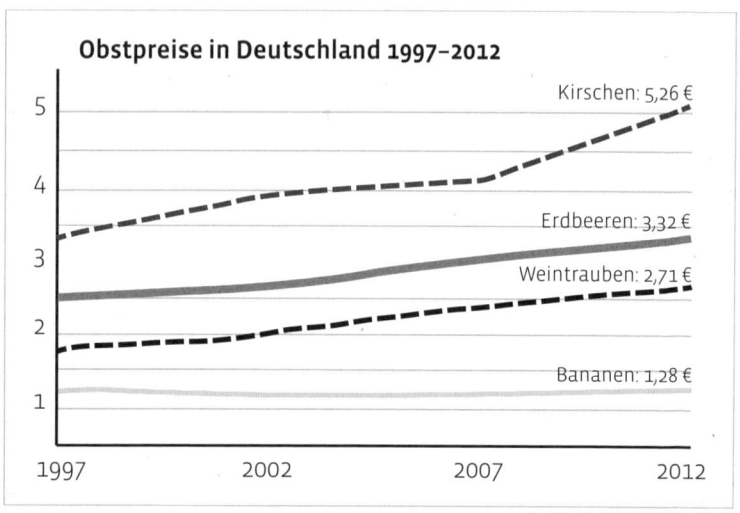

Obstpreise in Deutschland 1997–2012

Kirschen: 5,26 €
Erdbeeren: 3,32 €
Weintrauben: 2,71 €
Bananen: 1,28 €

Während andere Obstsorten mit der wirtschaftlichen Entwicklung teurer wurden, stagnieren Bananen auf immer gleichem Tiefstand.

ren Preis aber nicht allein begründet. Auch der Preisaufschlag, den Supermärkte für »Markenbananen« von den Kunden verlangen, ist nach Angaben des langjährigen Einkaufsleiters von Chiquita in Deutschland, Hans-Joachim Broich, nicht mehr so groß wie in früheren Jahrzehnten – und die höheren Gewinnmargen landeten nur zu einem sehr geringen Teil bei Chiquita selbst. Laut Broich benötigen sie vor allem deshalb einen höheren Preis für ihre Bananen als die Billigproduzenten, weil die Umstellung auf eine nachhaltige Produktionsweise, die stetigen Verbesserungen, die höheren Löhne, die Kontrollen der Rainforest Alliance und die Investitionen in bessere Arbeitsbedingungen die Kosten nach oben treiben. Dass aber ein nachhaltiger Anbau und ein Gütesiegel für bessere Produktions-bedingungen etwas kosten, wird den Kunden im Supermarkt nicht vermittelt. Während Chiquita in Deutschland nach eigenen Angaben auf einen Marktanteil von etwa zwanzig Prozent kommt, machen die konkurrierenden Billigbananen inzwischen rund 65 Prozent aller ver-kauften Bananen aus.

Seit dem Jahr 1996 stagnieren laut Statistischem Bundesamt hier-zulande die Preise für Bananen. Sowohl die Importpreise, die Pro-duzenten und Lieferanten bezahlt werden, als auch die Preise, die die Supermärkte von den Kunden verlangen, sind seitdem konstant niedrig: Der Importpreis lag seit 1996 bei knapp über 0,60 Euro das Kilogramm und sank 2007 auf 0,55 Euro, wo er bis heute verharrt. Der Verkaufspreis für Bananen beträgt seit 1996, von kleinen Schwankun-gen abgesehen, durchschnittlich 1,20 Euro das Kilogramm.

In derselben Zeit wurden sämtliche anderen Obstsorten in Deutschland teurer: Der Erdbeerpreis stieg von 2,52 Euro das Kilo im Jahr 1997 auf 3,32 Euro im Jahr 2012. Äpfel nahmen von 1,18 Euro auf 1,43 Euro im Preis zu, Kirschen von 3,32 auf 5,26 Euro. Sogar Orangen, die als einziges Obst traditionell noch weniger kosten als Bananen, verteuerten sich von durchschnittlich 0,88 Euro das Kilo auf 1,05 Euro. Der Verbraucherpreisindex* ist in Deutschland seit Mitte der 90er Jahre etwa um ein Drittel gestiegen – nur die Bananenpreise blieben am Boden.

Ein Importeur erzählt mir, dass vor rund zwanzig Jahren eigent-lich »niemand in Europa den Preis für Bananen senken wollte«, da er ohnehin schon relativ niedrig lag. Und das, obwohl die neue EU-Bananenmarktordnung ab 1993 den Markt für neue Anbieter geöffnet

---

* Der vom Statistischen Bundesamt ermittelte Verbraucherpreisindex für Deutschland misst die durchschnittliche Preisentwicklung aller Waren und Dienstleistungen, die von privaten Haushalten für Konsumzwecke gekauft werden.

hatte und plötzlich ein Überangebot auf dem Bananenmarkt herrschte. Immer mehr Billigproduzenten kamen hinzu und boten Bananen an. Dann habe Aldi plötzlich doch die Preise nach unten gedrückt. »Und alle anderen Supermärkte und Discounter zogen nach«, fasst er resigniert zusammen.

Ein Teufelskreis brach los, der bis heute andauert: Je tiefer die Preise der Supermarktbetreiber fallen, desto mehr Billiganbieter kommen zum Zug. Die Folge ist eine Überproduktion an Bananen, was die Preise weiter sinken lässt. Eine Entwicklung, die genau in der Zeit stattfand, in der Chiquita die Arbeit auf seinen Plantagen mit umfangreichen, aufwendigen Maßnahmen nachhaltiger zu gestalten begann.

Meine Versuche, mit Discountern und Supermarktketten über den Bananenpreiskrieg zu sprechen und zu erfahren, wie sich die Preise auf die Zustände auf den Plantagen auswirken, gestalten sich mühsam. Ich frage vor allem Aldi, Lidl, Edeka und Rewe an, aber auch Metro oder Kaiser's Tengelmann – erhalte aber immer wieder Absagen. Wenig überrascht mich, dass niemand bereit ist, mir einen Einblick in die Einkaufspolitik zu geben: Wie mit Lieferanten verhandelt wird, nach welchen Kriterien ausgewählt wird, von wem sie kaufen – all das sind Betriebsinterna, die nicht nach außen dringen sollen. Auch dass weder Aldi- noch Lidl-Vertreter zu einem Interview vor der Kamera bereit sind, ist nicht ungewöhnlich. Wohl wenige Unternehmen in Deutschland sind der Presse gegenüber so verschlossen wie die beiden Discountriesen. Erst seit wenigen Jahren haben sie überhaupt Pressestellen, an die man sich wenden kann.

Die Pressesprecher von Aldi-Nord und Aldi-Süd bitten mich denn auch um Verständnis, dass die Discounter »aus grundsätzlichen Erwägungen auf den öffentlichen Auftritt von Unternehmensrepräsentanten verzichten« wollen. Aldi-Süd bietet an, mir Fragen schriftlich zu beantworten, und schreibt schließlich: »Preise werden in offenen und konstruktiven Gesprächen mit den jeweiligen Verhandlungspartnern vereinbart.« Und: »Einkaufspreise richten sich wie bei allen Produkten nach Angebot und Nachfrage. Vorwürfe, nach denen der deutsche Bananenpreis seit zwanzig Jahren allein auf Preisverhandlungen von Aldi zurückzuführen sein soll, sind für uns nur schwer nachvollziehbar.«

Telefonisch sagt man mir bei Lidl, man wolle nicht für etwas herhalten, das die ganze Branche betreffe. Ich könne aber ebenfalls gern schriftliche Fragen einreichen. Die Antwort klingt ähnlich: Sie bezögen ihre Bananen von Importeuren, mit denen sich die Geschäftsbeziehungen »durch eine gewachsene, langfristige und vertrauensvolle Zusammenarbeit« auszeichneten. Auf das Preisniveau in den Erzeugerländern – »den sogenannten Grün-Preis« – habe Lidl keinen direkten Einfluss. Der Handel befinde sich in der Hand weniger Unternehmen, man verfüge nicht über Schiffe oder Transportlogistik, und die von Lidl verkauften Bananenmengen seien im weltweiten Vergleich nicht groß. »Das weltweite Preisniveau für konventionelle Bananen wird im Wesentlichen durch Umwelt- und Natureinflüsse (z. B. Trockenheit, Ernteausfälle durch Wirbelstürme, etc.) in Erzeugerländern als auch in hohem Maße durch Nachfrageschwankungen in den Abnehmerländern beeinflusst.« Zum Bananenpreiskampf in Deutschland äußert sich Lidl nicht. Auch von Edeka erhalte ich dazu keinerlei Auskunft.

Einzig mit Vertretern der Rewe-Group darf ich am Kölner Hauptsitz des Unternehmens schließlich ein längeres Gespräch führen. Die Niedrigpreise bei Bananen führt man dort vor allem auf das häufige Über-angebot am Markt zurück. Aber natürlich müsse man preislich auch mit der Discounterkonkurrenz mithalten, um keine Kunden zu verlieren. Laut *Spiegel Online* sieht Rewe-Chef Alain Caparros dazu keine Alternative: »Wir sind in einer Preisspirale, in der wir mitschwimmen müssen.« Auch die Chiquita-Bananen dürften nicht zu teuer sein, damit die Kunden sie noch kaufen. Zugleich ist man bei

Bananen werden zum Ramschprodukt. Tiefstpreise für das beliebte Obst sollen Kunden in die Läden locken.

Rewe aber genau wie bei Aldi und Lidl überzeugt, dass deutsche Handelsunternehmen keinen großen Einfluss auf das Preisniveau in den Anbauländern haben. Josef Lüneburg-Wolthaus, bei der Rewe-Group zuständig für Strategische Qualitätssicherung, rechnet mir vor, dass der Anteil der für Deutschland bestimmten Bananen am gesamten Bananenexport Costa Ricas gerade einmal sechs Prozent ausmache. Die Außenhandelsbilanz Costa Ricas für 2012 bestätigt das. Wenn auf Rewe davon etwa ein Fünftel entfalle, so Lüneburg-Wolthaus, entspreche das einem Anteil von 1,2 Prozent am Bananenhandel Costa Ricas. Das sei ein sehr schwacher Hebel, um irgendwelchen Einfluss zu nehmen, ist man bei Rewe überzeugt.

Tatsächlich ist der deutsche Einfluss nach einer solchen Berechnung gering. Allerdings liefert Costa Rica die restlichen Bananen vor allem an die USA, Großbritannien, Belgien und andere europäische Länder – wo die Expansionswut und Preisdrückerei deutscher Discounter ebenfalls längst um sich greifen. Nach Angaben der britischen Organisation Banana Link ist der Bananenpreis in Großbritannien in den letzten zehn bis 15 Jahren sogar um die Hälfte gefallen. Zwischen 2008 und 2012 sind die Bananenimportpreise in der gesamten EU laut der UN-Organisation FAO gefallen. Banana Link spricht von einem »race to the bottom«, einem Wettlauf nach unten, den nicht nur Supermärkte und Discounter, sondern auch einige Bananenproduzenten mit Tiefstpreisen und Rabattaktionen antreiben.

In Ecuador – dem Land, aus dem ein Drittel aller Bananen in Deutschland stammt – ist der Preiskampf am härtesten. Die wenigsten Produzenten dort haben langfristige Lieferverträge mit Händlern in Europa oder den USA, so wie sie in Costa Rica und vielen anderen Ländern üblich sind. Etwa drei Viertel der Bananen aus Ecuador werden stattdessen am sogenannten Spot-Markt verkauft: In einer Art umgekehrten Auktion sagen Importeure aus aller Welt jede Woche, was sie zu zahlen bereit sind, woraufhin sich die Anbieter gegenseitig unterbieten. Zudem seien rund dreißig Prozent der ecuadorianischen Produzenten gar nicht offiziell registriert, erfahre ich bei Rewe. Sie unterliefen sogar noch die staatlichen Mindestpreise, versuchten in der Hochsaison mit Billigangeboten Kunden zu gewinnen und die Einnahmen in der Nebensaison wieder wettzumachen. Das gelinge nicht immer, viele gingen dabei bankrott – ein Trend, den mir auch Michel Vanmechelen im Hafen von Antwerpen geschildert hat. Doch genau an diesem Spot-Markt gelte der Aldi-Preis oft als Referenzpreis, bestätigen mir Importeure.

Zu diesem Ergebnis kommt auch die jüngste Oxfam-Studie *Billige Bananen*. Erst 2014 habe Aldi seinen Einkaufspreis für Bananen erneut gesenkt, was für Aufruhr im Bananenmarkt sorgte. Denn nicht nur deutsche Händler orientieren sich daran, sondern auch Importeure aus vielen anderen Ländern. »Und wer den billigsten Schuss macht, kriegt meistens den Zuschlag«, folgert man bei Rewe.

Bananen als Billigköder

Nach langem Suchen finde ich doch noch jemanden, der mir einen Insiderblick in die Welt der Discounter geben kann. In einer kleinen Bürogemeinschaft in Köln treffe ich Andreas Straub. Vier Jahre lang arbeitete er bei Aldi-Süd als Manager. Im Jahr 2011 stieg er aus und schreibt seitdem unter anderem Bücher – vor allem über die seiner Meinung nach fragwürdigen Zustände bei Aldi. Er prangert die Arbeitsbedingungen und die Behandlung der Mitarbeiter bei Aldi offen an. Doch auch zum Obsthandel kann er viel erzählen. Da er zuerst als Trainee, dann als Filial- und später Bereichsleiter im Konzern gearbeitet hat, war er mit allen Facetten des Discountergeschäfts befasst. Was er schildert, erstaunt mich.

»Bananen sind für Supermärkte und Discounter ein besonders wichtiger Artikel«, erklärt er, »weil sie stark im Fokus der Kunden stehen. Viele Kunden wissen den Preis von so einem Eckartikel wie Bananen.« Als Eck- oder Leitartikel gelten solche, die häufig gekauft werden und deren Preis oft verglichen wird. Dazu gehören Milch und Butter genauso wie Kaffee, Sekt oder Toastbrot – und eben auch Bananen. Zudem machten Bananen etwa ein bis anderthalb Prozent des Umsatzes jeder Filiale aus, so Straub – angesichts Tausender, bei Supermärkten sogar Zehntausender verschiedener Produkte eine enorme Bedeutung. Kein Wunder, dass bei ihnen der Preiskampf besonders hart ist. Manchmal setzten Aldi oder Lidl den Bananenpreis sogar so niedrig an, dass sie zeitweise selbst nicht einmal mehr etwas daran verdienten, berichtet Straub. Die Früchte erfüllten stattdessen einen ganz anderen Zweck: »Die Bananen sollen bei Aldi und anderen Discountern in erster Linie die Kunden an den Laden binden und in den Laden locken.« Wenn sie schon einmal da sind, so die Idee, kaufen die Kunden dann auch andere Produkte. »Und mit denen wird dann Umsatz und auch Gewinn gemacht«, so·Straub.

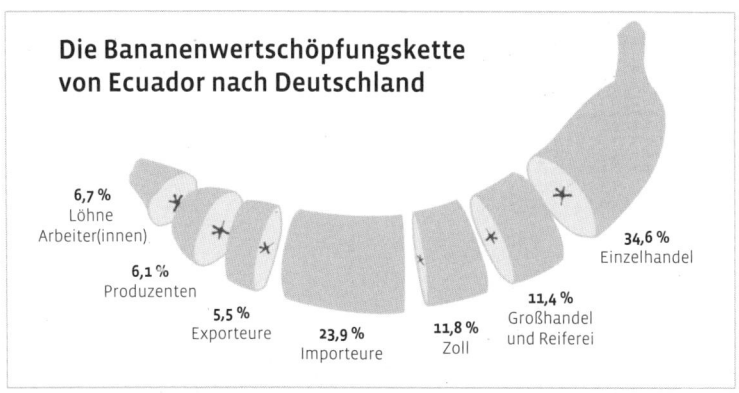

Die Bananenwertschöpfungskette von Ecuador nach Deutschland

6,7 %
Löhne
Arbeiter(innen)

6,1 %
Produzenten

5,5 %
Exporteure

23,9 %
Importeure

11,8 %
Zoll

11,4 %
Großhandel
und Reiferei

34,6 %
Einzelhandel

Wer erhält wie viel vom Preis einer Banane? Die Anteile fallen je nach Anbauland, Saison und Zielort unterschiedlich aus. Hier Mittelwerte für Bananen aus Ecuador.

Die Bananen werden also regelrecht verramscht. Sie verkommen zum Billigköder, und angesichts des Erfolgs der Discounter scheint die Strategie zu funktionieren. Die Kunden halten die Niedrigpreise für das weitgereiste Obst offenbar längst für selbstverständlich. Eine Mitarbeiterin eines deutschen Fruchtimporteurs berichtet resigniert, dass der Bananenumsatz in vielen Regionen sinkt, wenn der Preis beim Discounter über einen Euro steigt – vor allem in Ostdeutschland. Viele Handelsketten glichen das aus, indem sie den Preis in westlichen Ballungsgebieten etwas höher ansetzten. Aber insgesamt bestätigen mir zahlreiche Obstimporteure, dass der Preisdruck von Seiten der Supermärkte und Discounter immer weiter zunehme. Dabei seien die Produktionskosten in den Anbauländern in den letzten zwanzig Jahren stark gestiegen. Auch die Kosten für Energie und Logistik nähmen zu. Den offenen Konflikt mit den Handelsketten wagt aber kein Importeur – aus Angst, aus dem Sortiment zu fliegen.

Franziska Humbert von Oxfam schildert, dass sie während der Branchenmesse Fruit Logistica in Berlin mit vielen Fruchtgroßhändlern gesprochen habe. Alle beschwerten sich über den Preiskrieg, der ihre Arbeit immer schwieriger mache. »Die meisten halten gerade in Deutschland höhere Preise eigentlich für unabdingbar. Sonst sei der deutsche Absatzmarkt gefährdet. Die Importeure würden schon beginnen, sich andere Kunden zu suchen, an die sie Bananen verkaufen können.« Schon jetzt könnten viele nur überleben, weil sie die deutschen Niedrigpreise durch Verkäufe nach Russland, Osteuropa oder in die Schweiz kompensieren, so Humbert. In der Branche gilt Deutschland als einer der härtesten Märkte der Welt.

Bittere Bananen – wie vor hundert Jahren

Auch Franziska Humbert, Frank Braßel und ihre Kollegen bei Oxfam erhielten von den Supermärkten und Discountern nur vage Antworten auf ihre Frage, welche Folgen der Preiskrieg für die Menschen und Länder habe, die Bananen für Deutschland anbauen. Sie wollten es genauer herausfinden, weil sie das Argument, die deutschen Niedrigpreise hätten keinen Einfluss auf die Produktionsländer, in Frage stellen. »Unsere Recherchen zeigen, dass die großen deutschen Supermärkte und Discounter durch ihre Marktmacht und ihre Niedrigpreispolitik für schlechte Arbeitsbedingungen von Tausenden von Arbeiterinnen und Arbeitern mitverantwortlich sind«, so Franziska Humbert. In ihren Studien schildern sie, wie der Preiskrieg auf dem Rücken der Arbeiter und der Umwelt in Lateinamerika ausgetragen wird.

»Wir haben uns vor allem auf Bananenplantagen in Ecuador umgesehen«, erklärt Frank Braßel. Ecuador steht mit mehr als fünf Millionen Tonnen exportierter Bananen im Jahr weltweit an Nummer eins vor Costa Rica, Kolumbien und Guatemala. Ein Großteil aller Billigbananen in deutschen Supermärkten stammt von dort. Durch das südamerikanische Land ziehen sich von Nord nach Süd die Anden, westlich davon ist die flache Küstenregion mit Bananenplantagen übersät. Nur sehr wenige davon werden auf Umwelt- oder Sozialstandards kontrolliert: Knapp mehr als sieben Prozent der ecuadorianischen Bananen stammen laut der kanadischen Forschungseinrichtung IISD von Plantagen, die mit der Rainforest Alliance oder der Fairtrade-Stiftung zusammenarbeiten oder Bio-Bananen anbauen.* In Costa Rica sind es laut IISD 22 Prozent, laut Rainforest Alliance sogar 43 Prozent – der Bio- und Fairtrade-Anbau spielt dort so gut wie keine Rolle. In Ecuador herrschen zudem weniger strenge Gesetze als in Costa Rica, das Lohnniveau ist niedriger. Die Oxfam-Studien basieren auf Befragungen Hunderter Plantagenarbeiter und Recherchen durch die ecuadorianische Agrarforschungseinrichtung SIPAE (Sistema de Investigación sobre la Problemática Agraria en el Ecuador), an der Frank Braßel früher gearbeitet hat.

Was die Autoren beschreiben, stellt all meine Befürchtungen in den Schatten. Die Arbeitsbedingungen im Bananensektor gelten als die schlechtesten in ganz Ecuador und erinnern an die Zustände in den sprichwörtlichen Bananenrepubliken von vor hundert Jahren. Auf den Plantagen der drei wichtigsten Konzerne, die von dort aus den deutschen Markt beliefern –, das US-Unternehmen Dole und die ecuadorianischen Firmen Reybanpac und Noboa – werden laut Oxfam die Arbeiterrechte regelmäßig mit Füßen getreten und die Umwelt kaum geschützt. Und das, obwohl die Bananen die Importvorschriften der Europäischen Union und den GlobalGAP-Standard hiesiger Supermärkte erfüllen.

In der zweiten Oxfam-Studie von 2011 werden immerhin ein paar Verbesserungen vermerkt: So wurde auf Betreiben der ecuadorianischen Regierung ein Mindestlohn eingeführt, die Löhne auf den Plantagen liegen im Durchschnitt leicht darüber. Die zuvor weitverbreitete

---

* Davon macht die Rainforest Alliance 3,8 Prozent aus, der biologische Anbau 2,8 Prozent und der faire Handel 0,7 Prozent.

Kinderarbeit wurde dank einer gemeinsamen Initiative der Regierung, der Gewerkschaften und der Bananenproduzenten so gut wie abgeschafft. Auch hat die Regierung eine Sozialpflichtversicherung für die Arbeiter eingeführt. Doch noch immer würden auf den meisten Plantagen Überstunden nicht bezahlt, Sozialleistungen unterschlagen, das Urlaubsgeld einbehalten. Die Zulieferbetriebe der großen Konzerne würden die Sozialleistungen nach Aussagen der befragten Arbeiter oft komplett umgehen. Schriftliche Arbeitsverträge fehlen auf vielen Plantagen, heißt es.

»Die Zustände, die die Arbeiter/innen bezüglich Gesundheit und Sicherheit ertragen müssen«, sind laut Studie ebenfalls »nach wie vor katastrophal«. Frank Braßel nickt: »Viele Menschen, die in den Bananenplantagen arbeiten oder in deren Nähe wohnen, klagen über eine enorme Belastung von Pestiziden, denen sie häufig völlig ungeschützt ausgesetzt sind.« Bei meinem Besuch im Oxfam-Büro deutet er auf ein Foto, das ein Flugzeug beim Versprühen von Chemikalien gegen Pilzbefall zeigt. Es fliegt erstaunlich nah an einem Haus vorbei. 95 Prozent der Befragten auf den Plantagen von Noboa und Reybanpac geben an, dass die Sprühflugzeuge oft auch dann im Einsatz sind, während sie in der Plantage arbeiten. »Wir bedecken uns mit unseren Hemden, weil der Verwalter der Plantage uns nicht erlaubt, die Felder zu verlassen«, wird ein Arbeiter zitiert. Bei Dole gibt die Hälfte der Arbeiter an, dem Sprühnebel »oft ausgesetzt« zu sein. Leitende Techniker der Firma weisen die SIPAE-Rechercheure und Oxfam-Autoren aber auf Vorschriften hin, die die Anwesenheit von Arbeitern verhindern sollen. Zudem fliege man in der Regel erst nach den Arbeitszeiten oder am Wochenende. Wer recht hat, bleibt offen.

Viele Anwohner von Plantagen klagen, dass der Sprühnebel der Flugzeuge sich über Schulen und Häuser verteilt und möglicherweise gesundheitliche Schäden verursacht, vor allem bei Kindern. Unabhängige wissenschaftliche Untersuchungen dazu gibt es bisher nicht.

Oxfam kritisiert schlechte Zustände auch auf Dole-Plantagen in Ecuador.

Die eingesetzten Fungizide Calixin und Tilt mit den Wirkstoffen Tridemorph und Propiconazol entsprechen der »moderat giftigen« WHO-Klasse II. Mancherorts wird auch das in Costa Rica vorherrschende Mancozeb der weniger giftigen Klasse IV eingesetzt.

Bei der Arbeit mit Herbiziden, Nematiziden und den mit Insektiziden imprägnierten Plastikbeuteln fehlt es laut Oxfam bei Noboa und Reybanpac an Mundschutz, Handschuhen, Stiefeln oder Schürzen. Manche Arbeiter würden aufgefordert, sich die Sachen selbst zu kaufen. Bei Dole ist offenbar eine entsprechende Ausrüstung vorhanden, sie schütze aber nicht immer ausreichend vor Unfällen oder »Schäden für Haut, Augen oder Atmung«. Viele Arbeiter berichten von nervösen und motorischen Störungen nach dem langjährigen Kontakt mit Pestiziden. Die Betreiber der Plantagen wiederum geben an, die Arbeiter seien oft nicht bereit, die Schutzkleidung in der Hitze zu tragen. Um solche Unstimmigkeiten zu klären, muss es nach ecuadorianischem Arbeitsrecht auf allen Plantagen inzwischen Komitees für Gesundheit und Sicherheit geben – aber nur bei Dole waren solche Komitees laut Oxfam auch tatsächlich vorhanden.

Auch das in Lateinamerika traditionell schwierige Thema der Gewerkschaften ist auf den untersuchten Plantagen eine »riesige Heraus-

forderung«. »Kaum einer der befragten Arbeiter war Gewerkschaftsmitglied, viele wussten nicht einmal, ob es eine Gewerkschaft in ihrem
Betrieb gibt«, staunt Franziska Humbert. Nur Dole hat 2011 einen
mehrjährigen Tarifvertrag mit der Dachgewerkschaft FENACLE abgeschlossen, der zumindest für eine Plantage mit 500 Mitarbeitern
gilt – worüber die Arbeiter auch Bescheid wussten. Auf vielen anderen Plantagen führe die Mitgliedschaft in einer Gewerkschaft jedoch
häufig zu Einschüchterungen und Entlassungen, erzählen die Arbeiter
in den Studien. Man lande auf einer schwarzen Liste, die es nahezu
unmöglich mache, woanders eingestellt zu werden. So steigt die Angst
der Arbeiter, sich gewerkschaftlich zu organisieren.

»An den Zuständen sind aber nicht nur die lange Zeit untätige
ecuadorianische Regierung und die Produzenten vor Ort schuld,
sondern in erheblichem Maß auch die Supermarktketten, die die
Bananen kaufen«, lautet das Fazit von Franziska Humbert. Frank Braßel erzählt, dass sie Aldi, Lidl, Edeka, Rewe und Metro schon nach
der ersten Studie mit den Ergebnissen konfrontiert haben: »Nicht
eine der Supermarktketten hat die Taten bestritten, sondern alle
haben gesagt: Ja, das ist ein Problem, und wir arbeiten dran.« Humbert und Braßel stehen noch immer in Kontakt mit Vertretern der
Supermarkt- und Discounterketten. »Aber Fortschritte im Bereich
Bananen haben wir bislang nicht sehen können.« Die paar Verbesserungen, die es seit 2008 in Ecuador gab, hätten nichts mit den Supermärkten zu tun gehabt. »Die Sozialversicherung wurde eingeführt,
weil die Regierung es so beschlossen hatte. Dabei könnten die Supermärkte auch bessere Arbeitsbedingungen einfordern. Aber sie tun
nichts dergleichen.«

In der Studie *Billige Bananen* von 2014 prangert Franziska Humbert die Tiefpreisspirale weiter an. Seit einigen Jahren geht die ecuadorianische Regierung gegen das Preisdumping vor und setzt in
regelmäßigen Abständen einen Mindestpreis fest, zu dem Bananen

verkauft werden müssen. Zuletzt lag er bei 6,22 Dollar pro Karton. Aber viele Händler unterlaufen diesen Preis, wie mir schon bei Rewe berichtet wurde. Je nach Saison haben sie dabei gute Chancen – vor allem wenn auf der Nordhalbkugel im Sommer weniger Bananen konsumiert werden und die Produzenten froh sind, sie überhaupt loszuwerden. Der Preis sinkt dann in Ecuador teilweise bis auf unter zwei Dollar der Karton, so Franziska Humbert. Laut der ecuadorianischen Zentralbank lag der Durchschnittspreis für Bananen im Jahr 2011 de facto bei nur 3,67 Dollar pro Karton. Die lokalen Mindestpreise haben gegen den deutschen Billigwahn keine Chance.

In einem Gespräch am Rande der Prager Konferenz zu »Unternehmensverantwortung entlang der Lieferkette« schildert mir Roberto Vega, langjähriger Mitarbeiter von Sylvain Cuperlier in der CSR-Abteilung von Dole, dass sie eine gewisse Zeit im Jahr tatsächlich so gut wie nichts am Bananenhandel verdienen – vor allem im europäischen Sommer. Und dass sie Mindestpreise wie den in Ecuador dann von den Supermarktbetreibern einfach nicht gezahlt bekommen. Franziska Humbert wollte von den Supermarktketten und Discountern wissen, wer von ihnen sich an der Preisdrückerei beteiligt. Rewe und Aldi antworteten, ihre Lieferanten hielten den Mindestpreis sehr wohl ein. Edeka, Metro und Lidl äußerten sich nicht zu der kritisierten Praxis. Es unabhängig zu überprüfen sei schwierig. Die großen Handelsunternehmen gäben kaum Details über ihre Lieferketten preis, so Humbert. Meist erfährt man gerade noch, wer der direkte Lieferant in Deutschland ist, aber nicht, wer dahintersteht.

Chiquita geht in die Knie

Nicht nur die Arbeiter auf den »Billigplantagen« leiden unter dem Bananenpreiskrieg. Er zwingt selbst einst so mächtige Player wie den Chiquita-Konzern wirtschaftlich in die Knie. Neben dem pittoresken alten Hafen im belgischen Antwerpen ragt ein breites, kastenartiges Bürogebäude mehr als zehn Etagen in die Höhe. Am obersten Stockwerk prangt der nachts beleuchtete blaue Schriftzug von Chiquita. Als ich auf den Fahrstuhl warte, stelle ich anhand der vielen Aufschriften fest, dass der Konzern hier nur noch eine einzige Etage mietet. Der Hauptsitz in Europa ist 2012 von Antwerpen in die Schweiz umgezogen, nur noch wenige Mitarbeiter arbeiten am Standort in Belgien. Einer von ihnen ist George Jaksch. Wenn er nicht gerade auf Plantagen in Lateinamerika oder internationalen Konferenzen unterwegs ist, kümmert er sich hier um den Bereich Unternehmensverantwortung und ist Ansprechpartner für Medien und Öffentlichkeit in Europa. Chiquitas Hauptabteilung für Corporate Social Responsibility sitzt zwar bis auf Weiteres in den USA, aber die Präsenz in Europa ist wichtig: Mehr als ein Drittel aller Bananen verkauft der Konzern hier.

Umso genauer beobachtet Jaksch die Entwicklung der deutschen und europäischen Bananenpreise. Längst geben nicht mehr die Bananenkonzerne vor, was sie für ihre Früchte haben wollen, so Jaksch. Stattdessen sagen die Einkäufer der großen Handelsunternehmen, wie viel sie zu zahlen bereit sind – und das ist immer weniger. »Die Supermärkte bekommen etliche Angebote von Produzenten und Lieferanten, die zu sehr niedrigen Preisen Bananen liefern«, seufzt Jaksch, nachdem er mich am Fahrstuhl abgeholt und in sein Büro begleitet hat. »Für Chiquita ist das ein großes Problem.«

An die Discounter verkauft Chiquita nicht – dann könnten sie gleich einpacken, gibt mir George Jaksch zu verstehen. Doch auch Chiquita spürt ihre Macht. »Wir haben seit den 70er Jahren kontinuierlich Marktanteile an Produzenten verloren, die ihre Bananen auf Preiseinstiegsniveau verkaufen«, berichtet Jaksch. Verkaufte Chiquita in den 70er Jahren noch rund die Hälfte aller Bananen in Deutschland, waren es nach den Protesten gegen den Konzern zu Beginn der 90er

Jahre nur noch etwa vierzig Prozent. Heute ist Chiquitas Marktanteil in Deutschland auf rund zwanzig Prozent gefallen, in ganz Europa sind es etwa 25 Prozent. In derselben Zeit haben die Billigbananen enorm zugelegt.

Es sei aber ein gewisser Preis nötig, um den vielen Standards und Ansprüchen in Sachen Nachhaltigkeit auch weiterhin zu genügen, so Jaksch. Bis heute hat Chiquita rund fünfzig Millionen Dollar in »bessere Bananen« investiert, für Umweltmaßnahmen, Infrastruktur, Schutzvorrichtungen oder veränderte Arbeitsprozesse. Hinzu kommen Kosten für den Arbeitsstandard SA8000, für Schulungen der Mitarbeiter oder die Suche nach harmloseren Pestiziden. Zudem zahlt der Konzern Prämien an seine Zulieferer, damit sie ebenfalls die Standards einhalten. Zwar habe es auch Einsparungen gegeben und sei die Produktivität gestiegen, so Jaksch, vor allem wegen effizienterer Anbaumethoden. Aber unter dem Strich bleibt ein Minus.

»In den Verhandlungen mit den Kunden ist es zum Teil sehr schwierig durchzusetzen, dass wir bekommen, was wir benötigen.« Jaksch ist ein höflicher Mensch, der seine Worte genau abwägt. Nie würde er die Kunden, also die Handelskonzerne, offen für ihre Preispolitik angreifen. Dennoch wird er immer deutlicher, je länger unser Gespräch dauert. Schon als die Chiquita-Plantagen in den 90er Jahren erstmals die Zertifizierung der Rainforest Alliance erhielten, seien höhere Preise, um die Kosten zu decken, bei den Supermärkten nicht durchsetzbar gewesen. »Solche zusätzlichen Anstrengungen werden bis heute im Preisgefüge kaum anerkannt. Wir werden zwar von den Supermärkten für unser Engagement in Sachen Nachhaltigkeit gelobt. Aber im Moment der Preisfindung spielt es keine Rolle.« Für Chiquita ist der Bananenpreis inzwischen eine Frage des Überlebens: »Wer auf unsere Ergebnisse blickt, der weiß, dass die Rentabilität bei uns sehr schwierig geworden ist.« Im Klartext heißt das: Chiquita schreibt immer wieder rote Zahlen.

Im Jahr 2001 war das Unternehmen sogar bereits faktisch bankrott. Es überlebte nur dank eines Umschuldungsplans und Gläubigerschutzes, in deren Rahmen der Konzern umstrukturiert und viele Plantagen verkauft wurden. Zu dem Desaster geführt hatten nicht nur die seit 1993 geltende EU-Bananenmarktverordnung mit ihren Quoten für lateinamerikanische Bananen, die Proteste gegen Chiquita sowie die Fehlplanungen in der Annahme größerer Absätze in Osteuropa. Es waren auch die im drastischen Sinkflug befindlichen Bananenpreise, die dem Konzern fast das Genick gebrochen hätten. Im Jahr 2003 machte Chiquita zwar wieder einen leichten Gewinn, aber schon 2006 rutschte der Konzern erneut in die roten Zahlen. Nach einer kurzen Erholung von 2009 bis 2011 schreibt er seit 2012 erneut Verluste. Auch deshalb wird die Übernahme durch den brasilianischen Zitrusfruchtkonzern Cutrale und den Finanzinvestor Safra, die 2015 vollzogen werden soll, als Chance gesehen. George Jaksch sagt, man hoffe auf »kostensenkende Investitionen«, denn ohne große Änderungen bleibe die Marktsituation für Chiquita wegen der Tiefstpreise äußerst schwierig.

Ursprünglich hatte Chiquita allerdings anders geplant: Die Konzernführung bereitete über Jahre eine Fusion mit dem irischen Bananenkonzern Fyffes vor. Man wollte durch gemeinsame Strukturen und eine Verlagerung des Firmensitzes nach Irland Kosten und Steuern sparen und mehr Gewicht auf dem Bananenmarkt erlangen. Der Plan scheiterte überraschend, als die irische Regierung das Steuerschlupfloch zu stopfen ankündigte und die Cutrale und Safra Groups den Aktionären ein höheres Angebot machten, als die Fusion mit Fyffes ergeben hätte. Am Ende einer Hauptversammlung im Oktober 2014 stimmte die Mehrheit der Eigner Chiquitas für die Übernahme durch die Brasilianer. An den Nachhaltigkeitsprogrammen, so Jaksch, wurde aber auch in Zeiten der Krise stets festgehalten. Er hoffe, dass auch die neuen Eigentümer den Wert dieser Arbeit erkennen.

Die Konkurrenten Dole und Del Monte hatten schon im Zuge der neuen EU-Bananenmarktordnung von 1993 andere Strategien entwickelt. Statt auf Nachhaltigkeitsprogramme zu setzen, kauften sie zusätzlich Plantagen in AKP-Regionen und investierten in Westafrika, wo Löhne und gesetzliche Arbeits- und Umweltstandards noch niedriger liegen als in Lateinamerika und wo die EU Zollerleichterungen gewährt. Beide Unternehmen beteiligen sich zudem an den Auktionen am Bananen-Spot-Markt und beliefern auch die Discounter. Trotzdem schreibt auch Dole im Jahresbericht 2013, dass ein weiteres Absinken der Preise für das Unternehmen »dramatische Folgen« haben könnte. Banana Link hält beide Konzerne für maßgeblich mitbeteiligt am »race to the bottom« der Bananenpreise und den damit verbundenen, miserablen Anbaubedingungen. Dole und Del Monte sägen selbst an dem Ast, auf dem sie sitzen.

In den vergangenen Jahren verhängte die EU-Kommission mehrfach millionenschwere Strafen gegen Chiquita, Del Monte, Dole, das irische Unternehmen Fyffes und den ecuadorianischen Produzenten Noboa. Der Grund: illegale Kartellbildung. Die Bananenkonzerne hatten sich jahrelang über Mengen, Preise und Konditionen ihrer Bananenverkäufe abgesprochen. Auch große Importeure wie Pacific Fruit oder Inter Weichert waren beteiligt und wurden mit Strafen belegt. Die Importfirmen beliefern sämtliche Supermärkte mit Bananen und machen Millionenumsatze mit den Früchten. Zu den Details ihrer Arbeit – wer die Bananen zu welchen Preisen abnimmt und wie hart der Preiskampf wirklich ist – wollen sie sich auf Nachfrage jedoch nicht äußern. Chiquita zeigte die Kartelle selbst an und umging so die Strafzahlungen. Dass die Verbraucher wegen der Absprachen »abgezockt« würden und »viel zu hohe Preise« für Bananen gezahlt hätten, wie auch deutsche Medien sogleich reflexartig behaupteten, ist aber Unsinn. Die Preise veränderten sich dadurch kaum und lagen weiterhin auf Niedrigstniveau.

Es war eher ein verzweifelter Versuch, der Übermacht von Discountern und Supermarktketten zu begegnen.

Das Problem für Chiquita: Das wichtigste Ziel der jahrelangen Umstellungen ist bisher nicht aufgegangen. Die Zusammenarbeit mit der Rainforest Alliance und die vielen Nachhaltigkeitsmaßnahmen waren als Überlebensstrategie gedacht. Man hoffte auf die einst so kritischen Kunden, die früher gegen den Konzern protestiert hatten, und war davon ausgegangen, dass sie nun die »besseren« Bananen in großer Zahl kaufen würden. Doch die meisten Kunden begrüßen stattdessen die Tiefpreisspirale im Supermarkt. Sie interessieren sich vor allem für den Preis der gelben Früchte, nicht für die Umstände, unter denen sie angebaut werden. Die Folgen dieser Ignoranz sind dramatisch – und könnten sich noch verschärfen.

»Wenn Kunden und Supermärkte nicht bereit sind, angemessene Preise zu bezahlen, können wir irgendwann womöglich keine Bananen mehr liefern«, resümiert George Jaksch. Großflächige Schließungen von Plantagen plant Chiquita zwar zurzeit nicht, aber wenn, dann stünde die Existenz Zehntausender Arbeitsplätze und des gesamten Unternehmens auf dem Spiel. So wie es schon während des Bankrotts 2001 der Fall war.

In Europa gäbe es wohl dennoch weiter Bananen zu kaufen: Billiganbieter würden die Lücke, die Chiquita hinterlassen würde, schnell füllen. Arbeiter und Umwelt hätten das Nachsehen. Tatsächlich haben in Costa Rica einige Bananenproduzenten bereits auf Palmöl oder Ananas umgeschwenkt. Das gilt als lukrativer, und Kontrollen durch Umweltorganisationen oder gesetzliche Regulierungen wie im Bananenanbau gibt es in diesen Bereichen kaum. Wer in Lateinamerika weiterhin Bananen anbaut, bekommt den Preisdruck gnadenlos zu spüren.

Folgen des Billigwahns
Der lange Arm deutscher Supermarktketten

Der Regen prasselt auf das Dach meines Zimmers, die Sonne ist noch nicht aufgegangen. Vor den Lamellenfenstern haben sich die am Vorabend laut zirpenden, kreischenden oder gurrenden Tropentiere zur Ruhe begeben, es ist friedlich und still. Ich pelle mich unter dem Moskitonetz hervor, schalte den Ventilator eine Stufe höher und bereite mich auf den Tag vor. Wieder werde ich auf einer Bananenplantage zu Gast sein, doch diese gehört keinem der großen Konzerne, sondern einem Deutschen, der vor über dreißig Jahren nach Costa Rica ausgewandert ist. Seine Plantage liegt in der Nähe des Ortes Puerto Viejo de Talamanca an der südlichen Karibikküste, wo ich gestern Abend angekommen bin. Nun steige ich in meine mit braunen Schlammkrusten überzogenen Wanderstiefel, lege den Zimmerschlüssel an die noch geschlossene Rezeption und fahre über sanfte Hügel in Richtung des Río Sixaola – der Fluss, der Costa Rica von Panama trennt und der Plantage ihren Namen gegeben hat: die Platanera Río Sixaola von Volker Ribniger.

Gemeinsam mit seiner Frau Teresa begrüßt mich der 66-jährige, energiegeladene Westfale auf der Terrasse vor seinem Haus, einem wie in dieser Gegend üblichen schlichten Bungalow mit vielen, die Luft durchlassenden Fenstern und Öffnungen. Es gibt frisches Obst, Kaffee und ein leichtes Frühstück – genau das Richtige, bevor wir zum Rundgang über die Plantage starten. Dort wird mir der Schweiß ohnehin bald wieder in Strömen den Rücken hinablaufen. Der Regen hat aufgehört, mit der Sonne weicht er schnell der üblichen schwülen Hitze.

»Wir waren die Ersten, die von der Rainforest Alliance zertifiziert wurden«, ruft Volker Ribniger mir über die Schulter zu, während er einen kleinen Raum hinter der Packstation öffnet, »noch vor Chiquita.« Er besteht darauf, vor Betreten der Plantage einen kurzen Abstecher ins Büro zu machen. »Damals hieß das Gütesiegel noch Eco-O.K.« Er nimmt einen Bilderrahmen von der Wand, in dem ein DIN-A4-Zertifikat zu sehen ist, ausgestellt im Jahr 1993, ein Jahr nach Gründung der Plantage. Ribniger hatte sich bereit erklärt, gemeinsam mit Alejandro Álvarez und weiteren Mitarbeitern der Rainforest Alliance Kriterien für einen nachhaltigen Bananenanbau zu entwickeln. »So etwas gab es bis dahin nicht«, erinnert sich Ribniger. »Das war echte Pionierarbeit.«

Auch in den Folgejahren hat er immer wieder das Siegel der Vereinigung erhalten – und auch andere, strengere Siegel noch dazu. Ribniger deutet stolz auf weitere Rahmen, die an den Wänden des Büros hängen. »Sello Verde« steht auf einem der darin eingefassten Zertifikate – »ein Umweltsiegel, das die costa-ricanische Regierung eine Zeit lang ausgegeben hat«, erklärt Ribniger. »CO_2-neutral / Stop Climate Change« lautet ein anderes, ausgestellt von der deutschen Agentur Agra-Teg, einer Ausgründung der Universität Göttingen mit dem Ziel klimafreundlicher Bananen und anderer Produkte. »Darauf waren wir besonders stolz: die erste Bananenplantage, die keinerlei Kohlendioxid mehr in die Atmosphäre pustet«, so Ribniger. »Weil wir die Lieferkette vom Anbau bis zum Supermarkt durch Ausgleichsmaßnahmen neutralisieren.« So gehört zur Plantage ein dreißig Hektar großer Wald. Sie düngen weniger als andere Plantagen – Mineraldünger ist eine der größten CO_2-Quellen in der Landwirt-

Volker Ribniger versucht auf seiner Plantage, Bananen so umweltfreundlich wie möglich anzubauen.

schaft – und benutzen möglichst wenig Stickstoffdünger. Auch der Verzicht auf Herbizide oder Nematizide senkt den CO_2-Ausstoß. »Wir sparen sogar mehr CO_2 ein, als wir produzieren. Aber das interessiert eigentlich niemanden so richtig«, seufzt er und führt mich über einen kleinen Flusslauf in den grünen Dschungel der Platanera Río Sixaola.

Sixaola – die faire Banane

Schon vor meiner Reise hatte Volker Ribniger mir am Telefon berichtet, dass sie versuchen, Bananen so umweltfreundlich wie möglich anzubauen. Ganz biologisch sei der Anbau noch nicht, aber nah dran. »Hier, probieren Sie mal!« Er hebt eine Banane vom Boden auf, die gelb und reif ist. Nur an drei Tagen die Woche wird auf dieser Plantage geerntet, manche Früchte fallen daher schon vorher hinab. Ein junger Costa Ricaner kommt hinzu und hebt ebenfalls eine Banane auf. Ribniger stellt mir Victor Pérez vor, den Verwalter seiner

Plantage. »Keine Angst, der Boden ist hier nicht mit Chemikalien übersät«, lächelt dieser mich an. Die Banane schmeckt wunderbar süß und mild.

Pérez lockert auf Ribnigers Bitte hin mit der Machete ein wenig die Erde auf. »Hier, sehen Sie.« Ribniger greift eine Handvoll Boden, Regenwürmer ringeln sich darin. »Das nenne ich einen gesunden Boden. Wir benutzen nur wenig chemische Düngemittel, keine Nematizide, keine Herbizide.« Stattdessen wachsen auch hier Bodendecker zwischen den Bananenstauden, weit mehr als auf den Chiquita-Plantagen. Ribniger will den Boden so behandeln, »dass auch nachfolgende Generationen darauf noch etwas anbauen können«. Im Idealfall hinterlasse man den Boden und die umliegenden Gewässer besser als vorher. »Welche wichtigen Ressourcen haben wir denn sonst?«

Ein Stück weiter füllt ein Arbeiter eine dunkelbraune Brühe in einen Sprühcontainer, den er sich über die Schulter hängt. Er begrüßt Don Volker, wie Ribniger hier genannt wird, und den Besuch mit einem Nicken. Ausgestattet ist er mit Schürze, hohen Stiefeln und Handschuhen, »aber das Mittel ist rein biologisch, das ist nur, damit die Kleidung nicht leidet, es besteht keine Gesundheitsgefahr«, versichert mir Volker Ribniger. Mit geübten, schnellen Schritten verteilt der Mann die Brühe auf dem Boden unter den Bananenstauden. »Ein Spezialdünger, Eigenkreation der Platanera Río Sixaola«, schmunzelt Ribniger, »den verteilen wir auf einem Teil der Plantage, langfristig wollen wir ganz auf Kunstdünger verzichten. Kommen Sie, ich zeige Ihnen etwas.« Am Rand der Plantage öffnet er eine Art Gewächshaus, gefüllt mit zylindrischen, meterhohen Metallbehältern. »Unsere Biofabrik«, sagt Ribniger und öffnet einen der Behälter. Ein stechender Geruch strömt aus ihm heraus, ich beuge mich vorsichtig darüber und erkenne eine dunkle Brühe, die Blasen wirft. »Das ist unsere Düngemischung. Sie muss noch eine Weile gären«, meint Ribniger. Sie bestehe aus Kräutergewächsen, die er im Garten anpflanzt, sowie aus Mikroorganismen aus den umliegenden Bergregionen und soll den Bananen möglichst viele Nährstoffe zuführen. Die Arbeit mit sogenannten effektiven Mikroorganismen ist im Bio-Anbau weltweit verbreitet. »Wir verändern die Mischung immer wieder ein wenig, bis sie als Dünger für die Bananen optimal ist«, so Ribniger. Außerdem hat er auf der Plantage in regelmäßigen Abständen dünne Bäume pflanzen lassen, deren Wurzeln Stickstoff im Boden binden, was die Abwehrkräfte der Stauden stärken soll.

Ganz so effektiv wie Kunstdünger sei die Vorgehensweise nicht, gibt er zu. »Meine Bananen werden natürlich nicht ganz so groß wie die sogenannten Premium-Bananen von Chiquita oder Dole. Auch unser Ertrag ist geringer.« Er ernte im Schnitt etwa 2.100 Bananenkartons pro Hektar im Jahr. »Um rentabel zu sein, gelten in der Branche eigentlich 2.500 Kartons pro Hektar als Minimum. Und den meisten Plantagen geht es nur um eine möglichst hohe Produktivität, um möglichst viel Geld zu verdienen.« Er aber denke anders. »Dafür machen wir es nicht. Stattdessen wollen wir zeigen, dass man Bananen auch in Costa Rica sehr nachhaltig anbauen kann – und bald vielleicht sogar biologisch.«

Die Arbeit auf der Plantage geht weit über das hinaus, was die Rainforest Alliance fordert und was Chiquita bisher umsetzt. Soziale Kriterien wie faire Löhne, die gesetzliche Sozialversicherung und Vereinigungsfreiheit für die Arbeiter sind für Ribniger selbstverständlich, auch wenn keiner der Mitarbeiter Mitglied einer Gewerkschaft ist. »Die Wege hier sind kurz, wir besprechen die Dinge direkt mit Don Volker oder untereinander«, erklärt Victor Pérez. »Und natürlich haben wir ein Comité Permanente, in dem die Arbeiter ihre Anliegen vorbringen können.«

In Sachen Umweltschutz würde Ribniger gern noch mehr tun und zum Beispiel auf die blauen Plastikbeutel um die Bananen verzichten. Imprägniert sind sie wie bei Chiquita mit dem von der WHO als relativ harmlos eingestuften Bifenthrin. »Ich benutze die Tüten nur, damit die Bananen makellos aussehen, wie von den Kunden gewünscht.« Sein Unverständnis ist nicht zu überhören. »Sehen Sie«, er beugt sich zum Boden und hebt eine weitere Banane auf, »diese kleinen Punkte hier«, er fährt mit dem Finger die Schale entlang, »stammen von Insekten, sind aber eigentlich nicht schlimm, weil nur die Schale betroffen ist. Trotzdem käme diese Banane wohl nicht durch den TÜV – sie würde den Importvorschriften der EU und den Qualitätskontrollen der Supermärkte nicht genügen. Dabei hat der liebe Gott die Bananen ja extra mit Schale gemacht.« Er pellt das fleckige Äußere ab, unversehrtes Fruchtfleisch kommt zum Vorschein. Ribniger beißt hinein und nickt: »Lecker!« Er schluckt und lacht dann: »Den Kunden im Supermarkt sollte klar sein, dass es bei Bananen genau wie beim Menschen ist: Das Wesentliche liegt unterhalb der Schale und ist für die Augen unsichtbar!«

Dann bittet er Pérez, ein hoch hängendes Blatt einer Bananenstaude zu uns herabzuziehen. Der Rand des Blattes hat bräunliche Flecken, die zur Seite hin gelblich ausfransen. Auch in der Mitte sind kleine dunkle Stellen zu sehen. »Das ist hier in den feuchten Tropen unser größtes Problem«, erklärt Volker Ribniger, »der Pilz Black Sigatoka.« Den Blattpilz, dessen Sporen durch die Luft fliegen und sich auf den Blättern niederlassen, hatten mir auch die Arbeiter auf den Chiquita-Plantagen gezeigt. Die Sporen nisten sich innerhalb von Stunden in den Blättern ein, wachsen schnell, der Pilz »verbrennt« die Blätter regelrecht, sie fallen ab. Der Stoffwechsel in der Staude und den Früchten gerät durcheinander, die Bananen reifen zu früh von innen und können nicht mehr exportiert werden. »Wenn Sigatoka auf einer Plantage präsent ist, haben die Bananen schnell jeden kommerziellen Wert verloren«, hatte George Jaksch von Chiquita mir erklärt. »Ohne Sigatoka-Bekämpfung gäbe es hierzulande keine Plantagen mehr und keine Arbeitsplätze – und für die Kunden in Europa keine Bananen.«

»Wegen der Black Sigatoka müssen auch bei uns die Flugzeuge Pilzmittel versprühen«, bestätigt Volker Ribniger. Aber er lässt sie sehr viel seltener kommen als andere Plantagen. Während die großen Konzerne meist einmal die Woche sprühen, um jedes neu sprießende Blatt einer Staude zu erwischen, versucht er es nur alle 18 bis 20 Tage. Außerdem testet Ribniger immer wieder, ob bestimmte Mittel aus seiner »Biofabrik« die Chemikalien nicht ersetzen können. Einmal hat er jedoch so selten sprühen lassen, dass der Blattpilz überhand nahm. 17 seiner 150 Hektar großen Plantage musste er aufgeben und neu bepflanzen. »Ein Konzern könnte es sich nicht leisten, so risikoreich zu arbeiten wie ich«, gibt er zu. Aber er will alle Möglichkeiten ausreizen, um die Umwelt beim Bananenanbau zu schonen. Nur überleben, das muss er auch.

Seine Bananen verkauft Volker Ribniger seit Beginn des Exports von der Plantage ausschließlich an den Cobana Fruchtring in Hamburg, einen der größten deutschen Fruchtimporteure. Dieser vertreibt sie weiter, an alle großen deutschen Supermarktketten und Discounter, versehen mit dem kleinen Aufkleber »Sixaola – die faire Banane«. Wo sie jeweils genau landen, weiß Ribniger nicht, es hängt von den Verhandlungen des Importeurs ab, und die sind für ihn nicht einsehbar. »Meine Bananen lagen aber schon überall – auch bei Aldi, das ist sicher«, meint er.

Einen höheren Preis bekomme aber auch er nicht dafür, trotz aller Anstrengungen für mehr Umweltschutz. Auch der Importeur bekomme von den Supermärkten ja nicht mehr für seine Bananen. »Die Hälfte des Preises, den ich erhalte, ist ein zuvor ausgehandelter Festpreis. Die andere Hälfte ergibt sich aus den Marktpreisen in Costa Rica, und die können stark schwanken«, erklärt Ribniger. Die Regelung hält er für fair. Es sei eine Frage der Prioritäten: »Wir sind sparsam und gehen bewusst den Weg der Nachhaltigkeit. Das ist kein Lippenbekenntnis, sondern eine Frage des Anspruchs. Wir wollen die nachhaltigste Bananenplantage sein. Andere wollen die ertragreichste Farm haben, wieder andere die größte. Es fängt im Kopf an.« Er rückt seinen Basthut ein wenig zurecht. Dennoch sei der Importeur froh, »einen Exoten wie mich im Angebot zu haben«, so Ribniger. »Denn der Rest produziert ja nur Standardbananen.«

Das weltweit erste Gütesiegel für nachhaltigen Bananenanbau vergab die Rainforest Alliance 1993 an Volker Ribnigers Plantage Río Sixaola.

Eines hat Ribniger sich jedoch über die Jahre nicht mehr leisten können: die vielen regelmäßigen Zertifizierungen. Sie wurden ihm schlicht zu teuer. Denn weder die Ausgaben für Verbesserungen auf der Plantage noch die Kosten für die jährlichen Kontrollen bekommt er von den Endkunden bezahlt. Er arbeitet nur deshalb auf der Plantage nachhaltiger, als viele Gütesiegel es verlangen, weil ihm persönlich daran gelegen ist. Im Schnitt hat ihn die Überprüfung der Rainforest Alliance früher etwa 3.000 Dollar im Jahr gekostet. Würde er sie jetzt neu beantragen, wären es wegen des neuen Aufwands sogar 5.000.

Die deutsche Zertifizierung der Klimaneutralität durch Agra-Teg habe noch mal das Doppelte gekostet, berichtet er. Dennoch lässt er immer wieder punktuell überprüfen, welche Fortschritte er macht.

Auf unserem Weg durch die Plantage treffen wir zufällig einen Mitarbeiter von Inteco (Instituto de Normas Técnicas de Costa Rica), eine Art costa-ricanischer TÜV. Einar Castillo begleitet ihn, er ist auf der Platanera Río Sixaola zuständig für Zertifizierungsprogramme. »Na, wie sieht es aus?«, will Ribniger wissen. »Ganz gut«, antwortet Castillo. »Wir müssen die Daten erst noch auswerten«, fügt der Inteco-Mitarbeiter hinzu. Aber er sei schon jetzt beeindruckt von dem, was auf der Plantage geleistet werde. »Das geht weit über alles hinaus, was wir sonst so zu sehen bekommen«, nickt er anerkennend. »Es wird kein Problem geben, das Zertifikat zu bekommen.« Für rund 2.500 Dollar hat Ribniger bei Inteco beantragt, auf CO_2-Neutralität und Klimafreundlichkeit kontrolliert zu werden – unabhängige Dritte sollen sein Wirtschaften beurteilen. Auch die Bodenqualität hat er unlängst von einem Agrarlabor prüfen lassen. Das Ergebnis: Der Boden weise eine um 47 Prozent höhere Vielfalt und Menge an Mikroorganismen auf als andere Bananenplantagen. Zudem seien weniger Schädlinge vorhanden. Dies seien Beweise für einen ungewöhnlich gesunden Boden, schreibt das Institut. Vor allem der geringe Einsatz von Chemikalien sei dafür verantwortlich.

Ribniger freut das sehr. Dennoch ist er auch ein wenig desillusioniert: Er hatte gehofft, dass seine Arbeit auch in Deutschland gut ankommen würde. Bei den vermeintlich so anspruchsvollen, kritischen Verbrauchern. »Aber der Verbraucher interessiert sich nicht für solche Dinge«, ist inzwischen sein Eindruck. »Er will eine Banane kaufen, die von außen gut aussieht und billig ist. Damit ist die Sache erledigt. Er liest auch nicht das Etikett. Also sind wir von vielen Zertifizierungen wieder zurückgegangen, wir machen keine Werbung mehr dafür, und der Importeur sagt auch, er bekommt das vom Handel nicht wieder.

Und der Handel bekommt es eben vom Verbraucher nicht wieder. So beißt sich die Katze in den Schwanz.« Nur die GlobalGAP-Zertifizierung, die für deutsche Supermärkte Pflicht ist, erhält er weiterhin aufrecht. Auch wenn die Handelsunternehmen den Produzenten nicht einmal eine Aufwandsentschädigung zahlten, als sie das GlobalGAP-Programm zur Pflicht machten.

»Ich habe vor ein paar Jahren einen Brief an viele deutsche Supermärkte geschickt«, berichtet Ribniger, während wir auf unserem Rundgang das hintere Ende der Plantage erreichen. »Darin habe ich beschrieben, wie wir hier arbeiten und was wir alles machen. Ich fand, dass die Kosten für die Zertifikate im Preis berücksichtigt werden müssten. Und dass man den Kunden klarmachen müsste, welche himmelweiten Unterschiede es im Anbau von Bananen gibt.« Er macht eine Pause. »Und?« frage ich. »Nun, ich habe nie eine Antwort erhalten. Klar, ich liefere nicht direkt an die Supermärkte, sondern an einen Importeur. Aber ich dachte, es würde sich wenigstens mal jemand dazu äußern.«

Stattdessen berichtet ihm sein in Deutschland lebender Bruder regelmäßig, was Bananen in den Supermärkten und Discountern kosten. Ribniger kann es oft nicht glauben – Bananen für weniger als ein Euro das Kilogramm, als Lockmittel, als Ramschware. »Ich verstehe das nicht«, runzelt er die Stirn. »Hochwertige Lebensmittel wie Bananen werden dort zu Preisen angeboten, unter denen der deutsche Kartoffelbauer genauso leidet wie der lateinamerikanische Plantagenbesitzer. Dabei sind die Kunden in anderen Bereichen nicht so geizig.«

Ich folge ihm über einen Teil der Plantage, auf dem er seit einigen Jahren die Tropenfrucht Papaya biologisch anbaut und in kleinen Mengen nach Deutschland liefert. Ein süßlicher Duft strömt von den Bäumen aus, an denen die teils goldgelben, teils noch grünen Früchte hängen. Ribniger schneidet eine bereits reife Frucht auf, das dunkle, orangefarbene Fleisch mit schwarzen Kernen lässt mir das Wasser im

Mund zusammenlaufen. »Wenn es um einen Liter Motoröl geht«, so Ribniger, »legt jeder in Deutschland, ohne mit der Wimper zu zucken, 20 bis 25 Euro auf den Tisch. Aber bei Bananen wird noch an zehn Cent gespart, wenn der Discounter um die Ecke sie billiger anbietet.« Er schüttelt den Kopf: Dabei müssten doch alle von irgendetwas leben.

Hinter der Papayaplantage beginnt der Boden uneben zu werden. Hohe Bäume spenden hier Schatten, eine Bambusreihe markiert den Übergang. »Was jetzt kommt, könnte vielleicht die Zukunft sein«, kündigt Ribniger an. Er hat vor zwei Jahren ein Experiment gestartet: Auf rund zwanzig Hektar der Plantage pflanzt er Bio-Bananen an. Allerdings gehören sie nicht zur weltweit am meisten verbreiteten Sorte Cavendish, sondern zur alten Sorte Gros Michel. »Da bekommen andere Bananeros graue Haare, wenn sie das hören«, schmunzelt er. Schließlich wurde ja die Gros Michel in den 1950er Jahren von der Panamakrankheit quasi ausgerottet. Ribniger hat sich von Costa Ricas Bananenerzeugerverband Corbana trotzdem Setzlinge kommen lassen und testet nun ihren Anbau – unter Verzicht auf chemische Pestizide und Düngemittel. Den vorher brachliegenden Boden hat Ribniger so belassen, wie er war. Er hofft, dass die gesunde Erde die Pflanzen auch gegen die Panamakrankheit robust macht. Gros Michel aus Bio-Anbau gibt es bisher nirgendwo, »dabei schmeckt die Sorte besser und ist im Transport weniger empfindlich als die Cavendish. Und sie wird nicht so schnell von der Black Sigatoka befallen.« Zwischen den Stauden schützen hohe Bäume mit ihrem Schatten die Bananenblätter zusätzlich vor dem Blattpilz. »Bisher lässt sich das Experiment gut an.«

Nach Deutschland verkauft er die Gros-Michel-Bananen bisher nicht, aber das ist sein Ziel. »Ich würde die Banane dort gern wieder einführen«, sagt er. Zumal sie eine echte Chance sein könnte: zum einen, um auch in tropischen Ländern wie Costa Rica den Bio-Bananenanbau auszuweiten. Und zum anderen könnte ein gesunder

Boden auch im Kampf gegen die neue Bodenpilzvariante Tropical Race 4 helfen, die, wie oben erwähnt, in Asien und Afrika bereits einige Bananenplantagen zum Erliegen gebracht hat und weltweit die Cavendish-Bestände bedroht. »Aber vielleicht ändert sich ja die Fixierung auf diese Sorte«, hofft Ribniger. Allerdings müsste er für die Bio-Gros-Michel dann doch einen höheren Preis verlangen als für »normale« Cavendish-Bananen.

Einige Monate später, als ich längst wieder in Deutschland bin, erhalte ich eine erfreute E-Mail von Volker Ribniger. Seine Gros Michel würden Ende 2014 als biologisch zertifiziert werden, schreibt er, und sobald er entsprechend beschriftete und EU-konforme Kartons habe, kämen sie in den deutschen Handel. Außerdem habe er begonnen, auf zehn Hektar Babybananen biologisch anzubauen – Bananen, die meist nicht länger als acht Zentimeter werden und sehr intensiv und süß schmecken. Auch sie kämen bald nach Deutschland. Wo genau man die Bio-Bananen wird kaufen können, hänge wie immer von seinem Importeur ab. Theoretisch können sie überall landen, wo Bio-Bananen verkauft werden. Ich nehme mir vor, die Augen offen zu halten.

Das ganze Land ist verseucht

Auf meiner Rückfahrt in Richtung der Hafenstadt Puerto Limón, von wo aus die Carretera 32 in die Plantagenregion abzweigt, lasse ich den Besuch noch einmal Revue passieren. Volker Ribniger stellt in der Bananenbranche eine Ausnahme dar. Denn obwohl in Costa Rica nach Angaben der Rainforest Alliance inzwischen fast die Hälfte aller Plantagen ihrem Standard entsprechen: Von der einstigen »Revolution« auf dem Bananenmarkt ist heute nicht mehr viel übrig. Freiwillig stellt kaum noch ein Plantagenbetreiber auf mehr Nachhaltigkeit um. Wer aber wirklich nachhaltig arbeiten will, darf nicht nachlassen, sondern muss stets am Ball bleiben.

Welche Folgen es haben kann, wenn Unternehmen ihre Anstrengungen einstellen, zeigt das Beispiel Reybanpac – eine der großen ecuadorianischen Bananenfirmen, deren Plantagen auch die Oxfam-Studie *Bittere Bananen* von 2011 beleuchtet. Im Jahr 2000 wurde Reybanpac noch weithin gelobt, weil es als erstes Unternehmen neben Chiquita auf allen Plantagen das Gütesiegel der Rainforest Alliance erhielt – und das in Ecuador, wo die Gesetze bis heute noch weniger streng sind als in Costa Rica. Doch einige Jahre später verabschiedete sich Reybanpac von dem Programm. »Sie wollten andere Wege gehen, ein eigenes Netzwerk aufbauen«, erinnert sich George Jaksch. »Das Zertifikat brachte Reybanpac nicht den Mehrwert, auf den sie gehofft hatten.« Heute herrschen auf den Reybanpac-Plantagen laut den Oxfam-Umfragen mit die prekärsten Arbeitsbedingungen und niedrigsten Umwelt-, Sozial- und Gesundheitsstandards in Ecuador. Der Anteil der Bananenplantagen, die im Land noch von der Rainforest Alliance überprüft werden, ist laut dem kanadischen Forschungsinstitut IISD mit nicht einmal vier Prozent verschwindend gering.

Auch in Costa Rica gefährdet die Bananenproduktion die Umwelt und die Gesundheit der Arbeiter und Anwohner immer weiter – zur Sorge von Wissenschaftlern, die sich auf die Erforschung der im Land verbreiteten Giftstoffe spezialisiert haben. So wie Seling Vargas und Fernando Ramírez, die ich wenige Tage später bei ihrer Arbeit auf einem Boot begleite.

Mit einem Blubbern zieht Vargas die Flasche an einem langen Stab aus dem Wasser, Ramírez steht mit einem roten Plastikdeckel bereit. Vorsichtig, damit das Boot nicht zu stark wackelt, hebt die Biologin ihm die Flasche entgegen, Ramírez schraubt sie zu und verstaut sie neben fünf weiteren in einer Kühlbox zu seinen Füßen. Die beiden arbeiten für das IRET, das Regionalinstitut für die Untersuchung giftiger Substanzen an der Universidad Nacional in Heredia nahe Costa Ricas Hauptstadt San José. Seit den 80er Jahren decken die Forscher des IRET immer wieder auf, wie sich die im Land eingesetzten Pestizide auf die Umwelt und die Gesundheit der Menschen auswirken. Es ist eine mühsame Arbeit, denn über viele Mitarbeiter oder große Budgets verfügen sie nicht. »Das war die vorletzte Probe aus der Lagune Madre de Dios.« Vargas füllt ein Formular aus und blickt sich um: »Wobei man das, worum es hier geht, bei bloßem Hinsehen nicht vermuten würde.«

In einem Flussgebiet nahe der Ortschaft Batán, nördlich der Carretera 32 und hinter etlichen Bananenplantagen gelegen, bin ich seit dem frühen Morgen mit den Forschern unterwegs. Sie wollen mir zeigen, welche Folgen der Bananenanbau für die Natur, die Bewohner und das ganze Land hat – Folgen, für die ihrer Meinung nach auch die Kunden in den USA und Europa mitverantwortlich sind. Mit Booten sind wir in eine der idyllischsten Regionen Costa Ricas gelangt. Die Lagune Madre de Diós führt in den Nationalpark Tortuguero hinein, ein weitverzweigtes Flussgebiet im Osten des Landes, in dem Brüllaffen, Faultiere, Seekühe, Kaimane, Fische und Krabben, etliche Wasser- und Zugvögel sowie 2.500 verschiedene Pflanzenarten heimisch sind. Hier gibt es tropischen Regenwald, dichte Mangrovengebiete und ausgedehnte Karibikstrände, an denen die vom Aussterben bedrohten Meeresschildkröten und Namensgeber des Parks (spanisch *tortugas marinas*) ihre Eier ablegen. Der Nationalpark ist nur mit dem Boot erreichbar, Straßen und Autos gibt es keine – und doch hat der Mensch hier und in der gesamten Umgebung längst gravierende Spuren hinterlassen.

»Anwohner von Batán melden tote Fische, vermutlich wegen Verschmutzung aus Bananenplantagen«, titelte erst im Juli 2013 wieder die costa-ricanische Tageszeitung *La Nación*. Sie zeigte Aufnahmen Hunderter Fischleichen, die mit weißen Bäuchen und eingefallenen Augen an den Rändern von Flüssen und Kanälen treiben. »Das kommt hier leider häufig vor«, seufzt Fernando Ramírez, »am schlimmsten war es 2003, als Hunderte Liter des Fungizids Chlorothalonil in die Flüsse liefen.« Die Forscher verfolgten das Mittel zurück und fanden heraus, dass ein Tank an einem Flugplatz der Firma Dole leckgeschla-

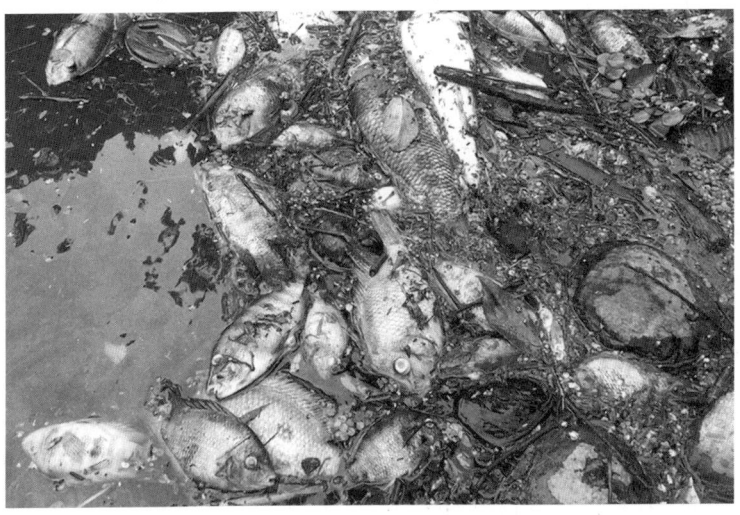

Tote Fische in den Kanälen nahe des Ortes Batán in Costa Rica. Die Pestizide von den Bananenplantagen verursachen immer wieder Massensterben.

gen war. Die ganze Lagune, in der wir uns gerade befinden, sei von einer milchigen Flüssigkeit durchzogen gewesen. Ramírez zeigt mir auf dem Handy Bilder von dem Vorfall: Mit der Hand konnten sie die Fische herausholen, wie nach einem Dynamitschlag schwammen sie an der Oberfläche. Dole zahlte umgerechnet 100.000 Euro Schadensersatz an die Kommune Batán und ließ neue Fische in den Flüssen aussetzen. Doch schon zwei Jahre später wiederholte sich der Skandal. »Und es kann jederzeit wieder passieren«, nickt Seiling Vargas.

Sie zieht zwei silberne Sonden aus dem Wasser, die sie kurz zuvor hinabgelassen hat. Die Messgeräte sind so groß wie Trinkgläser und an langen Schläuchen befestigt. Ramírez liest etwas von einer digitalen Anzeige ab und diktiert es Vargas. »Wir messen den pH-Wert des Wassers«, klärt er mich auf, »sowie den Sauerstoffgehalt, die Temperatur und die Leitfähigkeit.« So erhielten sie einen ersten Eindruck vom Zustand der Gewässer. Gerade die Leitfähigkeit lasse darauf schließen, wie viele Chemikalien im Wasser enthalten sind. Je mehr Salze sich im Wasser befinden, desto höher sei der Wert. »Die Salze stammen meist aus den chemischen Düngemitteln, die auf den Plantagen verwendet werden«, so Vargas, während sie die nächste Glasflasche öffnet und in der Halterung am Ende der Stange befestigt. »Gemeinsam mit den anderen Werten können wir generell auf die Belastung des Wassers schließen.« Wo die Werte höher sind als normal, nehmen sie Proben.

»Wir Fischer fangen in dieser Gegend immer weniger«, klagt Julio Knight, in dessen kleinem Restaurant wir später zu Mittag essen. Der knapp 50-jährige Costa Ricaner ist im Flussgebiet aufgewachsen, er ist Fischer, seit er denken kann. Zudem fährt er Schulkinder und Touristen in Booten über Flüsse und Kanäle – und ist oft der Erste, der Forscher und Presse anruft, wenn wieder etwas passiert ist. »Es gibt immer weniger Leben in den Gewässern, wodurch auch die Vögel und andere Tiere wegbleiben. Die Gegend hier und der Tortuguero-Park werden schleichend vergiftet.« Die Verantwortlichen werden bei jedem Vorfall verklagt – von Knight, der Kommune oder einer Gewerkschaft. »Aber nicht immer lässt sich nachvollziehen, wo die Stoffe genau herkamen.« Ein Problem, das auch die Arbeit der Forscher erschwert. Der Tortuguero-Park ist umgeben von Bananen- und Ananasplantagen, deren Abwässer sich in die Kanäle und Flüsse ergießen und unwiederbringlich vermischen. Welche Plantage und welche Firma genau für die Verschmutzung verantwortlich sind, lässt sich daher nur selten sagen.

»Die Nematizide sind das Hauptproblem«, berichtet Seiling Vargas und füllt ihr Formular zu Ende aus. Schon bei Chiquita hatte man mir erklärt, dass sie die giftigsten Mittel sind, die auf den Plantagen zum Einsatz kommen. Aber auch Fungizide aus den Sprühflugzeugen, Insektizide aus den Plastikbeuteln und Herbizide finden die Forscher im Wasser. »Wir analysieren unsere Wasserproben im Labor der Universität. Dort erkennen wir anhand eines Massenspektrometers, welche Pestizidmoleküle in welcher Konzentration enthalten sind.« An Tagen wie heute, sonnig und trocken, sei die Menge an Chemikalien im Wasser nicht ganz so groß. Aber sobald es regnet – was hier das ganze Jahr hindurch täglich vorkommen kann und jedes Mal wolkenbruchartig ist –, »werden die Giftstoffe von den Plantagen in die Kanäle, Flüsse und bis ins Meer geschwemmt«. Den Stoff Ethoprophos fänden sie dann unter anderen in großen Mengen im Wasser, ein Nematizid der WHO-Klasse Ia und damit höchst giftig.

Auf meine Frage, ob durch die Maßnahmen der Rainforest Alliance nicht einiges besser geworden sei, nickt Fernando Ramírez. Der Druck auf die Bananenkonzerne, etwas zu tun, sei in den 90er Jahren wirklich hoch gewesen. Aber das Problem sei, dass dieser Druck nun nachgelassen habe – und dass sich auf mehr als der Hälfte der Plantagen noch immer nichts verändert habe, weil sie nicht kontrolliert werden. »Diese benutzen die Mittel, die ihnen am günstigsten und am effektivsten erscheinen. Auf manchen Plantagen spülen sie sogar die Behälter, in denen sie die Pestizide gemischt haben, noch immer einfach im Fluss aus.«

Die toten Fische seien daher nur die offensichtlichste Folge. Was den meisten Menschen im Land nicht klar sei, und was auch die Regierung angesichts der Touristenströme ins »Öko-Paradies« Costa Rica nicht gern höre: Die Pestizide aus dem Bananen- und Ananasanbau hätten sich schon im ganzen Land verteilt. »Der Wind trägt die Chemikalien bis in die Höhenlagen, wo es normalerweise keine Pflanzenschutzmittel gibt. Wir finden selbst in den Regenwaldgebieten und Nationalparks Stoffe, die auf den Plantagen benutzt werden«, berich-

Forscher untersuchen ein Flussgebiet, das an Bananenplantagen grenzt.
Ihr Fazit: Die Pestizide verseuchen inzwischen das ganze Land.

tet Seiling Vargas. Fernando Ramírez erklärt: »Sie werden vom Wind
transportiert, kondensieren im Nebel der Höhenlagen, setzen sich an
den Pflanzen ab und beeinträchtigen die Artenvielfalt. Man vermutet
inzwischen, dass deshalb sogar zahlreiche Froscharten in Costa Rica
ausgestorben sind.« Auch im Fell der weitverbreiteten Faultiere – des
in Bäumen lebenden Symboltiers Costa Ricas, mit dem das Land auf
Postkarten, Souvenirs und Wandmalereien wirbt – habe man Pestizide aus dem Bananenanbau gefunden.

Auch die Korallenriffe vor der Küste sind betroffen, erfahre ich,
weil der Regen Giftstoffe und Sedimente von den Plantagen bis ins
Meer spült. Zumindest dort, wo keine Bodendecker die Erde festhal-
ten. »Das ganze Flussdelta hier fängt wegen dieser Erosion bereits an
zu verlanden«, merkt Julio Knight an, der uns gebratenen Wolfsbarsch
serviert. Er habe ihn ganz in der Nähe gefangen, sagt er stolz. Ich esse
von dem Fisch mit äußerst mulmigem Gefühl. Erst kürzlich haben
US-amerikanische Forscher Kaimane im Tortuguero-Nationalpark
auf Pestizide im Blut untersucht. Sie fanden neun verschiedene Stoffe,

von denen manche seit Jahren nicht mehr benutzt werden. In der Nahrungskette bleiben sie über Jahre erhalten – und an deren Ende stehen wir Menschen.

»In der Nähe der Ananasplantagen werden manche Orte inzwischen von Tankwagen mit Trinkwasser versorgt, weil die Brunnen verseucht sind«, erzählt Knight. Ich nicke stumm, selbst manche deutschen Medien haben darüber berichtet. »Das ganze Land ist wegen der Pestizide von den Plantagen zu einem gewissen Grad kontaminiert«, fasst Ramírez zusammen.

Die Forscher sorgen sich aber nicht nur um die Artenvielfalt in ihrer Heimat. Später am Nachmittag begleiten Seiling und Ramírez zwei Kollegen dabei, wie sie im nahe gelegenen Matina – einer Siedlung, die ebenfalls von Bananenplantagen umgeben ist – Mütter mit wenige Monate alten Kleinkindern untersuchen. »Danke, dass Sie gekommen sind«, begrüßt Leonel Córdoba, einer der beiden Kollegen, Evelin Barquero und ihre elf Monate alte Tochter Jimena. Er erklärt ihr, was sie heute vorhaben, wofür es gut ist, und lässt sich eine Einverständniserklärung unterschreiben. Dann entnimmt der andere Kollege, der ausgebildete Krankenpfleger Juan Camilo, der Mutter eine kleine Menge Blut, schneidet die Spitze einer Haarsträhne ab und verstaut sie mit Handschuhen in einer Plastiktüte. Barquero wird den Forschern zudem Proben ihrer Muttermilch und ihres Urins dalassen und einen Fragebogen ausfüllen über ihre Lebensumstände, den Tagesablauf, die Arbeit ihres Mannes auf einer Bananenplantage und die Frage, wie nah sie den Plantagen und ob sie mit der Arbeitskleidung ihres Mannes in Berührung kommt.

Dann hebt Evelin Barquero ihre Tochter im hinteren Bereich des Raumes auf ihren Schoß und setzt sich Leonel Córdoba gegenüber. »Gibst du mir einen Würfel?«, fragt Córdoba das Mädchen, während es mit einer Handvoll roter Plastikwürfel spielt. Jimena zögert kurz, lächelt verschmitzt – und reicht dem Forscher dann einen der Würfel.

»Prima!«, bedankt sich dieser und notiert etwas auf einem Bogen. Die kleine Jimena ist eines von insgesamt 300 Kindern, die die Forscher des IRET seit Monaten untersuchen.

»Wir wollen herausfinden, ob die Kinder Lernstörungen haben«, erklärt mir Berna van Wendel. Die promovierte Biomedizinerin und Epidemiologin leitet die Studien; sie stammt aus den Niederlanden und arbeitet seit Jahrzehnten in Lateinamerika. »Wir fürchten, dass sich bestimmte Stoffe in der Schwangerschaft auf die Kinder übertragen und Schäden in der Hirnrinde verursachen können.« Tests mit Hunderten schwangeren Frauen hätten gezeigt, dass sie eine erhöhte Mangankonzentration im Blut haben. »Das liegt an dem in den Sprühflugzeugen hauptsächlich eingesetzten Fungizid namens Mancozeb«, so van Wendel. Zunächst habe man das Mittel für eher harmlos gehalten, da die WHO es als »praktisch ungefährlich« einstuft. Doch einer der Hauptbestandteile sei Mangan – ein Metall, das Gehirn und Nervensystem schädigen kann, wenn es in hoher Konzentration im Körper vorkommt. Auch im Trinkwasser nahe Plantagen sei der Mangangehalt höher als im nationalen Durchschnitt. Auffällig viele Kinder in der Plantagenregion seien sehr unruhig und hätten Lernschwächen; nun wolle man herausfinden, ob das mit dem Mancozeb im Zusammenhang steht. Es sei weltweit die erste Studie dieser Art.

Viele Kinder und Anwohner klagten auch über Hautreizungen und allgemeines Unwohlsein, berichtet van Wendel, was möglicherweise mit dem in den blauen Plastiksäcken noch immer oft benutzten Insektizid Chlorpyrifos zusammenhänge. »Natürlich lassen sich nicht alle Phänomene allein auf die Pestizide zurückführen«, gibt van Wendel offen zu. »Manche Leiden können auch an der Lebensführung liegen, am vielen Staub auf den Straßen in dieser Gegend oder an der Ernährung.«

Sie hätten in zwei Schulzentren und Siedlungen in der Plantagenregion den Staub von Tischen, Bänken und Matratzen überprüft. In allen Proben hätten sie Spuren von ETU (Ethylene Thio Urea; Ethylenthioharnstoff) gefunden, einem Abbauprodukt des Fungizids Mancozeb. Es führt neben dem Mangan zu weiteren Problemen und wurde auch von mexikanischen Forschern auf Böden, Oberflächen und in Gewässern dortiger Bananenregionen festgestellt. Nach Erkenntnissen der US-amerikanischen Umweltschutzbehörde EPA greift ETU die Schilddrüse an und kann krebserregend sein, weshalb Mancozeb in den USA seit den 80er Jahren im Anbau mancher Obst- und Gemüsesorten verboten ist. Bei Kartoffeln und Äpfeln ist das Mittel noch erlaubt, aber es müssen strenge Vorsichtsmaßnahmen eingehalten werden. So dürfen sich keine Arbeiter auf den Äckern und Plantagen aufhalten, wenn gesprüht wird. Diese Regelungen gibt es auch in Costa Rica. Dennoch lässt sich die Ausbreitung des Stoffes im Land nicht vermeiden.

»Wir wohnen sehr nah an den Plantagen«, antwortet Evelin Barquero auf meine Frage, was sie von den Studien hält. Ihre Tochter Jimena ist in ein Spiel vertieft, während Leonel Córdoba beobachtet, wie lang sie sich auf eine Aufgabe konzentrieren kann. »Insofern finde ich es gut, dass etwas unternommen wird. Wir möchten gern Bescheid wissen, ob es eine Gesundheitsgefahr gibt oder nicht.« Bisher scheint Jimena sich völlig normal zu entwickeln, können Córdoba und van Wendel sie zunächst beruhigen. Aber sie solle bitte in zwei Monaten noch einmal wiederkommen – die Studie ist noch nicht abgeschlossen.

»Das Pestizidproblem kann sich nur verbessern, wenn alle an einem Strang ziehen«, findet Fernando Ramírez, als wir wenige Tage später im Labor der Universität über ihre Studien sprechen, »aber das ist schwierig geworden.« Zudem müssten Umweltsünden stärker geahndet werden. Stattdessen appelliere die Regierung an freiwillige Maßnahmen der Branche. Vermutlich könne man aber großflächig nur etwas ändern, wenn es für die Bananenbauern auch preislich einen Anreiz gäbe, nachhaltiger zu arbeiten, glaubt Ramírez.

Die teure Suche nach Alternativen

Am nächsten Tag sehe ich dabei zu, wie eines der gelben Sprühflugzeuge zwischen Bananenstauden landet. Ich bin auf einem kleinen Flughafen verabredet, der mitten in der Plantagenregion liegt. Neben dem Hauptgebäude stehen ein Hangar und zwei große Chemietanks. Von der Start- und Landebahn aus drehen drei der einsitzigen Maschinen ihre Runden über den Plantagen. Ein gutes Dutzend solcher Miniflughäfen liegt in Costa Ricas Bananenregion verstreut; gechartert werden die Flieger von allen Bananenproduzenten. Die Piloten dieses Flughafens fliegen vor allem für Chiquita.

»Gegen die Black Sigatoka verwenden wir eine Mixtur aus Mancozeb, Wasser und einem Emulgator, der beides vermischt«, erklärt mir Javier Castellón, zuständig für den Chemikaliencocktail, der in die Flugzeuge gefüllt wird. »Manchmal fügen wir zusätzlich ein wenig Calixin mit hinein, das ist ein bisschen aggressiver.« Der stämmige Mann trägt eine gelbe Plastikschürze und Handschuhe; auch mich hat man mit einem grünen Schutzmantel ausgestattet, bevor ich das Gebäude betreten durfte. Nun bedeutet er mir, meine Atemschutzmaske überzuziehen, er selbst setzt sich Maske und Schutzbrille auf, öffnet einige Hebel an Rohrleitungen und wirft einen Blick in den geöffneten Tank vor sich. Er winkt mich heran, ein Metallstab vermischt darin unter lautem Getöse eine gelbe, zähflüssige Paste. »Die Rohre leiten die Chemikalien aus den Tanks draußen hier rein. Das Ganze muss jetzt ein paar Minuten vermischt werden«, ruft er.

Regelmäßig begutachten er und ein Fachmann auf den Plantagen die Bananenblätter, erzählt Castellón. Der schlimmste Pilzbefall werde von Hand herausgeschnitten – das sei eine Auflage der Rainforest Alliance. »Je nachdem, wie stark die Blätter angegriffen sind, entscheiden wir dann, welche Mixtur wir zum Sprühen verwenden.« Früher kamen vor allem sogenannte systemische Produkte zum Ein-

Abbauprodukte des Pilzgiftes Mancozeb finden Forscher auch im Blut der Anwohner. Die Suche nach harmloseren Mitteln ist teuer und aufwändig.

satz, erfahre ich. »Sie dringen in die Zellen des Blattes ein und können sehr wirksam sein.« Aber um das Jahr 2000 herum stieg der Befall mit Black Sigatoka plötzlich rapide an. »Wegen der Resistenzen!«, ruft Castellón über den Lärm. Der Pilz war durch Mutation unempfindlich gegen die systemischen Mittel geworden. »Jetzt benutzen wir vor allem protektive Substanzen: Moleküle, die auf der Oberfläche des Blattes bleiben und verhindern sollen, dass die Pilzsporen eindringen.« Dadurch müsse man aber öfter sprühen als zuvor – etwa einmal die Woche, weil an jeder Staude wöchentlich ein neues Blatt wächst. Vorher sprühten alle Produzenten im Land etwa 20- bis 25-mal im Jahr, heute doppelt so häufig.

»Die Menge benutzter Fungizide ist dadurch seit dem Jahr 2000 leider ziemlich gestiegen«, bestätigt Nolan Quirós, der mich draußen, neben der Startbahn, erwartet. Der Costa Ricaner ist im Land für die Unternehmensverantwortung von Chiquita zuständig – ein Job, den er sich noch während seines Umweltmanagementstudiums nicht hätte vorstellen können. »Chiquita waren auch für uns die ›Bösen‹«, gibt er zu. Heute habe sich das geändert, das Unternehmen arbeite glaubwürdig daran, den Pestizideinsatz weiter zu reduzieren, aber gerade bei der Black Sigatoka sei das extrem schwierig. Das kleine Flugzeug parkt vor dem Hauptgebäude, Castellón gibt durch die Scheibe ein Zeichen. Zwei Männer mit Atemschutzmasken und schalldichten Kopfhörern eilen mit einem langen Schlauch herbei, den sie an einem Ventil ansetzen. Unter beiden Tragflächen des Flugzeugs ist ein System aus Schläuchen und Sprühdüsen befestigt. Einer der Männer hebt den Daumen in Richtung Gebäude, Castellón legt einen Hebel um, und die Sprühanlage des Flugzeugs wird mit dem eben gemixten, gelben Chemiecocktail befüllt.

Zwischen 80 und 90 Prozent aller eingesetzten Chemikalien auf einer Bananenfarm entfallen inzwischen auf die Mittel gegen den Blattpilz, rechnet mir Quirós vor. Auch finanziell mache sich das bemerkbar: Etwa die Hälfte der gesamten Produktionskosten einer Kiste Bananen gehe in die Sigatoka-Bekämpfung. Auch deshalb habe man jahrelang überlegt, wie man die Menge der Sprühflüssigkeit reduzieren kann. »Wir haben unter anderem an der Größe der Sprühdüsen herumgetüftelt«, erzählt Quirós. Sie hätten festgestellt, dass nicht alle Tropfen, die von den Düsen abgesondert wurden, an den Blättern hängen blieben. »Sondern nur eine bestimmte Tröpfchengröße«, so Quirós. Die Düsen wurden immer wieder verengt, bis ihre Größe passend war. Dadurch habe Chiquita die benutzte Fungizidmenge seit 2006 wieder reduziert, auch wenn sie noch immer über dem Niveau von vor dem Beginn der Resistenzen liegt.

Noch eine andere Maßnahme soll dafür sorgen, dass nicht mehr als unbedingt notwendig versprüht wird. Der Pilot des Flugzeugs winkt mich hinüber in den Hangar. In einem kleinen Büro rüttelt er an der Computermaus, der Bildschirm erwacht aus dem Ruhemodus. »Diese Route fliege ich gleich«, erklärt der Pilot. Er zeigt auf die grafischen Umrisse einer Plantage. Das Computerbild ist überzogen mit Streifen, die sich parallel aneinander anschließen: Dort werden sich die Düsen des Flugzeugs automatisch öffnen, vorprogrammiert und mit Hilfe von Satellitennavigation exakt gesteuert. »Alle Flugzeuge in Costa Rica sind inzwischen mit solchen GPS-Systemen ausgestattet«, erklärt der Pilot und eilt wieder in Richtung Flugplatz. »So stoppen die Düsen, wenn wir über Flüsse, Wälder oder Häuser fliegen.« Er setzt den Fuß auf die kleine Leiter zum Cockpit. »Ich selbst steuere das Sprühen gar nicht, das GPS-System ist viel genauer.« Er grüßt und zieht die Tür zu. Wenig später hebt der kleine Flieger am hinteren Ende der Startbahn ab und verschwindet in einer langen Kurve. Die Plantage, auf der er heute zum Einsatz kommt, liegt nicht in Sichtweite.

Von den Studien der IRET-Forscher habe er gehört, nickt derweil Nolan Quirós. Man müsse das überprüfen und sehen, ob es nicht doch Alternativen zum Mancozeb gebe. Aber eine solche Umstellung könne nicht von heute auf morgen passieren. Im Jahr 2011 hat Chiquita ein Forschungslabor in Costa Rica gegründet. Es erprobt rein biologische Mittel der Schädlingsbekämpfung. »Wir suchen natürliche Feinde von Insekten, bessere Bodendecker und pflanzliche Abwehrstoffe«, fasst Ronaldo Romero, Leiter des Labors, in einem Telefonat die Arbeit zusammen. Bisher tauge aber keines der Mittel für den Einsatz im großen Stil, meint er. »Viele der biologischen Alternativen sind nicht verlässlich genug für unsere Plantagen, das Risiko eines Ernteausfalls ist zu hoch.« Romero hat auch die Entwicklung der jetzt benutzten Nematizide und Fungizide mit begleitet. »Diese Entwicklungen sind mit hohen Kosten und langjährigem Aufwand verbunden«, sagt er. Und angesichts der wirtschaftlich schwierigen Lage des Konzerns sei nicht klar, wie es mit ihren Forschungen langfristig weitergehe.

Als ich wenig später wieder auf die Carretera 32 einbiege, sehe ich das Flugzeug in der Ferne seine Bahnen ziehen. Eines ist klar: Solange auf dem Bananenmarkt ein Preiskrieg tobt und vor allem billige Bananen gegessen werden, wird sich am massiven Einsatz von Pestiziden auf den Plantagen nichts ändern. Denn wenn es selbst Chiquita schwerfällt, die Pestizidmenge weiter zu reduzieren – wie geht es dann erst auf den »Billigplantagen« zu?

Der Kampf um Arbeiterrechte –
eine Sisyphosarbeit

Von den Problemen in der Bananenproduktion sind allein in Costa Rica mehr als 100.000 Menschen betroffen. Sie alle arbeiten direkt oder indirekt im Bananenanbau – sei es auf den Plantagen, im Hafen, in Transport und Logistik, der Verwaltung der Konzerne oder in Betrieben, die Holzpaletten oder Plastiktüten herstellen – und ernähren damit ihre Familien.

Seit etwa einer halben Stunde folge ich Didier Leitón, der auf seinem Motorrad vor mir her durch Dörfer und Siedlungen fährt. Er hat selbst 20 Jahre lang auf verschiedenen Bananenplantagen gearbeitet, die meiste Zeit davon bei Del Monte. Inzwischen ist Leitón Generalsekretär von SITRAP (Sindicato de Trabajadores de Plantaciones Agrícolas), einer von vier costa-ricanischen Gewerkschaften, die sich um die Belange der Bananenarbeiter kümmern. Regelmäßig besucht der engagierte Mittvierziger diejenigen Plantagen, auf denen die Zustände nach Meinung der Arbeiter am schlimmsten sind.

»Der Lohn hier reicht gerade mal zum Essen, mehr nicht«, beschwert sich Hermez Cubillo, die umstehenden Arbeiter nicken. Unter einem großen Baum vor einer Plantage ist Leitón mit fünf Arbeitern verabredet, die Mitglieder bei SITRAP sind. »Und es wurden schon wieder Leute entlassen, obwohl sie einen festen Vertrag hatten.« Cubillo wirft einen Blick über die Schulter, gleich hinter ihm beginnt die Bananenplantage. Ein Wächter am Eingang zur Plantage vertreibt sich seine Zeit damit, Nachrichten in sein Mobiltelefon zu tippen. »Überstunden werden gar nicht erst bezahlt, sie zählen sie einfach nicht mit«, fügt Cubillos Kollege Luis Chávez hinzu und reibt die verschmutzten Hände an seiner rissigen Hose. »Wenn wir uns beschweren, schmeißen sie uns raus.« »Ja, das passiert hier ständig«, bestätigt Cubillo.

Unzufriedene Arbeiter vor einer Plantage der Firma Banacol, deren Bananen auch nach Deutschland gelangen.

Leitón verspricht, die Vorwürfe bei der nächsten Gewerkschafts-versammlung zu diskutieren. »So kann es jedenfalls nicht weiter-gehen, das sind keine menschenwürdigen Zustände«, findet er und macht sich Notizen. Seit Langem schon habe das Unternehmen zu-dem keine Sozialabgaben an den Staat gezahlt. Das müsse sich end-lich ändern.

Das dunkle Brummen eines Motors unterbricht das Gespräch. Hinter den Arbeitern biegt einer der riesigen Bananentrucks in die Einfahrt zur Plantage, die in der Gegend ständig unterwegs sind. Auf ihm prangt der Schriftzug des Konzerns Dole. Die Plantage gehört zum Unternehmen Banacol, das in Kolumbien und Costa Rica Ba-nanen- und Ananasplantagen betreibt und das Obst zum Teil selbst, zum Teil über Chiquita, Dole oder Del Monte unter deren Namen verkauft – auch nach Deutschland. Auf dem Schild am Eingang zur Plantage prangt jedoch nicht nur der Name »Banacol«, auch das grüne Frosch-Siegel der Rainforest Alliance ist zu sehen. Ich bin erstaunt:

Die Plantage wird regelmäßig kontrolliert, und dennoch häufen sich die Beschwerden? »Das ist keine Seltenheit«, runzelt Didier Leitón die Stirn, »immer wieder gibt es Probleme, auch auf den Plantagen mit Zertifikat.« Zwar ermahne die Rainforest Alliance die Plantagenbetreiber, wenn sie Verstöße feststellen. Aber sie gäben ihnen zu viel Zeit, die Missstände zu beheben, bevor sie das Zertifikat entziehen. Den Gewerkschaftern reicht das nicht aus. Leitón erklärt: »Die Leute von Rainforest kommen von außen, kennen die Zustände auf den Plantagen kaum und werden nicht von den Arbeitern gewählt.« Nur die Gewerkschaften seien legitimiert, über Löhne, Arbeiterrechte oder Sozialstandards mit den Arbeitgebern zu verhandeln.

Auf meine Frage, was es mit den Zuständen auf der betreffenden Plantage auf sich habe, verweist mich Banacol an Dole. Von Sylvain Cuperlier, dem dort bis Sommer 2014 tätigen Vizedirektor für Unternehmensverantwortung, erfahre ich, dass Dole erst seit Kurzem von der Plantage Bananen beziehe. Banacol streite aber kategorisch ab, unter Mindestlohn zu zahlen oder Arbeiter wegen der Gewerkschaftszugehörigkeit zu entlassen. Soweit er wisse, erhielten dreißig Prozent der unqualifizierten Arbeiter bei Banacol – zu denen auch Hermés Cubillo und Luis Chávez gehören – den 2013 geltenden costa-ricanischen Mindestlohn von 8.100 Colones (etwa 11,80 Euro) für acht Stunden Arbeit am Tag.* Bei 70 Prozent dieser Arbeiter liege der Lohn höher.

»Nominell stimmt das alles vielleicht«, sagt Didier Leitón dazu. »Aber die Arbeitsschichten sind oft viel länger als ein normaler Achtstundentag.« Die Bezahlung werde dem nicht angepasst. Auf den Vorwurf der unbezahlten Überstunden geht Sylvain Cuperlier nicht ein. Aber man dürfe nicht übersehen, dass Banacol ums eigene Überleben

---

* Im Jahr 2014 lag der Mindestlohn für unqualifizierte Arbeiter in Costa Rica bei rund 9.000 Colones am Tag, etwa 12,50 Euro.

kämpfe – und um die Arbeitsplätze auf den Plantagen. Dass es dabei nicht immer reibungslos zugehe, sei klar, auch wenn massive Verfehlungen natürlich nicht vorkommen dürften.

Es zieht sich wie ein roter Faden durch meine Recherchen: Die Bananenproduzenten müssen jeden Cent umdrehen, das betrifft die großen Konzerne genauso wie kleinere Produzenten, die ihnen zuliefern. Dabei laden viele von ihnen den Preisdruck auf den Arbeitern ab oder geben ihre Sozial- und Umweltzertifizierungen ganz auf, so wie Reybanpac. Je weniger Geld in der Branche verdient wird, desto weniger kommt am Ende der Lieferkette an und desto weniger kann in Verbesserungen investiert werden.

In Kolumbien führte ein Streit von Bananenarbeitern mit Banacol wegen Zahlungsverzugs durch das Unternehmen im Sommer 2014 zu einem zehntägigen Massenprotest, in dessen Verlauf sogar ein Arbeiter zu Tode kam. Währenddessen ist in den Konflikt mit den SITRAP-Arbeitern in Costa Rica nach meinem Besuch Bewegung gekommen. Im Dezember 2013 hat Banacol eingewilligt, dass Beschwerden von Arbeitern, die Mitglied der Gewerkschaft sind, durch einen SITRAP-Vertreter mündlich oder schriftlich vorgetragen werden dürfen, und dass darauf innerhalb von drei Tagen zu reagieren sei. In regelmäßigen Treffen, für die jeweils ein Gewerkschaftsmitglied von der Arbeit freigestellt wird, werden zudem Streitpunkte geklärt, die sonst nicht gelöst werden konnten. Wird man sich nicht einig, behält sich SITRAP das Recht vor, den Konflikt vor dem costa-ricanischen Arbeitsministerium zu verhandeln.

Die Regelungen gehen damit über das hinaus, was in Costa Rica gesetzlich vorgeschrieben ist. Danach ist eine Gewerkschaft erst dann die rechtlich legitimierte Vertretung der Arbeiter, wenn mindestens 33 Prozent der Belegschaft bei ihr Mitglied sind. SITRAP erreicht diesen Wert auf keiner Plantage, in ganz Costa Rica liegt der Anteil gewerkschaftlich organisierter Bananenarbeiter nur bei sechs Prozent – auch aus besagten historischen Gründen und wegen der noch immer konkurrierenden Solidaristischen Vereinigungen auf vielen Plantagen.

»Was wir aber vor allem ungerecht finden, ist, dass die Arbeiter auf den Plantagen am wenigsten von allen an einer Banane verdienen.« Auf einem Holzbrett beginnt Didier Leitón eine Banane mit dem Messer zu zerteilen. In seinem Haus in der Nähe des Ortes Guápiles will er anhand von Durchschnittswerten für Deutschland und Costa Rica deutlich machen, wer wie viel an einer Banane verdient. Je nachdem, wo die Banane angebaut, über welche Zwischenhändler sie geliefert und in welchem Land und welchem Geschäft sie verkauft wird, können die Anteile stark variieren. Leitón schneidet ein großes Stück von der Banane ab und hält es in die Luft: »Ungefähr ein Drittel des Preises einer Banane erhalten meist die großen Supermarktketten.« Er schneidet ein weiteres, ähnlich großes Stück ab: »Ein weiteres Drittel geht an die Transportunternehmen und Importeure, die die Bananen nach Europa verschiffen.« Es folgt ein etwas kleineres Stück: »Ungefähr 20 Prozent bekommen die großen Konzerne wie Chiquita, Dole, Del Monte und andere.« Nicht zu vergessen seien die Kosten für Zoll und Reifung, die meist von den Importeuren oder den Bananenkonzernen bezahlt werden. Er schneidet ein kleines Stück ab: »Rund zehn Prozent wiederum geht an unabhängige Plantagenbetreiber, die den großen Konzernen zuliefern.« Nun ist nur noch die dunkle Kuppe der Banane übrig. Leitón dreht sie zwischen Daumen und Zeigefinger und hält sie mir entgegen: »Und gerade einmal vier Prozent des Preises einer Banane bekommen die Arbeiter, die sozusagen ihr Leben auf den Plantagen lassen, damit die Bananen in gutem Zustand nach Europa gelangen.«

Hinzu komme, dass die Lebenshaltungskosten auch in Costa Rica von Jahr zu Jahr steigen, die Löhne aber auf vielen Plantagen seit Jahren nicht daran angepasst wurden. Eines ist für Leitón deshalb klar:

Die Situation auf den Bananenplantagen in Lateinamerika kann sich nur verbessern, wenn Arbeiter und Gewerkschaften in die Gespräche über die Zustände auf den Plantagen einbezogen werden. Sowohl durch die Bananenproduzenten und -konzerne als auch durch Organisationen wie die Rainforest Alliance sowie die mächtigen Supermärkte und ihre Kunden.

»Dann wäre unser Kampf auch nicht so eine Sisyphosarbeit«, nimmt Leitón den Faden wieder auf, als ich ihn am nächsten Tag im nahen Siquirres wiedertreffe. Durch strömenden Regen eilen wir in einen schmalen Hauseingang, hinter dem sich einige schlichte Büros und ein erstaunlich großer Versammlungsraum verbergen. Am Hauptsitz der Gewerkschaft SITRAP ist Leitón mit fünf weiteren Mitgliedern des Direktoriums verabredet, um das weitere Vorgehen bei den laufenden Konfliktfällen zu besprechen. Manches verhandeln sie direkt mit den Arbeitgebern. In einigen Fällen kümmern sie sich um die Probleme von Arbeitern aus Nicaragua, die von den Arbeitgebern teilweise schlechter behandelt werden als Costa Ricaner. Fast 80 Prozent der Bananenarbeiter stammen auf manchen Plantagen aus dem weitaus ärmeren Nachbarland im Norden.

Besonders schwierige Fälle bringen die Gewerkschafter vor das Arbeitsministerium in der Hauptstadt San José. Auch jetzt in dieser Runde ist ein Anwalt dabei, der SITRAP dabei hilft, Klagen und Argumente für die Verhandlungen vor dem Ministerium zu formulieren. Mal geht es dabei um unbezahlte Überstunden, mal um die Wohnbedingungen auf einer Plantage, mal um Kündigungen von Arbeitern, die sich gewerkschaftlich organisiert haben. Einige beim Ministerium eingereichte Klagen hat SITRAP auch bereits gewonnen – zum Stolz von Leitón und seinen Mitstreitern.

Ihre Anstrengungen bleiben jedoch meist vergebens, solange sie an die wichtigsten Akteure auf dem Bananenmarkt nicht herankommen: die großen Supermärkte und Discounter mit ihrer ungeheuren

Marktmacht. Auch in Costa Rica hat sich herumgesprochen, dass gerade die deutschen Unternehmen Aldi, Lidl, Rewe und Edeka dabei vordere Plätze einnehmen. Doch gegen sie haben Arbeiter und Gewerkschaften in Lateinamerika rechtlich keine Handhabe. Dass die Kunden der großen Ketten den Bananenpreiskrieg auch noch mit anheizen, bringt sogar den Direktor des costa-ricanischen Bananenerzeugerverbands Corbana in Rage. »Ihr schimpft uns Ausbeuter?«, fragt Jorge Sauma Aguilar in einem Interview mit dem *Tagesspiegel* die besuchenden Journalisten, die auf einer Bananenplantage offenbar kritische Fragen gestellt haben. »Ihr beklagt unseren Raubbau an der Natur? – Ihr seid doch mitverantwortlich für das, was hier passiert!« Und der Corbana-Vizedirektor Romano Orlich pflichtet ihm in dem Artikel bei: »Wir sind die älteste Demokratie Lateinamerikas. Wir haben die Armee abgeschafft, wir hatten einen Friedensnobelpreisträger zum Präsidenten*, und wir schätzen die Menschenrechte, außerdem die Vereinigungsfreiheit und die Erlaubnis von Kollektivverhandlungen. Aber solange ihr die Bananen von jenen kauft, die sie am billigsten anbieten, so lange wird sich hier nur wenig ändern.«

Leitón klickt in einer Sitzungspause am Computer durch die Fotos, die er bei einer seiner letzten Reisen gemacht hat: »Hier stehe ich vor dem Reichstag in Berlin.« Im Juni 2012 war er in Deutschland zu Gast – auf Einladung von Make Fruit Fair, der von BanaFair, Banana Link sowie einer französischen und einer tschechischen Hilfsorganisation gegründeten europaweiten Kampagne für einen nachhaltigen Bananen- und Ananashandel. Immer wieder greifen die NGOs den lateinamerikanischen Gewerkschaften unter die Arme und versuchen,

---

* Gemeint ist Óscar Arias Sánchez, Präsident von 1986 bis 1990 und abermals von 2006 bis 2010, der diesen Preis 1987 wegen seiner Verdienste um einen dauerhaften Frieden in Mittelamerika erhielt.

in Europa auf die Zustände auf den Plantagen aufmerksam zu machen. Leitón erzählt, wie er in Berlin in einen Supermarkt ging, um Kunden beim Kauf von Bananen zu beobachten. »Die meisten griffen tatsächlich gleich zu den billigen«, bestätigt er. Er klickt durch weitere Fotos und hält dann inne. »Ich kann es ja verstehen, so sparen sie ein bisschen Geld«, seufzt er. »Aber was den Kunden nicht klar ist, ist, dass sie mit diesen Niedrigpreisen den Wettlauf nach unten weiter antreiben – und dazu beitragen, dass hier die Arbeiter und ihre Familien ausgebeutet werden.«

Didier Leitón hat während seiner Deutschlandreise nicht nur Supermärkte besucht. Er traf sich auch mit Vertretern von Oxfam und Misereor und folgte einer Einladung der SPD-Bundestagsfraktion zu einer »öffentlichen Fachdiskussion über die Nachfragemacht der Einzelhandelsketten und ihrer sozialen Verantwortung«. Dort waren auch Vertreter von Rewe, Edeka und Metro zu Gast, die auf Leitóns Schilderungen laut anschließendem Bericht von Make Fruit Fair »mit Erstaunen und Besorgnis« reagierten. »Als es allerdings um die niedrigen Preise ging, klafften die Meinungen weit auseinander.« Die Vertreter der Handelskonzerne meinten, dass die Verbraucher nachhaltig angebaute Bananen nicht mehr kaufen würden, wenn sie teurer wären als bisher. SPD-Vertreter und Abgesandte der NGOs hielten dagegen, dass Supermärkte und Discounter selbst für die »Billigpreiserwartung der Verbraucher« verantwortlich seien – und diese Erwartungshaltung auch wieder umkehren könnten. Durch ihr jahrelanges Werben mit Schnäppchen, Tiefstpreisen und Supersonderangeboten sei es kein Wunder, dass die Kunden sich jetzt mehrheitlich für die billigen Bananen entscheiden. Man müsse daher das Interesse an nachhaltigen Produkten stärken.

Franziska Humbert geht bei meinem Besuch im Berliner Oxfam-Büro noch einen Schritt weiter. Sie findet, man dürfe den Verbrauchern nicht alle Verantwortung auflasten. Und da die Supermärkte freiwillig bisher nichts an der Preisdrückerei ändern, »sehen wir in erster Linie die Politik in der Verantwortung«, so Humbert. »Die Politik muss dafür sorgen, dass die Verbraucher mit gutem Gewissen im Supermarkt einkaufen können. Ohne dass sie lange suchen müssen, ob die Produkte nachhaltig und gerecht hergestellt worden sind.« Das bedeutet: Nach Vorstellung von Oxfam sollten alle Bananen – genau wie alle anderen Produkte – so angebaut werden *müssen*, dass Ausbeutung und Umweltzerstörung von vornherein ausgeschlossen sind. Dafür sollten verbindliche Mindeststandards bei der Produktion sorgen, auf deren Einhaltung Supermärkte und Discounter beim Bezug ihrer Lebensmittel achten müssen. Didier Leitón sieht es ähnlich: »Es müsste doch zum Beispiel in Deutschland Gesetze geben, die die Supermärkte dazu zwingen, beim Kauf tropischer Früchte aus Ländern wie Costa Rica darauf zu achten, dass bei deren Anbau die Umwelt und die Rechte der Arbeiter respektiert werden!«

Könnten also die Bundesregierung oder auch die EU-Kommission dabei helfen, die Zustände auf den Plantagen zu verbessern? Nach meiner Rückkehr aus Costa Rica mache ich mich auf den Weg durch die politischen Institutionen in Berlin und Brüssel. Ich will herausfinden, welche Möglichkeiten es gibt, dem Bananenpreiskrieg und seinen Folgen politisch etwas entgegenzusetzen.

Wer regiert wen?
Das Desinteresse der Politik

Den Anfang hatte ich mir leichter vorgestellt. Als ich bei der deutschen Bundesregierung nach Antworten auf meine Fragen suche, gerate ich zunächst in einen Dschungel der Zuständigkeiten. Man schickt mich von einer Stelle zur anderen.

Das Wirtschaftsministerium, an das ich mich zuerst wende, teilt mir »nach der fachlichen Durchsicht« mit, dass für diese Themen das Arbeits- und Sozialministerium zuständig sei. Ich stelle meine Fragen also dort, man bittet um eine schriftliche Anfrage. Erstaunt lese ich wenig später die Antwort, dass man mich zum Thema »Machtkonzentration im Einzelhandel« an das Wirtschaftsministerium verweisen müsse – von dem ich ja gerade komme – sowie »ergänzend« ans Verbraucherschutzministerium. Ich versuche also mein Glück bei Letzterem und bekomme erst gar keine Antwort. Auf meine erneute Anfrage wenige Wochen später schickt mir die Pressestelle dieses damals CSU-geführten Ministeriums* schließlich eine längere E-Mail. Für bestimmte Fragen verweist man mich wiederum weiter: nunmehr an das Justiz- und wiederum zurück ans Arbeits- und Sozialministerium. Dann aber geht man auf das Thema »Wett-

---

* Meine erste Anfrage stammt von April 2013. Seit Amtsantritt der neuen schwarz-roten Regierung ist das Ressort Verbraucherschutz im SPD-geführten Bundesjustizministerium angesiedelt.

bewerb im Lebensmitteleinzelhandel« tatsächlich ein und bezieht sich sogar auf das Beispiel der Bananen.

Mit Interesse lese ich, dass »ein Vermarktungsverbot von nicht nach Nachhaltigkeitsstandards zertifizierten Bananen im Einzelhandel (…) gar nicht zulässig« wäre. Dies entspreche nicht den »Anforderungen der Welthandelsorganisation WTO«, an die Deutschland gebunden ist und die »diskriminierende handelsbeschränkende Maßnahmen« grundsätzlich untersagt. Man kann die Supermärkte und Discounter also nicht zwingen, nur noch biologisch angebaute, fair gehandelte oder von der Rainforest Alliance zertifizierte Bananen zu verkaufen. Aber könnte man nicht Umwelt- und Sozialstandards entlang der Lieferkette zur Pflicht machen? So dass auch Bananen, die bisher ohne jegliche Standards angebaut werden, bestimmte Mindestauflagen erfüllen müssen? Auf diesen Vorschlag geht das Ministerium nicht ein.

Das Ziel der Bundesregierung sei »ein funktionierender und fairer Wettbewerb auch im Lebensmitteleinzelhandel«, so das Verbraucherschutzministerium. Dabei lassen die Aussagen der damaligen Ministerin Ilse Aigner – mit der mir kein Interview ermöglicht wird – keinen Zweifel daran, dass von Fairness im Lebensmittelhandel schon längst keine Rede mehr sein kann. Während ihrer Amtszeit übt Aigner harte Kritik an den Discountern: »Mich besorgt der immer aggressivere Wettbewerb unter Lebensmittel-Discountern«, schreibt sie 2012 in einem Gastbeitrag in der *Bild am Sonntag*, den viele Zeitungen anschließend zitieren. »Unternehmen, die um jeden Preis nur ihren Marktanteil im Auge haben und denen die Wertschätzung ihrer Waren egal ist, verspielen langfristig das Vertrauen der Kunden und die Existenz ihrer Lieferanten.« Die Ministerin geht sogar noch weiter: Lebensmittel »dürfen nicht verramscht werden. Unsere Landwirte haben einen Anspruch auf eine anständige Bezahlung ihrer Leistungen«, schreibt sie. Und: »Billiger ist nicht immer besser.«

Konkrete politische Maßnamen folgten daraus jedoch nicht. Und auch das Justizministerium, in dem seit Ende 2013 der Verbraucherschutz angesiedelt ist, hat gegen den Discounterpreiskampf bisher nichts unternommen. Ilse Aigners Pressestelle schreibt mir, man beobachte die hohe Marktkonzentration bei Discountern und Supermärkten »sehr aufmerksam« und »begrüße« daher die 2011 begonnene Sektoruntersuchung des Bundeskartellamts zu den Machtverhältnissen im Lebensmittelhandel. Davon erhoffe man sich eine Signalwirkung. Wenn offiziell bestätigt sei, dass Supermärkte und Discounter ihre Macht zum Nachteil der Lieferanten und Produzenten von Lebensmitteln ausnutzen, könnten auch Bananenlieferanten sich darauf beziehen.

Als ich vom Kartellamt wissen will, ob auch extrem niedrige Verkaufspreise Anlass für eine Beschwerde sein könnten, erklärt mir Christoph Fritsch aus der Pressestelle, dass das grundsätzlich denkbar sei. Aber: »Es ist immer die Frage, wo harter Wettbewerb – der grundsätzlich gut und gewollt ist – aufhört und wo ein Missbrauch der Marktmacht anfängt.« Es müsste jeweils von Fall zu Fall entschieden werden. Und etwaige Niedrigstpreisbeschwerden etwa von Obstimporteuren müssten »sehr konkret und substanziell« sein, damit das Amt ihnen nachgehen kann, sagt man mir. Das allerdings bringe die Anonymität der Beschwerdeführer in Gefahr.

Genau das ist das Problem. Die Angst vor Repressalien oder davor, bei Beschwerden ganz aus dem Sortiment der Discounter und Supermärkte zu fliegen, ist enorm. Das merke ich schon daran, dass kein Importeur bereit ist, mir über die Zusammenarbeit mit den großen Handelsketten öffentlich Auskunft zu geben. Vor allem die Discounter will niemand offen kritisieren, obwohl alle, mit denen ich spreche, die Preisdrückerei als riesiges Problem bezeichnen.

Aldi, Lidl, Edeka, Rewe und Co. haben also von politischer Seite bisher nicht allzu viel zu befürchten. Die Pressestelle des Verbraucherschutzministeriums betont im April 2013, dass die Bundesregierung vor allem auf die freiwillige Bereitschaft der Supermärkte und Discounter setzt, verantwortungsvoll und nachhaltig zu arbeiten. Mit Initiativen wie dem Nationalen CSR-Forum, das generelle Leitlinien empfiehlt, und dem »Deutschen Nachhaltigkeitskodex« des Rates für Nachhaltige Entwicklung wolle man Unternehmen ermutigen, »sich freiwillig an Nachhaltigkeitsstandards zu halten«.

Supermärkte und Discounter werben mit »Verantwortung«

Auf den Internetseiten von Aldi, Lidl, Edeka und Rewe findet sich neben Sonderangeboten aus dem Sortiment und Listen aller Filialen mittlerweile stets auch eine Rubrik mit dem Titel »Verantwortung« oder »Nachhaltigkeit«.

Lidl schreibt unter dem Slogan »Auf dem Weg nach morgen«, man setze sich dafür ein, »die Bereiche Umwelt und Klimaschutz, Mitarbeiter, Gesellschaftliches Engagement und Sortiment zu verbessern«. Außerdem habe man Unternehmens-, Führungs- und Verhaltensgrundsätze verabschiedet, um die Kernprinzipien von Lidl – Einfachheit und Kundenorientierung – mit einer »verantwortlichen Nutzung der natürlichen Ressourcen und einem respektvollen Umgang mit Kunden, Mitarbeitern und Geschäftspartnern« zu verbinden. Man engagiere sich für die Klimaeffizienz der Filialen und unterstütze die Deutsche Tafel e. V., die Deutsche Krebshilfe sowie manche Naturschutzprojekte. Was das Sortiment angeht, verweist Lidl darauf, dass Produkte angeboten werden, die etablierte Gütesiegel tragen: zum Beispiel das des FSC für Holz- und Papierprodukte, des MSC (Marine Stewardship Council) für Produkte aus nachhaltigem Fischfang oder eben der Rainforest Alliance für Kaffee, Tee und anderes. Außerdem gibt es fair gehandelte und biologisch angebaute Waren im Sortiment. Zugleich wird betont, dass der »Kunde die wichtigste Person unseres Unternehmens« ist: »Er steht im Mittelpunkt unseres Handelns, und seinen Wünschen sind die betrieblichen Abläufe untergeordnet.«

Bei Aldi klingt es ähnlich. Aldi-Süd etwa beruft sich auf ein Social-Monitoring-Programm, das »Strukturen zur Verbesserung der sozialen Standards in der Produktion in Risikoländern« schaffen soll. Was damit genau gemeint ist, um welche und wie viele Produkte es sich handelt und wie das Programm konkret ausgestaltet wird, erfährt man nicht – auch auf meine Nachfrage gibt es dazu keine Auskunft. Und an anderer Stelle heißt es: »Arbeitsbedingungen, die grundlegende Menschenrechte missachten, werden von uns nicht toleriert.« Die Lieferanten seien für die Einhaltung dieser Standards zuständig. Ob der Discounterkonzern dies überprüft und es bei Verhandlungen eine Rolle spielt, bleibt offen. Der ehemalige Aldi-Manager Andreas Straub kann da nur mit dem Kopf schütteln: Sozialstandards spielten für Aldi beim Einkauf ihrer Waren keine Rolle, es gehe nur um den Preis.

Am ausführlichsten sind die Informationen bei der Rewe Group. Sie veröffentlicht zusätzlich zur Website und zum Jahresbericht der Aktiengesellschaft seit 2008 einen umfangreichen Nachhaltigkeitsbericht. Rewe definiert für sich »vier Säulen der Nachhaltigkeit«: grüne Produkte; Energie, Klima und Umwelt; Mitarbeiter sowie gesellschaftliches Engagement. Man erfährt, bei welchen Produkten Rewe auf Nachhaltigkeit achtet, welchen Initiativen und Projekten für Sozialstandards und Artenvielfalt das Unternehmen angehört und was in Sachen Energieeffizienz, Ressourcenschonung und Schadstoffausstoß unternommen wird. Rewe orientiert sich bei seinem Bericht – wie vom Rat für Nachhaltige Entwicklung (RNE) empfohlen – an den Leitlinien der Global Reporting Initiative. Ausgewählte Bereiche werden von einer Wirtschaftsprüfungsgesellschaft kontrolliert, die Daten zur Klimabilanz des Unternehmens dem Freiburger Öko-Institut und dem Österreichischen Umweltbundesamt vorgelegt. Insgesamt eigentlich ein vorbildliches Vorgehen.

Rewe bietet nicht nur Bio- und Fairtrade-Produkte an, sondern zudem Produkte mit einem neuen, Rewe-eigenen Gütesiegel namens Pro Planet. Alle Produkte, auf denen das blaue, dreieckige Siegel prangt, haben »über ihre hohe Qualität hinaus positive ökologische oder soziale Eigenschaften«. Man wolle mit der Initiative »den nachhaltigen Konsum in der Breite fördern« – natürlich »zu attraktiven Preisen«.

Was die Politik den Supermärkten bisher nur »empfiehlt«, setzt Rewe mit dem Pro-Planet-Programm in ersten Schritten um. »Wir wollen das Thema Nachhaltigkeit aus der Nische holen«, erklärt mir Josef Lüneburg-Wolthaus, bei der Rewe Group für Pro Planet mit zuständig. Nachhaltigkeit soll massentauglich werden – auch wenn dies eine schwierige Gratwanderung ist. Denn im »Geiz ist geil«-Deutschland muss ja bekanntlich vor allem der Preis eines Produkts stimmen. Rewe hofft dennoch, sich mit dem Thema Nachhaltigkeit von der Konkurrenz abzuheben. Und auch solche Kunden anzulocken, die eben nicht nur auf die Preise achten.

Auch auf manchen Bananen klebt inzwischen das Pro-Planet-Label. »Es wird in einem mehrstufigen Verfahren vergeben«, so Lüneburg-Wolthaus, »das immer wieder kontrolliert wird.« Dabei lässt sich der Konzern von einem Beirat aus Vertretern von NGOs wie dem Naturschutzbund Deutschland (NABU), der Verbraucher Initiative oder dem ökumenischen Bonner Südwind-Institut beraten.

Die Bananen mit dem blauen Pro-Planet-Label bezieht Rewe vor allem aus Costa Rica, kleinere Mengen stammen aus Panama, Kolumbien und Ecuador. Grundbedingung ist, dass die Plantagen schon vorher von der Rainforest Alliance kontrolliert werden und somit den Standard für nachhaltige Landwirtschaft des Sustainable Agriculture Network (SAN) einhalten. Die meisten Bananen stammen von Chiquita, die das Programm von Anfang an unterstützt haben, seit Kurzem kommen manche auch von Dole und anderen Produzenten. Rewe will aber über die Anforderungen der Rainforest Alliance hinausgehen und hat siebzehn weitere Kriterien des SAN »als verbindlich definiert«, so Lüneburg-Wolthaus. Das heißt, dass ihre Einhaltung für das Pro-Planet-Siegel zwingend ist, während für die Rainforest Alliance »nur« 80 Prozent von ihnen erfüllt sein müssen. Darunter fallen Schutzzonen zu aquatischen Ökosystemen, Vegetationsbarrieren zwischen Plantage und Wohngebieten oder die Reduzierung der Pestizide, die die WHO in die Klassen Ia, Ib und II einstuft. Auch die Überwachung der Abwässer und ein Verzeichnis der verwendeten Agrochemikalien sind für Pro Planet Pflicht sowie im sozialen Bereich der Gesundheitsschutz und die Ausbildung der Arbeiter, die in Kontakt mit Chemikalien gelangen, und die Vereinigungsfreiheit und außerdem die Erlaubnis von Kollektivverhandlungen.

Auch ein von Rewe mit ins Leben gerufenes Umwelt- und Gemeindeprojekt in Panamas Flussdelta San San Pond Sak ist für das Unternehmen ein Beispiel dafür, wie sie die »Hauptprobleme« im sozialen und ökologischen Bereich eines Produktes angehen wollen. Rewe betreibt das Projekt gemeinsam mit Chiquita, der GIZ und örtlichen Organisationen. Ehemalige Viehweiden werden aufgeforstet, Meeresschildkröten geschützt, die indigene Bevölkerung und örtliche Handwerksbetriebe eingebunden – in einer Gegend, die umgeben ist von Bananenplantagen. »Noch vor zehn Jahren schwammen hier ständig tote Fische«, erzählt mir Mario Mirán, Mitarbeiter der Anwohnerorganisation AAMVECONA, als ich 2012 das Flussgebiet besuche, »weil die Gifte von den Plantagen das Wasser verseuchten.« Er habe selbst als Fischer gearbeitet, so Mirán. Nun kümmere er sich um die Aufforstung und den Schutz der Wildtiere in einem 130 Hektar großen Gebiet, das Rewe und Chiquita gekauft haben. »Jetzt können die Leute hier wieder fischen und baden. Selbst die Seekühe sind zurückgekehrt«, freut er sich. Die Kosten des Projekts decken Rewe und Chiquita aus ihrem laufenden Budget.

Laut Rewe sollen in Zukunft weitere solche Projekte hinzukom-

Edeka kooperiert mit der Umweltschutzorganisation WWF, deren Siegel nun auch auf Bio-Bananen und manchen konventionellen Bananen klebt.

men, finanziert aus einem »Bananenfonds«, den das Unternehmen mit zunächst 300.000 Euro im Jahr ausstattet. So sollen »die Lebensbedingungen der Bevölkerung vor Ort unmittelbar verbessert werden und nicht über den Umweg von Marktmechanismen«, schreibt mir Josef Lüneburg-Wolthaus.

Vermutlich war Rewes Pro-Planet-Initiative ein Anreiz für den großen Konkurrenten Edeka, ebenfalls ein Gütesiegel für Nachhaltigkeit einzuführen. Seit 2012 kooperiert Edeka dafür mit der Umweltschutzorganisation WWF. Es geht vor allem um Produkte wie Fisch und Meeresfrüchte, Holz, Palmöl, Soja und ebenfalls Bananen. Die Kooperation soll, so erklärt es Edeka auf seinen Internetseiten, den ökologischen Fußabdruck des Unternehmens reduzieren – also den

Verbrauch von Ressourcen und den Ausstoß klimaschädlicher Gase. Rund 380 Produkte tragen den WWF-Panda, bei einem Gesamtsortiment von je nach Filiale bis zu 50.000 Produkten.

Meist bedeutet dieses Zeichen jedoch lediglich, dass die Produkte bereits etablierte, von Edeka unabhängige Standards wie den MSC, FSC oder Blauer Engel erfüllen. Die Edeka-WWF-Bananen stammen genau wie Rewes Pro-Planet-Bananen von Plantagen, die die Rainforest Alliance bereits kontrolliert, und tragen die Aufschrift »Ich bin ein Modellprojekt und werde nachhaltiger.« Auf meine Frage, ob die Kriterien von Edeka und WWF über die der Rainforest Alliance hinausgehen, erhalte ich von der Pressestelle keine Auskunft. Auch mit den Informationen über seine sonstigen CSR-Maßnahmen ist Edeka sparsam. Im Internet geht es zum einen um besagte WWF-Kooperation, zum anderen um Klimaschutz, Energieeffizienz, die Unterstützung von sozialen Projekten und die Sicherung der Produktqualität. Auch im Edeka-Jahresbericht beschreibt nur ein kurzer Abschnitt die Kooperation mit dem WWF. Zusätzliche Auskünfte erhalte ich nicht. Von unabhängigen Stellen werden Edekas Angaben nicht geprüft.

Auf eines verweisen aber sowohl Aldi und Lidl als auch Edeka und Rewe gern: Sie alle sind Mitglieder der Business Social Compliance Initiative (BSCI), eines Zusammenschlusses europäischer Handels- und Markenunternehmen mit dem Ziel guter Arbeitsbedingungen entlang der Lieferkette. Die Ansprüche klingen gut: Der Verhaltenskodex der BSCI orientiert sich an den Normen der Internationalen Arbeitsorganisationen; bei Lieferanten soll geprüft werden, ob sie das Recht der Arbeiter auf Versammlungsfreiheit und Kollektivverhandlungen, das Verbot der Kinder- und Zwangsarbeit, die Sicherheit und Gesundheit am Arbeitsplatz oder die Bezahlung des Mindestlohns und von Überstunden einhalten.

Eigentlich müsste also auf sämtlichen Plantagen in Lateinamerika alles in Ordnung sein. Ist es aber nicht. Vom BSCI hat auf den

Plantagen laut der Untersuchungen von Oxfam kein Arbeiter jemals etwas gehört – selbst den meisten Managern oder Verwaltern dort ist die Initiative fremd. Die genannten Standards würden systematisch verletzt.

Von Oxfam im Jahr 2011 dazu befragt, verweisen Aldi, Lidl, Edeka und Rewe auf die »erst kurze Gültigkeit« des Kodex »für die landwirtschaftliche Produktion«, außerdem sei seine Durchsetzung ein langwieriger Prozess. Lidl erklärt, dass im Bananenanbau wegen der Importeure keine direkten Lieferbeziehungen zu den Produzenten bestünden, man also keinen direkten Einfluss nehmen könne. Allerdings hat sich – so sagt es auch Oxfam – auch zwei bis drei Jahre nach Erscheinen der Studie *Bittere Bananen* an der Situation nichts Wesentliches geändert. Wegen des Preisdrucks wird es für die Produzenten immer schwieriger, Standards aufrechtzuerhalten oder gar neu einzuführen. Die meisten stehen eher vor der Frage, ob sie überhaupt weiter Bananen anbauen können, und sparen, wo es nur geht.

Fest steht: Zwischen dem Anspruch der Handelsketten, verantwortlich und nachhaltig zu arbeiten, und der Wirklichkeit bei den Produzenten ihrer Lebensmittel klafft in vielen Fällen eine erhebliche Lücke.

Auch der Erfolg der Nachhaltigkeitsprojekte von Edeka und Rewe ist fraglich, solange beide Handelskonzerne gleichzeitig weiterhin billige Bananen anbieten. Dadurch besteht die Gefahr, dass die rechte Hand zerstört, was die linke mühsam aufzubauen versucht. Zudem gibt es für Bananenproduzenten keinen finanziellen Anreiz, bei dem Pro-Planet- oder WWF-Programm mitzumachen. Vertreter von Chiquita und Dole schildern mir, dass sie zwar gelobt werden, wenn sie zusätzlich zu den Auflagen der Rainforest Alliance auf ihren Plantagen oder denen der Zulieferer noch weitere Kriterien einhalten. Auch auf das gemeinsame Projekt mit Rewe in Panama ist George Jaksch von Chiquita stolz, die Zusammenarbeit sei über die Jahre immer enger geworden und trage gute Früchte. Aber ein auch nur leicht höherer Bananenpreis, der den Produzenten zusätzliche Kosten für mehr Nachhaltigkeit erstatten würde, ist für die Supermärkte offenbar indiskutabel.

Jaksch hält die Nachhaltigkeitspolitik von Rewe für eine glaubwürdige, langfristige Strategie. Der Wettbewerb im Lebensmittelhandel werde in Zukunft nicht mehr nur über die Preise gehen, sondern auch darüber, wie man sich als »gutes Unternehmen« darstellt, ist er überzeugt. Aber »man darf von den Produzenten nicht nur Dinge fordern, sondern muss sie auch fördern«, meint er – also angemessen dafür bezahlen. Die Supermarktbetreiber aber sagen, sie hätten dafür keinen Spielraum.

Stattdessen bietet Rewe den Produzenten von Pro-Planet-Bananen »eine gewisse Exklusivität und somit Absatzsicherheit über das gesamte Jahr hinweg«, so Josef Lüneburg-Wolthaus. Durch die Teilnahme am Programm seien sie nicht mehr beliebig austauschbar, was im »sehr volatilen Bananengeschäft« von großer Bedeutung sei. Rewe würde sich nach Aussage eines Branchenkenners sogar »freuen«, wenn Nachhaltigkeitsstandards per Gesetz für alle Supermärkte vorgeschrieben wären: Dann gingen sie nicht als Einzige mit einem komplizierten Projekt wie Pro Planet voran, während die Konkurrenz sich bei Fragen weiter wegduckt und mit Billigpreisen Profit macht.

Wenn aber niemand den Anfang macht und aus dem Teufelskreis der Billigpreise ausbricht, werden sich kaum weitere Produzenten an Nachhaltigkeitsprogrammen beteiligen. Im Gegenteil: Erste Firmen wie Reybanpac springen von der Zusammenarbeit mit der Rainforest Alliance ab, worunter Arbeiter und Umwelt auf den Plantagen leiden. »Bessere Bananen« anzubauen kann nur dann funktionieren, wenn die Supermärkte den höheren Aufwand auch bezahlen und die Kunden diese Früchte kaufen. Müsste dies nicht durch politische

Rahmenbedingungen befördert werden?, frage ich mich. Durch Vorgaben, die statt auf Freiwilligkeit auf verpflichtende Verbesserungen setzen – und die den Billigpreisen, nicht nur bei Bananen, auf diese Weise ein Ende bereiten?

Deutsche Supermarktbetreiber im Visier Brüssels

»Am Preis können wir leider nicht drehen«, seufzt Elvira Dobrinski-Weiß, »der ist Ausdruck der freien Marktwirtschaft, darauf haben wir keinen Einfluss.« Die Bundestagsabgeordnete der SPD empfängt mich in ihrem Büro im Paul-Löbe-Haus, dem Arbeitssitz vieler Abgeordneter, gleich gegenüber dem Kanzleramt in Berlin. Sie ist seit 2009 Mitglied im Bundestagsausschuss für Ernährung, Landwirtschaft und Verbraucherschutz und bringt die Probleme, die wegen der Tiefstpreise entlang der Lieferkette von Supermärkten und Discountern entstehen, erstaunlich deutlich auf den Punkt. »Wir sehen seit Jahren, dass die Supermärkte versuchen, den Erzeugern nicht den Preis zu bezahlen, den sie benötigen, um davon auch leben zu können«, ärgert sie sich. »Die Produzenten können sich dagegen kaum wehren und stehen nicht mehr auf Augenhöhe mit dem Lebensmittelhandel.« Dass immerhin das Bundeskartellamt inzwischen tätig ist, findet Dobrinski-Weiß gut, auch die CSR-Initiativen der Bundesregierung seien wichtige Anstöße. Aber die Unternehmen freiwillig über ihr Engagement in Sachen Nachhaltigkeit entscheiden zu lassen, hält sie für falsch. »Das ist dieser Glaube, dass der Markt es schon richten wird«, meint sie. »Aber wir wissen inzwischen, dass das in diesem Fall keine großen Erfolge bringt.« Zu wenige der großen Ketten würden sich bisher auf freiwilliger Basis für wirkliche Verbesserungen engagieren.

Ende 2012 hat Dobrinski-Weiß in einem SPD-Fraktionsantrag an den Bundestag einen anderen Weg vorgeschlagen: Die Unternehmen sollten darüber Auskunft geben, welche »sozialen und ökologischen Folgen« ihr Handeln hat. Und zwar alle Unternehmen – auch solche, die international tätig sind oder Waren aus Übersee beziehen. »Supermärkte und Discounter müssten dann ihre Lieferketten offenlegen«, erklärt Dobrinski-Weiß. »Sie wären gehalten zu sagen, welche Zustände zum Beispiel auf den Bananenplantagen herrschen, unter welchen Bedingungen die Menschen dort arbeiten, was für einen Lohn sie bekommen, was an Pflanzenschutzmitteln und anderen Produkten eingesetzt wird und so weiter.« Laut Fraktionsantrag soll dies aber keine Bestrafung sein, sondern sollen vielmehr »Marktanreize für verantwortliches unternehmerisches Handeln« geschaffen und »die Rechenschaftspflicht von Unternehmen« sichergestellt werden.

Die SPD-Fraktion bezieht sich dabei auf eine kurz zuvor gestartete Initiative der EU-Kommission: Unter dem Titel *Eine neue Strategie für die soziale Verantwortung der Unternehmen* legten die Brüsseler Bürokraten im Jahr 2011 einen Forderungskatalog vor, mit dem Unternehmen zu einem nachhaltigeren Handeln bewegt werden sollten. Die Strategie sah eine Richtlinie vor, die besagte »Offenlegung der sozialen und ökologischen Unternehmensinformationen« zur Pflicht machen würde. Auch die Kommission fand, dass zu wenige Unternehmen auf freiwilliger Basis ihrer Verantwortung gerecht würden: Von allein veröffentlichten weniger als zehn Prozent der großen europäischen Unternehmen regelmäßig Informationen über soziale und ökologische Belange.

Der Bundestag lehnte den SPD-Antrag 2013 mit der Mehrheit von CDU/CSU und FDP ab. Auf den CSR-Vorschlag der EU-Kommission reagierte die schwarz-gelbe Bundesregierung mit einem Positionspapier, in dem sie sich »ausdrücklich gegen neue gesetzliche Berichtspflichten zu sozialen und ökologischen Informationen« aussprach. Von Ilse Aigners Kritik am »aggressiven Wettbewerb« der Discounter und ihrer Forderung, Lebensmittel nicht länger zu verramschen,

Protest in Brüssel: Die europäische Kampagne Make Fruit Fair setzt sich gegen die Macht der Supermärkte und für faire Arbeitsbedingungen im Bananenanbau ein.

war nichts zu spüren. Fast zeitgleich brachte der Bundesverband der Deutschen Industrie (BDI) eine Stellungnahme heraus, die dem Papier der Bundesregierung auch im Wortlaut stark ähnelt: »Die Spitzenverbände der deutschen Wirtschaft lehnen den Vorschlag der EU-Kommission ab, Unternehmen zu einer Berichterstattung über ihr gesellschaftliches Engagement zu verpflichten.« Die Ziele Umweltschutz und sozial verantwortliches Handeln seien grundsätzlich zu befürworten, sollten aber weiterhin auf dem Prinzip der Freiwilligkeit basieren.

»Die EU-Kommission entwickelt vergeblich gute Richtlinien, wenn die EU-Mitgliedstaaten dabei nicht mitmachen«, ärgert sich József Kapuvári über die Reaktion der Bundesregierung. Im Frühjahr 2013 treffe ich den Ungarn am Rande einer Sitzung in Brüssel. Er ist Mitglied im Europäischen Wirtschafts- und Sozialausschuss, der die EU-Kommission, das Parlament und den Ministerrat in wirtschaftlichen und sozialen Fragen berät. Diesem Gremium gehören

353 Delegierte an, die von den Arbeitgeber- und Bauernverbänden, Gewerkschaften, Verbraucher- und Umweltschutzorganisationen aller Mitgliedstaaten entsandt werden. József Kapuvári arbeitet eigentlich für eine große ungarische Gewerkschaft der Fleischindustrie und pendelt zwischen Ungarn und Brüssel. Die CSR-Initiative der Kommission hat der Ausschuss mitinitiiert. Auch das Europäische Parlament fordert schon lange eine bessere Kontrolle der großen Supermärkte und Discounter. Dabei hat man in Brüssel besonders deutsche Handelskonzerne im Visier, die in ganz Europa expandieren – und überall die Preise drücken.

»Sie sollten mal zu uns nach Ungarn kommen«, meint Kapuvári zu mir, »da finden Sie in den Regalen von Lidl und Aldi fast nur importiertes Billigfleisch. Kaum noch ungarische Produkte.« Die Zahl der Fleischproduzenten im Land sei seit dem Einzug von Lidl und Aldi um ein Drittel gesunken, Arbeitslosigkeit und Armut breiten sich in vielen Regionen aus. »Nicht nur Bananenbauern in Lateinamerika sind von den ausbeuterischen Niedrigpreisen betroffen«, folgert Kapuvári, »sondern auch die Lebensmittelproduzenten und Bauern in ganz Europa.« Die Macht der Supermarktketten müsse deshalb ganz klar eingeschränkt werden. Und: »Durch den enormen Preisdruck sinkt auch die Qualität der Produkte immer weiter.« Dass die Menschen erst billig einkaufen und sich dann über Lebensmittelskandale wie den Pferdefleischbetrug wundern, kann Kapuvári nicht verstehen. Es seien Auswüchse des Preiskrieges.

Umso erfreuter dürfte er gewesen sein, als der EU-Ministerrat im Februar 2014 der von der Kommission vorgeschlagenen Offenlegungsrichtlinie schließlich zustimmte – wenn auch unter Enthaltung von Deutschland und Spanien. Die Richtlinie muss noch vom EU-Parlament bestätigt werden, dann haben die Mitgliedstaaten zwei Jahre Zeit, sie in nationales Recht umzusetzen. Laut dieser »EU-Richtlinie über die Offenlegung nichtfinanzieller Informationen« – einer Ergänzung der Bilanzierungsrichtlinien – müssen europäische Unternehmen in Zukunft also »Informationen über Strategien, Risiken und Ergebnisse in Bezug auf Umweltbelange, soziale und mitarbeiterbezogene Aspekte, die Achtung der Menschenrechte, Anti-Korruption und Fragen im Zusammenhang mit Bestechlichkeit und Vielfalt in den Aufsichtsräten offenlegen«. Die Richtlinie gilt aber nur für Firmen und Konzerne, die mehr als 500 Mitarbeiter haben und an der Börse notiert oder von öffentlichem Interesse sind – wie Banken, Versicherungen und staatliche Unternehmen. So sind bloß rund 6.000 Unternehmen betroffen und nicht, wie ursprünglich geplant, 42.000.

Der Lebensmitteleinzelhandel gilt nicht als »von öffentlichem Interesse«, obwohl die Kommission festhält, dass die Branche für das »tägliche Leben und Wohlergehen der Verbraucher von zentraler Bedeutung« ist. Und an der Börse notiert sind von den deutschen Ketten nur die Rewe und die Metro Group. Da beide aber bereits Nachhaltigkeitsberichte herausbringen, wird sich selbst für sie durch die EU-Richtlinie vermutlich nicht viel ändern – es könnte sein, dass die Berichte den Anforderungen schon genügen. Franziska Humbert und ihre Kollegen von Oxfam, die den ganzen Prozess verfolgt haben, sind denn auch alles andere als euphorisch. Humbert kritisiert, dass zum einen Mindeststandards entlang der Lieferkette, die auch konkret die Arbeit auf den Plantagen betreffen würden, nicht vorgesehen sind und dass zum anderen einheitliche Standards fehlen, die solche Unternehmensberichte untereinander vergleichbar machen. Und eben vor allem, dass Aldi, Lidl und Edeka weiterhin von der Auskunftspflicht ausgenommen sind. Die erhoffte Prangerfunktion fällt damit weg.

Etwas Hoffnung macht eine »Mitteilung«, die die EU-Kommission im Juli 2014 veröffentlicht hat. Darin fordert sie die Mitgliedstaaten auf, strenger gegen »unlautere Praktiken im Lebensmittelhandel« vorzugehen. Diesmal zielt die Initiative auf Discounter und Supermarktketten – offenbar hat sich auch in Brüssel herumgesprochen, dass die großen Einzelhandelskonzerne ihre Marktmacht häufig ausnutzen. Nicht nur, um ihre Lieferanten preislich unter Druck zu setzen. Sondern auch, um von ihnen weitere Zugeständnisse zu fordern – zum Beispiel, indem zentrale Vertragsklauseln nicht schriftlich festgelegt, die Preise nachträglich einseitig geändert, Risiken auf die Handelspartner abgewälzt, Zeitpläne nicht eingehalten werden oder die Geschäftsbeziehung ohne sachlichen Grund einseitig beendet wird. Oder wenn Rabatte gefordert werden, so wie Edeka es im Zuge der Plus-Übernahme getan hat. 96 Prozent der europäischen Zulieferer leiden nach Angaben der EU-Kommission unter unfairen Handelspraktiken. Also quasi alle. Zu derselben Einsicht kommt ja auch das Bundeskartellamt in seiner im September 2014 abgeschlossenen Sektoruntersuchung. Oxfam hat sich von zahlreichen Bananenimporteuren schildern lassen, dass Supermärkte und Discounter immer wieder die Zahlung von Regalmieten oder sogenannter Listungsgebühren fordern. Auch würde die Ware oft verspätet bezahlt, sie müssten nicht verkaufte oder verdorbene Ware auf eigene Kosten zurücknehmen, und es würden Zuschüsse zu Werbekosten gefordert.

Trotzdem entpuppt sich die »Mitteilung« der EU-Kommission als zahnloser Papiertiger. Sie gibt keine verbindliche Regulierung vor, sondern ermutigt die Mitgliedstaaten nur, »nach Wegen zu suchen«, um kleinere Handelspartner vor unfairen Praktiken zu schützen. »Der Mangel an Ehrgeiz enttäuscht mich sehr«, erklärt denn auch Pekka Pesonen, Generalsekretär der Copa-Cogeca, dem EU-weiten Dachverband der Landwirte und ihrer Genossenschaften, in einer Pressemitteilung. Man brauche dringend ein System für anonyme Klagen. Nur so könnten sich die Zustände verbessern. Ähnlich wie bei den Bananenimporteuren ist die »Angst vor Vergeltungsmaßnahmen« durch die Einzelhandelsketten laut Pesonen bei Landwirten und Genossenschaften groß. Ein unabhängiger Dritter müsse im Zweifel Sanktionen erlassen können.

Oxfam vermutet hinter der schwachen »Mitteilung« die Lobbyarbeit der großen Lebensmittel- und Handelskonzerne. Diese haben zuletzt eine weitere freiwillige Initiative gegründet: die Supply Chain Initiative, die »die Fairness in den Handelsbeziehungen entlang der Lebensmittelversorgungskette erhöhen« will. Die EU-Kommission lobt diese Initiative. Sie plädiert auch für gemeinsame Standards der Mitgliedstaaten, überlässt denen aber alles Weitere. Und die wollen nun erst einmal darüber beraten, wie sie mit den neuen Empfehlungen aus Brüssel umgehen werden.

So bleibt das Vorgehen von Bundesregierung und EU vorerst weiterhin schwach. Zwar kritisieren beide offen die Zustände auf dem Lebensmittelmarkt, bleiben bei ihren Maßnahmen aber weit hinter ihren Einsichten zurück. Am Preiskrieg auf dem Lebensmittelmarkt und an der Missachtung von Umwelt- und Sozialstandards bei billigen Produkten wird sich auf diese Weise nichts ändern. Die Bundesregierung und die EU schützen damit eher die großen Handelskonzerne mit ihren Milliardenumsätzen als die Lieferanten und Produzenten. Dabei müssen viele von ihnen auch in Europa bereits ihre Tätigkeit einstellen oder mit größeren Konkurrenten fusionieren. Wachse oder weiche – das ist auch hier offenbar die Devise, ähnlich wie in der Agrarpolitik der Bundesregierung. Elvira Dobrinski-Weiß aus dem Bundestagsausschuss für Landwirtschaft, Ernährung und Verbraucherschutz gibt mir gegenüber offen zu: »Die Frage ist letztlich, wieweit sich die politische Ebene gegen die wirtschaftliche durchsetzen kann.«

Runder Tisch: das World Banana Forum

Aus Frust über die Untätigkeit in Berlin und Brüssel machen sich insgesamt 26 deutsche Organisationen und Gewerkschaften gegen die Macht der großen Lebensmittelhandelskonzerne stark. Oxfam, Brot für die Welt, der Bund für Umwelt- und Naturschutz (BUND), Germanwatch, das Südwind-Institut, BanaFair, Misereor, Verdi, das Pestizid-Aktions-Netzwerk, die Kampagne für saubere Kleidung und andere haben sich zur Supermarkt-Intitiative zusammengeschlossen, um den »Missbrauch von Einkaufsmacht« aufzudecken und zu bremsen. Ihre Internetseite (www.supermarktmacht.de) informiert über die großen Handelsketten, die Auswirkungen ihrer Marktmacht und lädt zu Kampagnen ein. So haben Vertreter der Initiative dem damaligen EU-Binnenmarktkommissar Michel Barnier im Dezember 2012 über 40.000 Unterschriften aus 28 Ländern überreicht. Sie forderten, dass die Einkaufspraktiken der Supermarktketten verbindlich geregelt werden sollten. Vorerst ist daraus aber nicht mehr geworden als die unverbindliche »Mitteilung« der Kommission.

Franziska Humbert von Oxfam ist dennoch zuversichtlich: Die Initiative erhalte immer häufiger Zuschriften von Verbrauchern, die wissen wollen, was es mit den Billigpreisen und den Zuständen auf dem Lebensmittelmarkt auf sich habe und was man dagegen tun könne. Das Bewusstsein für die Problematik wachse, meint sie, auch wenn sie einräumen muss, dass die Supermarkt-Initiative die große Mehrheit der Menschen bisher nicht erreiche.

Unabhängig von Politik und Verbrauchern haben sich zudem einige Akteure der Bananenbranche inzwischen selbst vernetzt, um Produktion und Handel nachhaltiger zu gestalten: im World Banana Forum, angesiedelt bei der Ernährungs- und Landwirtschaftsorganisation (FAO) der Vereinten Nationen. Das Forum geht zurück auf die internationale Brüsseler Konferenz über Missstände im Bananenanbau von 1998, die EUROBAN und die lateinamerikanische Dachgewerkschaft COLSIBA veranstaltet hatten. Rund 150 bis 200 Mitglieder tagen seit 2009 regelmäßig, drei Arbeitsgruppen widmen sich den Themen »Nachhaltige Produktion und Umweltauswirkung«, »Verteilung der Wertschöpfung« und »Arbeitsrechte«. Die Teilnehmer stammen von Bananenkonzernen und Kleinbauervereinigungen, Gewerkschaften und Kooperativen, Export- und Handelsverbänden, Behörden und Regierungen der Anbauländer, Forschungsinstituten und NGOs. Wer fehlt, sind die Regierungen der Verbraucherländer und die Discounter.

Das Ziel sind »Best practice«-Empfehlungen und Pilotprojekte, an denen sich die ganze Branche orientieren kann – ausgehandelt zwischen allen Beteiligten. Die ersten Ergebnisse: Chiquita, Dole und verschiedene Forschungsinstitute entwickeln derzeit eine frei zugängliche virtuelle Bibliothek mit Studien und Erfahrungsberichten über eine nachhaltige Bananenproduktion. Auch werden die Löhne von Arbeitern in verschiedenen Ländern und bei verschiedenen Produzenten verglichen und auf Lücken zu den erforderlichen Lebenshaltungskosten hingewiesen, zudem gehen die Teilnehmer gegen die Diskriminierung und Belästigung von Frauen am Arbeitsplatz vor und tauschen sich über die Erfahrungen mit Tarifverhandlungen aus.

Das Wichtigste sei, so schildern es übereinstimmend Alistair Smith von Banana Link und George Jaksch von Chiquita, die sich beide seit Beginn aktiv am Forum beteiligen, dass überhaupt miteinander gesprochen werde. Auf der Basis wechselseitigen Respekts und Verständnisbereitschaft. Smith hebt ein Ergebnis des renommierten französischen Forschungsinstituts CIRAD (Centre de coopération internationale en recherche agronomique pour le développement) hervor, das unter anderem im Auftrag des Forums zahlreiche Aspekte der Bananenproduktion wissenschaftlich untersucht. Das Institut habe ermittelt, dass es kaum ins Gewicht fallen würde, den Arbeitern einen besseren Lohn zu bezahlen. »Den Anteil der Plantagenarbeiter am Bananenpreis vom momentanen Niveau (drei bis vier Prozent) auf nur fünf Prozent zu erhöhen, würde Bananen für Kunden nur um zwei Cent teurer machen«, zitiert Smith das Ergebnis. Nur zwei Cent mehr! Das würde selbst in Deutschland wohl kaum ein Kunde überhaupt bemerken.

Die großen Einzelhandelsunternehmen hielten sich zunächst vom World Banana Forum fern. Lediglich ein Mitarbeiter der britischen Supermarktkette Tesco nahm an der Gründungssitzung teil. 2013 erklärten sich Edeka, Rewe und die britische Kette Waitrose bereit, je einen Vertreter zu entsenden – als externe Beobachter der Arbeitsgruppe »Verteilung der Wertschöpfung«. Für Rewe übernimmt Josef Lüneburg-Wolthaus diese Aufgabe. Alistair Smith wertet es als gutes Zeichen: Endlich beginnen die großen Supermarktketten, sich den Problemen im Bananenhandel und ihrer Mitverantwortung zu stellen. Doch die Discountgiganten Aldi und Lidl verweigern ihre Teilnahme noch immer.

Hoffnung Bio und Fairtrade?

Gute Ideen in Gefahr

Seit einigen Jahren bieten fast alle Supermärkte und Discounter Bio- und Fairtrade-Bananen an, auch in Deutschland. Sind sie der Ausweg aus dem Billigwahn? Schließlich liegen Bio- und Fairtrade-Produkte angeblich im Trend und würden immer häufiger von Kunden gekauft, liest man. Auch ich gehe zu Beginn meiner Recherchen davon aus, dass mit den Bio- und Fairtrade-Bananen die Lösung in greifbare Nähe gerückt ist. Doch dies entpuppt sich als Trugschluss. Denn viele Kunden in Deutschland und Europa handeln längst nicht so verantwortungsbewusst, wie sie es in Umfragen gerne behaupten. Zum Leidwesen der Bio-Bananenproduzenten, wie ich auf einer besonderen Plantage in Costa Rica erlebe.

Es sieht aus wie der Eingang zum Dschungel im Dinosaurier-Hollywoodstreifen *Jurassic Park*. Vorsichtig setzen wir mit dem Geländewagen über eine gelb gestrichene, mit Moos und Farnen überwucherte Eisenbrücke. Unter uns strömt der Río Dos Novillos in Richtung Küste. Der Blick über das von Bäumen und Sträuchern umwucherte Flussbett ruft mir in Erinnerung, dass diese Region Costa Ricas früher überall mit dichtem tropischen Regenwald bewachsen war. Nach einem kurzen Weg durch dunkelgrünen Wald macht die Straße eine Biegung, und vor uns liegt das, was mir inzwischen zur vertrauten Umgebung geworden ist: eine Bananenplantage.

»Willkommen auf unserer Forschungsplantage«, begrüßt mich Luis Pocasangre, als wir in der Nähe der Packstation halten und in das klare Licht des frühen Morgens treten. Die Plantage ist Teil der Privatuniversität EARTH, einer 1986 mit US-Hilfsgeldern gegründeten Ausbildungsstätte, welche die Landwirtschaft in den Tropen nachhaltiger gestalten will. Über 400 Studenten aus mehr als dreißig Ländern absolvieren hier einen jeweils dreijährigen Studiengang in Agrarwissenschaften, mit Schwerpunkt auf dem Umgang mit natürlichen Ressourcen. Die Studenten stammen zum Großteil aus ländlichen Gegenden der sogenannten Dritten Welt, mehr als die Hälfte von ihnen erhält ein Stipendium. Wesentlicher Teil der Ausbildung ist es, auf den weitläufigen Feldern und Anbauflächen, die die Unterrichtsräume und Wohneinheiten umgeben, neue Methoden zu erforschen und zu erproben.

»Die Plantage entpuppte sich dabei als echter Glücksfall«, erinnert sich Luis Pocasangre, Forschungsdirektor und Professor für tropische Feldfrüchte. Als die Gründer ein geeignetes Gelände für die EARTH-Universität suchten, waren sie zunächst ratlos, was mit der Bananenplantage geschehen sollte, die mitten auf dem Gebiet lag, für das sie sich entschieden. Es liegt am Rand der Carretera 32, mitten in der Plantagenregion Costa Ricas. Jahrzehntelang waren hier auf etwa 270 Hektar konventionelle Bananen angebaut worden. »Der Boden galt als völlig verseucht, der Bananenanbau war so ungefähr das Schmutzigste, was man sich vorstellen konnte«, lacht Kristine Jiménez, Pressesprecherin der Universität, die mich zu Pocasangre und der Plantage begleitet hat. »Viele Berater meinten, man solle die Plantage einfach dichtmachen«, erzählt sie. »Aber die Gründer entschieden sich für das Gegenteil, nach dem Motto: Dann behalten wir sie erst recht.« Luis Pocasangre nickt: »Sie wollten beweisen, dass es möglich ist, eine konventionelle Plantage auf nachhaltigen Anbau umzustellen und den Boden langfristig sogar zu verbessern.« Er winkt mich in die Plantage hinein und stapft in hohen Gummistiefeln voraus. Blätter, Äste und Gesträuch knacken unter unseren Füßen. »Heute wachsen auf einem kleinen Teil der Plantage bereits Bio-Bananen. Auf dem Rest der Fläche nähern wir uns diesem Ziel an«, sagt er, als wir an einen schmalen Weg gelangen, auf dem sich Stoffsäcke stapeln.

Bio-Experimente

Ein junger Arbeiter schultert einen der Säcke, trägt ihn zwischen die Bananenstauden und verteilt dort seinen Inhalt am Boden. Mit hohen Stiefeln tritt er die braune, torfähnliche Masse ein wenig fest, bevor mit dem nächsten Sack die Prozedur von vorn beginnt. »Das ist unser Bio-Dünger«, erklärt Pocasangre, nickt dem Mann zu und greift mit der Hand in die Masse. »Alles selbst hergestellt, aus organischen Resten von der Bananenernte, Holz und effektiven Mikroorganismen.« Die Organismen sorgen dafür, dass der Kompost schneller fermentiert. Allerdings benutzen sie auf der Plantage zusätzlich noch immer Kunstdünger, gibt Pocasangre zu – chemisch hergestellt, mit leicht löslichen Nährstoffen wie Kupfer, Phosphor, Magnesium, Kalium und Stickstoff. »Der Boden ist komplett ausgelaugt, er gäbe sonst kaum Ertrag«, erklärt es Pocasangre. »Aber wir wollen den Anteil des Kunstdüngers immer weiter reduzieren.«

Wir gehen weiter, bis zu einer Stelle, die mit Bodendeckern überzogen ist. Mit der Hand gräbt Pocasangre in die feuchte Erde hinein – ähnlich wie Volker Ribniger es getan hat, der einen guten Boden ebenfalls für das A und O auf einer Plantage hält. »Sehen Sie.« Pocasangre geht mit dem Finger durch eine Handvoll Boden, in dem sich neben Regenwürmern weitere Tiere tummeln: Tausendfüßler, Insektenlarven, Käfer, Schnecken. »Der Kompost regt die natürliche Besiedlung des Bodens an. Das hilft uns auch im Kampf gegen einen der ärgsten Feinde der Bananenbauern: den Fadenwurm *Radopholus similis*,

Auf der Forschungsplantage EARTH in Costa Rica testen sie den Bio-Anbau im feucht-tropischen Klima. Es werden keine giftigen Pestizide eingesetzt.

der die Wurzeln der Stauden zerstört.« Während auf konventionellen Plantagen gegen den winzigen Wurm hochgiftige Nematizide eingesetzt werden, kommen Rigniger und die EARTH-Plantage inzwischen ganz ohne die Mittel aus. Einige Käfer greifen die Larven des Fadenwurms an, haben die Forscher herausgefunden, und wirken so als natürliches Gegenmittel. Das machen sie sich auf der Plantage zunutze.

Seit mehr als zehn Jahren spritzen sie auch keine Herbizide mehr gegen wild wachsende Kräuter und Sträucher. Stattdessen jäten Arbeiter sie von Hand. »Das ist natürlich viel teurer, als Chemie zu benutzen«, gibt Pocasangre zu bedenken. Die Kosten für die Handarbeit seien etwa dreimal so hoch wie der Einsatz von Herbiziden. Dasselbe gilt für den Kompost: Ihn herzustellen und manuell auszubringen sei ungefähr dreimal so teuer, wie den effektiveren Industriedünger zu benutzen. Nur an den teuren Nematiziden sparen sie ein wenig. »Hier, eine weitere Neuerung auf unserer Plantage.« Pocasangre reckt sich nach oben und zupft an einer der hellblauen Plastiktüten, die auch hier die Fruchtstände der Bananenstauden umhüllen. »Sie sind nicht mit Insektiziden imprägniert«, erfahre ich. »Sondern mit einer rein biologischen Mischung, in der vor allem Knoblauch und Chilischoten stecken.« Sie hätten die Mischung in ihren Laboren entwickelt und entdeckt, dass beide Zutaten Insekten ebenfalls abhalten. Chemie sei nun auch hier nicht mehr nötig.

Viele der Methoden, deren Einführung die Rainforest Alliance seit den 90er Jahren zur Voraussetzung ihrer Zertifizierung gemacht hat, wurden auf der EARTH-Plantage entwickelt. Zum Beispiel den Plastikmüll einzusammeln und zu recyceln. Oder Bodendecker zu pflanzen. »Die Umweltgruppe und Chiquita lassen sich bis heute viele unserer Neuerungen zeigen«, so Pocasangre. »Aber manches ist ihnen auch zu unsicher – sie wollen kein zu großes Risiko eingehen.« So lassen die Farmer bei EARTH Teile der Plantage nach jeweils etwa sieben Jahren für zwei bis drei Jahre ruhen, damit der Boden sich erholen kann. Auf diese Weise sei die Qualität erheblich gestiegen, was auch die Abwehr gegen Schädlinge und die Produktivität erhöhe. »Dann muss man nicht so viele Gifte und Kunstdünger einsetzen!«, folgert er. Bei den großen Bananenfirmen sei niemand zu solchen Pausen bereit, obwohl sie in der Zeit ja zum Beispiel Mais oder Bohnen anpflanzen könnten. Die brächten aber nicht viel ein, und die Marge sei bei Bananen ohnehin schon gering, da wolle sich niemand Ernteausfälle leisten.

Die niedrigen Bananenpreise sind auch an der EARTH-Universität ein Thema. »Zu normalen Konditionen wären unsere Bananen nicht konkurrenzfähig«, meinte Roger Ruíz, wirtschaftlicher Leiter der Plantage, schon vor meiner Reise am Telefon. Ihre Produktion sei teurer als die in den konventionellen Plantagen – wegen der vielen Experimente, der vielen biologischen Verfahren und eines dadurch ein wenig geringeren Ertrags. Sie hätten Glück, dass die US-amerikanische Kette Whole Foods – nach eigenen Angaben die größte Supermarktkette für nachhaltige Lebensmittel weltweit – ihre Bananen zu einem fairen Preis kauft. Rund 80 Prozent der Ernte können sie dadurch exportieren, vom Erlös finanzieren sie Stipendien für etwa

20 Studenten. Die restlichen Bananen werden entweder an costa-ricanische Supermärkte verkauft oder an Dole oder Chiquita.

Die Methoden von EARTH und Volker Ribnigers Platanera Sixaola ähneln sich stark. Beide wollen beweisen, dass der Bio-Anbau trotz des feuchten Klimas auch in Costa Rica möglich ist. Wegen des Blattpilzes Black Sigatoka versprüht auch auf der EARTH-Plantage ein Flugzeug regelmäßig Fungizide. »Wir experimentieren aber auch mit Mikroorganismen«, so Pocasangre. Bisher sei aber keines der Mittel effektiv genug, um ganz auf Chemikalien zu verzichten. »In dieser Region Costa Ricas regnet es rund 4.000 Millimeter im Jahr. In den Anbaugebieten von Export-Bio-Bananen sind es gerade einmal 500 Millimeter. Zum Beispiel in der Region Piura in Peru.« Luis Pocasangre hebt die Augenbrauen. »Da kommt der Black-Sigatoka-Pilz so gut wie gar nicht vor.« Nur deshalb sei es preislich möglich, dass in Deutschland inzwischen fast alle Supermärkte Bio-Bananen anbieten. »Sogar Aldi«, sagt Pocasangre auf Deutsch.

Der EARTH-Forschungsdirektor hat den Bio-Bananenanbau in vielen Ländern mit eingeführt. Nach seiner Promotion am Institut für Nutzpflanzenwissenschaft und Ressourcenschutz der Universität Bonn begleitete er in Bolivien in den 90er Jahren eines der weltweit ersten Projekte im biologischen Bananenanbau. Wenig später half Pocasangre, in Peru Bio-Bananen anzubauen. Von dort aus wurden Ende der 90er Jahre die ersten Bananen exportiert, etwa zeitgleich begann die Dominikanische Republik mit dem Export. Heute liefern die Dominikanische Republik, Ecuador und Peru gemeinsam fast 70 Prozent aller Bio-Bananen weltweit. Weitere Anbauländer sind Kolumbien und die Philippinen.

Tatsächlich liegen Bio-Bananen seit einigen Jahren in fast allen deutschen Supermärkten und Discountern aus. Zuerst gab es sie nur in Bioläden, doch als sie sich dort gut verkauften, stiegen die Supermärkte mit ein. Sämtliche dort verkauften Bio-Bananen erfüllen die

Anforderungen der europäischen Öko-Verordnung, die seit 1991 vorschreibt, welche Auflagen Produkte erfüllen müssen, um das EU-Ökosiegel tragen zu dürfen. Mitarbeiter von Kontrollstellen und Instituten, die bei der EU dafür akkreditiert sind, überprüfen mindestens einmal im Jahr die Plantagen in den Anbauländern. Ähnlich wie die Rainforest Alliance gehen sie jedes Mal eine lange Liste von Kriterien durch, nur dass diese weit strenger sind. So dürfen Bio-Bananenplantagen keine chemischen Pestizide und künstlichen Düngemittel verwenden, sondern nur Dünger aus Tierdung oder organischen Substanzen. Unkraut und Schädlinge müssen von Hand und durch den Einsatz von Nützlingen bekämpft werden. Auch sollen die Farmer Leguminosen anpflanzen: Hülsenfrüchte, die den Stickstoffgehalt und die Fruchtbarkeit des Bodens erhöhen. In regelmäßigen Abständen sollen andere Pflanzen auf der Plantage angebaut werden als Bananen. Genetisch veränderte Organismen sind verboten (diese Auflage hat auch die Rainforest Alliance), zudem müssen die Gewässer, Böden und die umliegende Vegetation geschützt werden.

Gegen Insekten dürfen Bio-Farmer die Bananen zwar mit Plastikbeuteln schützen, diese aber nicht mit chemischen Mitteln imprägnieren. Auch für den Transport werden Bio-Bananen anders behandelt: Werden die Kronen auf herkömmlichen Plantagen mit einem Fungizid besprüht, bevor sie in die Kartons gelangen, müssen Bio-Bauern dafür eine Zitronensaftmischung benutzen. Beides soll die Bananen vor Pilzbefall schützen. Manche Plantagen packen ihre Bio-Bananen dafür in dünne Plastikfolie – was ebenfalls chemische Mittel ersetzt, umweltbewusste Kunden in hiesigen Supermärkten aber oft irritiert.

Ziel des Bio-Anbaus nach EU-Verordnung ist ein »nachhaltiges Bewirtschaftungssystems«, das »die Systeme und Kreisläufe der Natur respektiert und die Gesundheit von Boden, Wasser, Pflanzen und Tieren sowie das Gleichgewicht zwischen ihnen erhält und fördert«. Es soll zu einer hohen Artenvielfalt beitragen und Energiequellen

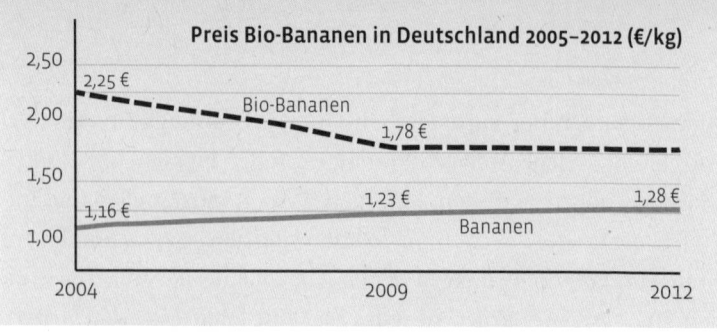

Preis Bio-Bananen in Deutschland 2005–2012 (€/kg)

2,50

2,25 €

Bio-Bananen

2,00

1,78 €

1,50

1,23 €   1,28 €

1,16 €

1,00   Bananen

2004   2009   2012

Seit Bio-Bananen auch bei Discountern verkauft werden, ist ihr Preis stark gesunken.

und natürliche Ressourcen verantwortungsvoll nutzen. Dabei sollen »qualitativ hochwertige Erzeugnisse« entstehen, die »der Umwelt, der menschlichen Gesundheit, der Pflanzengesundheit sowie der Gesundheit und dem Wohlbefinden der Tiere nicht abträglich sind«.

Im Nährwert unterscheiden sich Bio-Bananen kaum von konventionellen Bananen. Behauptungen von Importeuren und Bio-Verbänden, dass Bio-Bananen cremiger, gelber oder intensiver im Geschmack seien, werden durch Laboruntersuchungen nicht bestätigt. Wobei auch ich bei der Vorstellung, die Frucht einer Pflanze zu essen, bei deren Anbau keine Chemie zum Einsatz kam und die möglichst naturbelassen wuchs und reifte, ein »gesünderes« Gefühl habe. Die Belastung des Fruchtfleischs mit chemischen Produkten liegt bei Bio- und konventionellen Bananen gleichermaßen bei null, weil die Schale vor dem Eindringen von Fremdstoffen schützt. Der Unterschied liegt also vor allem im Schutz von Natur und Umwelt vor Ort sowie der Gesundheit der Arbeiter, die die Bananen anbauen.

Insofern klingt es erst einmal nach einer guten Nachricht, dass auch die Discounter inzwischen Bio-Bananen verkaufen. Den Anfang machten Lidl und Aldi-Süd Mitte der 2000er Jahre. 2007 platzierte Rewe auch bei seiner Discounttochter Penny Bio-Bananen, und 2012 zog die Edeka-Tochter Netto nach. Dabei unterscheiden sich Bio-Bananen beim Discounter nicht von denjenigen in normalen Supermärkten. Sie stammen oft von denselben Produzenten und erfüllen ebenfalls die Bio-Vorschriften der EU. Nur in manchen Fachgeschäften gibt es Bananen, die zusätzlich das Siegel von Organisationen wie Naturland oder Demeter tragen und damit noch strengere Auflagen erfüllen als solche, die »nur« mit dem EU-Bio-Siegel versehen sind.

Auch Bio-Bananen werden verramscht

Auch bei Bio-Bananen wurden die Discounter schnell Marktführer. Schon 2008 gingen bei ihnen laut Oxfam-Studie 40 Prozent aller Bio-Bananen in Deutschland über die Theke. Inzwischen dürften es mehr als 60 Prozent sein, so viel wie bei konventionellen Bananen – denn wie bei denen locken sie auch bei »Bio« mit Kampfpreisen. Genau das ist die Schattenseite. Seit die Discounter Bio-Bananen anbieten, ist deren Preis drastisch gesunken. Laut der Gesellschaft für Konsumforschung (GfK) kosteten Bio-Bananen in Deutschland im Jahr 2004 noch durchschnittlich 2,25 Euro das Kilogramm. Schon 2009 waren es nur noch 1,78 Euro, im Jahr 2012 zahlte man im Schnitt 1,76 Euro. Was Verbraucher, die nur auf Preise achten, möglicher-weise freut, treibt Bio-Produzenten in Lateinamerika zunehmend in den Ruin. Für viele von ihnen lohnt sich der Bio-Bananenanbau nicht mehr.

»Nehmen wir das Beispiel Ecuador«, schlägt Luis Pocasangre vor, während wir uns langsam wieder der Packstation der EARTH Plantage nähern. »Dort gibt es sowohl biologische als auch konventionelle Bananenplantagen, das macht die Preise gut vergleichbar.« Er bleibt stehen, bittet um mein Notizbuch und schreibt einige Zahlen hinein. »Für eine Kiste konventioneller Bananen bekommen Sie in Ecuador im Jahresdurchschnitt derzeit 5,50 bis 6,50 Dollar.« Rechts daneben beginnt er eine neue Spalte. »Für eine Kiste Bio-Bananen bekommen Sie dagegen 8,50 bis 9 Dollar.« »Klingt erst mal gut«, sage ich. »Ja, aber die Produktionskosten für eine Bio-Kiste sind etwa 1,50 bis 2 Dollar höher«, klärt mich Pocasangre auf und notiert die Zahlen in der rechten Spalte, »gleichzeitig ist der Ertrag sehr viel geringer. Auf einer Bio-Plantage ernten Sie vielleicht 1.000 bis 1.300 Bananenkisten pro Hektar im Jahr, während es auf konventionellen Plantagen schnell bis zu 2.500 Kisten sind. Die Düngemittel sind einfach nicht so effektiv, und bei der biologischen Abwehr von Schädlingen gibt es immer wieder Probleme, die zu geringeren Ernten führen.«

Er summiert die Preise und Mengen und folgert: Während ein konventioneller Bananenbauer im Jahr bis zu 15.000 Dollar pro Hektar Umsatz machen kann, kommt ein Bio-Bauer trotz des höheren Preises nur auf bis zu 11.375 Dollar. Er hat aber auch noch höhere Kosten von bis zu 2.275 Dollar. Bleiben 9.100 Dollar pro Hektar für den Bio-Bauern. Pocasangre folgert: »Deshalb müssen Bio-Bananen mehr kosten. Der Preis muss den geringeren Ertrag und die höheren Kosten wettmachen, damit sich ihr Anbau lohnt.«

Das sei aber seit einigen Jahren nicht mehr der Fall: Auch Bio-Bananen würden verramscht, um Kunden in die Läden zu locken. Der Preiskrieg auf dem Bananenmarkt sei in den Anbauländern deutlich zu spüren. Immer mehr Bio-Bananenbauern stellen laut Luis Pocasangre wieder auf konventionellen Anbau um: »Das ist in vielen Ländern der Fall: in der Dominikanischen Republik, in Ecuador, in Peru. Der Preis, den sie für Bio-Bananen erhalten, ist einfach zu gering.«

»Oh ja, den Trend zurück zum konventionellen Anbau beobachten wir ebenfalls«, bestätigt Sylvain Cuperlier, der langjährige Direktor für Unternehmensverantwortung bei Dole. Kaum jemand weiß, dass Dole weltweit einer der größten Ankäufer und Vertreiber von Bio-Bananen ist. In Peru hat der Konzern nach eigenen Angaben 2.000 Kleinbauern so den Zugang zum Weltmarkt eröffnet – selbst solchen, die »nur drei Kisten pro Woche« produzieren, wie Cuperlier sagt. Bio-Bananen machen etwa zehn Prozent des Dole-Umsatzes aus. Aber viele Plantagen würden derzeit das Bio-Zertifikat zurückgeben und wieder chemische Pestizide und Düngemittel einsetzen – Hauptsache, sie können vom Bananenanbau überhaupt noch leben.

Die Entwicklung bereitet auch dem Verband der Bananenexporteure in Ecuador große Sorgen: Zwischen 2007 und 2012 sei die Produktion einheimischer Bio-Bananen von 250.000 Kisten pro Woche auf 130.000 Kisten gesunken, klagt Eduardo Ledesma, Präsident des Verbands, im lateinamerikanischen Wirtschaftsmagazin *América Economía*. Der Bio-Markt sei kaum noch attraktiv, es fehlten finanzielle Spielräume für Investitionen, die Kosten seien im Verhältnis zu den Einnahmen zu hoch. Auch in Peru sorgt sich der Kleinbauernverband Cepibo, dass bei den Bio-Bauern kein Geld für die Schulbildung der Kinder oder für sanitäre Anlagen in den Wohnhäusern übrig bleibt.

»Dabei sparen die Bio-Bauern schon, wo sie können«, meint Luis Pocasangre. »Zum Beispiel bauen sie auf Monokulturen an, die zunächst einmal genauso aussehen wie herkömmliche Plantagen.« Im Geländewagen begleite ich ihn zu einem Gebiet hinter einem Waldstück der EARTH-Universität, wo »echte« Bio-Bananen wüchsen. Als uns sein Kollege Roque Vaquero begrüßt, verspricht dieser: »Was Sie jetzt sehen, ist wohl der Traum aller Bio-Bauern.« Der Professor für Agraringenieurswesen führt Pocasangre und mich in einen Bereich, in dem Bananenstauden zwischen verschiedenen Bäumen und Sträuchern wachsen. Er geht zu einem niedrigen Baum mit fleckigem Stamm: »Das hier ist Kakao.« Er pflückt eine dunkelgelbe Frucht, zerschneidet die Schale und zeigt mir die vielen dunklen Kakaobohnen, die sich in das weiße Fruchtfleisch schmiegen. »Und das hier ist ein Lorbeerbaum.« Er streicht über den Stamm eines hohen, schmalen Baums. »Der gibt gutes Holz«, so Vaquero. Außerdem wachsen in der Plantage Eichen, Zitronen- und mit der Litschifrucht verwandte Rambutanbäume sowie Flemingia-Sträucher und andere Hülsenfruchtgewächse, die Stickstoff im Boden binden, was ihn nahrhafter macht. Vaquero kann jedes Blatt, jede noch so kleine Pflanze und jedes herumfliegende Insekt benennen. Auf dieser kleinen, scheinbar wild wuchernden Plantage setzen die EARTH-Forscher um, was im Bio-Anbau als das Optimum gilt: der Anbau in Mischkultur. Dabei werden die Bedürfnisse und Ansprüche verschiedener Pflanzen so kombiniert, dass alle davon profitieren.

So werfen Eichen und Lorbeerbäume Schatten, der die Bananen-blätter vor dem Black-Sigatoka-Pilz schützt. Die Kakaobäume haben kräftige Wurzeln und erhöhen die Widerstandskraft gegen Würmer und Pilze. Die Zitrus- und Rambutanbäume locken Insekten, Vögel und andere Tiere an. Was auf den Boden fällt, wird von zahlreichen Organismen verarbeitet. Und die Bananenwurzeln geben dem Boden eine größere Festigkeit und schützen ihn vor Erosion. »So eine Art des Anbaus ist vor allem für Kleinbauern interessant«, berichtet Vaquero: Sie profitieren neben den Bananen auch vom Holz und den anderen Früchten. Die EARTH-Forscher helfen vielen kleinen Landwirten in Costa Rica, ihre Felder auf diese Art zu bestellen.

»Aber für den Export eignen sich diese Bananen nicht«, schüttelt Vaquero den Kopf. Sie wären viel zu teuer, weil der Anbau nicht viel hergibt. Auf der gerade einmal vier Hektar großen Mischkulturflä-che der Universität ernten sie um die hundert Bananenkisten in der Woche. Das entspricht einer Produktivität von rund 1.300 Kisten pro Hektar im Jahr. Davon würden aber sicher um die 40 Prozent nicht den strengen Importanforderungen in Europa genügen, meint Vaquero, weil die Bananen zu fleckig, verwachsen oder zu klein seien. Um ei-nigermaßen rentabel zu arbeiten, müssten sie zum einen auf größerer Fläche anbauen und zum anderen im Export einen 20 bis 30 Prozent höheren Preis verlangen. Was in Deutschland einen Preis von 2,30 bis 2,50 Euro bedeuten würde – in etwa das, was Äpfel hierzulande kosten. Erstaunlich wenig für einen solchen Mehrwert an Natur- und Umwelt-schutz. »Bisher verkaufen wir unsere Bio-Bananen vor allem auf dem lokalen Markt«, erklärt er, und selbst dort falle ein Drittel der Bananen durch die Qualitätskontrollen. Manchmal nehme auch die US-Kette Whole Foods ihnen etwas ab. Sie hat die Mischkulturplantage durch eine großzügige Spende überhaupt erst möglich gemacht.

Dennoch glaubt Roque Vaquero, dass ihre Bio-Nische ein Modell für die Zukunft sein kann. »Viele unserer Techniken sind für die Bananenindustrie sehr interessant, vor allem was die Bekämpfung von Würmern und Pilzen angeht. Da kommt man mit Chemie irgendwann nicht mehr weiter, es entwickeln sich Resistenzen.« Auf Mischkulturen hingegen halte das natürliche Gleichgewicht Schädlinge in Schach. Vaquero hofft, dass die Studenten der EARTH-Universität, die auf der Plantage arbeiten, ihre Erfahrungen mitnehmen in ihre Heimatländer oder wo immer sie anschließend arbeiten. Aber im größeren Stil wäre ein solcher Anbau nur möglich, wenn Supermärkte und Kunden in den Abnehmerländern zum einen kleine Schönheitsfehler auf den Bananen in Kauf nähmen. Und zum anderen ein wenig mehr für sie bezahlten.

Sind faire Bananen die Lösung?

Bio-Bananen anzubauen heißt allerdings noch lange nicht, dass wie selbstverständlich auch Arbeiterrechte respektiert oder stets angemessene Löhne bezahlt werden. Aus diesem Grund appellieren viele Kritiker an die Kunden, zwar Bio-Bananen zu kaufen, aber nur solche, die zusätzlich ein Fairtrade-Gütesiegel tragen. Nur dieses Siegel garantiere, dass nicht nur die Umwelt, sondern auch die Arbeiter auf den Plantagen fair und nachhaltig behandelt werden. Wie es um die Fairtrade-Bananen im deutschen Handel bestellt ist, erfahre ich nach meiner Rückkehr aus Costa Rica bei einem erneuten Besuch im Hafen von Antwerpen.

Mit lautem Surren saust der Gabelstapler an mir vorbei, der Fahrer bremst ab, fährt die Gabel nach oben und hebt eine Palette Bananenkisten von einem zwei Meter hohen Regal. Am vorderen Ende der Halle setzt er sie ab und bricht auf, die nächste Ladung zu holen. »Die Paletten werden von einem Lkw zu einer Reiferei an der deutsch-niederländischen Grenze gebracht«, ruft mir Jeroen Den Haerynck durch den Lärm zu. »Danach landen sie in einem Supermarkt im Ruhrgebiet.« Der Belgier ist Qualitätsmanager in der Nähe des Hafens von Antwerpen. Gemeinsam mit seinen Mitarbeitern kontrolliert und verlädt er im Auftrag verschiedener Importfirmen Bananen und anderes Obst oder Gemüse, das im Hafen angekommen ist. Bananen machen den Großteil seiner Waren aus. »Sie werden das ganze Jahr hindurch geliefert, in großen Mengen. Im Gegensatz zu anderem Obst und Gemüse, das nur saisonal geerntet wird«, erklärt Den Haerynck, während wir die Regalreihen in der gekühlten Halle entlanggehen.

Etwa die Hälfte der Bananenkartons ist mit der Aufschrift »Bio«, »Fairtrade« oder beidem versehen. Bis vor wenigen Stunden lagerten sie noch im Kühlraum eines Schiffes, das von Peru oder Ecuador aus fast drei Wochen lang unterwegs war. Es fuhr durch den Panamakanal, überquerte den Atlantik und löschte seine Ladung in Antwerpen. »Während dieser Zeit verhandelt der Importeur meist noch, wer die Bananen kauft und wohin sie genau gehen«, schildert Den Haerynck das übliche Verfahren. »Es sei denn, sie gehören zu festgelegten Liefermengen. Sobald die Ware hier ist, kümmern wir uns um den Zoll, kontrollieren die Paletten, schicken einzelne Kisten ins Labor und geben die Bananen schließlich frei zum Weitertransport.« Vom Ablauf her ist alles so wie bei Chiquita und den großen Konzernen, die konventionelle Bananen importieren. Nur dass bei Bio- und Fairtrade-Bananen meist mehr Zwischenhändler an der Lieferkette beteiligt sind.

»Die ersten fair gehandelten Bananen kamen schon in den 80er Jahren nach Deutschland«, erfahre ich von Tobias Siesmayer, den wir am vorderen Ende der Halle treffen. Er arbeitet für einen von Den

Haeryncks wichtigsten Kunden: den Hamburger Fruchtimporteur Port International. Das mittelständische Unternehmen liefert schon seit 1912 Bananen nach Deutschland und begann selbst Ende der 90er Jahre als einer der ersten Importeure, fair gehandelte Bananen ins Land zu holen. Ein paar Jahre später kamen Bio-Bananen hinzu. Siesmayer kümmert sich bei Port International um die Pressearbeit, für meinen Besuch im Antwerpener Hafen ist der Assistent der Geschäftsführung eigens angereist. Er will mir schildern, welche Chancen mit Bio- und Fairtrade-Bananen aus seiner Sicht verbunden sind – und welche Schwierigkeiten.

Den Anfang mit Fairtrade-Bananen in Deutschland machte der Verein BanaFair. Wegen des US-Embargos gegen Nicaragua begann er 1986, dortigen Kleinbauern Bananen abzukaufen und sie an Dritte-Welt-Läden, Reformhäuser und andere Geschäfte in Deutschland zu liefern – aus Solidarität und um der Macht der großen Bananenkonzerne etwas entgegenzusetzen. Seit 1998 sind es ausschließlich Bio-Bananen des ecuadorianischen Kleinbauernverbands UROCAL, die BanaFair importiert und an deutsche Welt- und Bioläden vertreibt – im Schnitt 2.300 Tonnen im Jahr.

Die Welt des fairen Handels ist inzwischen stark gewachsen, etliche Organisationen und Stiftungen sind in diesem Bereich aktiv. Als zentrale deutsche Institution gründete sich im Jahr 1992 der Verein TransFair, der zunächst Kaffee, Kakao und andere Produkte mit einem Gütesiegel für fairen Handel versah. Im Jahr 1997 riefen TransFair (oder Fairtrade Deutschland, wie sich der Verein auch nennt) und ähnliche Organisationen weiterer Länder die Fairtrade Labelling Organizations International (FLO oder Fairtrade International) mit Sitz in Bonn ins Leben. Die FLO entwickelt bis heute die Kriterien des seit 2002 international einheitlichen Fairtrade-Logos und führt die Zertifizierung auf den Plantagen durch. 1998 vergab TransFair erstmals auch für Bananen das Fairtrade-Gütesiegel.

Das Prinzip des fairen Handels besteht darin, die üblichen Markt-mechanismen der Globalisierung auf den Kopf zu stellen. Statt den Preis für Bananen von Supermarkt- und Discountketten in Europa oder den USA – oder wie früher von Bananenkonzernen – diktie-ren zu lassen, setzt das Fairtrade-Prinzip am anderen Ende an: In Absprache mit Kleinbauern, Plantagenbetreibern, Händlern und Or-ganisationen vor Ort wird ein Mindestpreis festgelegt, den die Bana-nenbauern benötigen, um kostendeckend, sozial gerecht und nach-haltig produzieren zu können. Je nach Region und je nachdem, ob die Bananen zusätzlich biologisch angebaut werden, variiert dieser Min-destpreis: In Ecuador und in Costa Rica lag er 2014 bei 6,30 Dollar pro Kiste, für faire Bio-Bananen bei 9,05 Dollar. Liegt der Marktpreis in einer Region plötzlich einmal über dem Fairtrade-Mindestpreis, erhalten die Produzenten laut der FLO stets diesen höheren Preis. Liegt der Marktpreis darunter – was weit häufiger der Fall ist – müs-sen die Fairtrade-Produzenten von den Importeuren dennoch den Mindestpreis erhalten.

Alle drei Jahre überprüft die FLO den Mindestpreis und passt ihn gegebenenfalls an. Zusätzlich erhalten die Produzenten in Lateiname-rika eine Prämie von einem Dollar pro Bananenkiste für soziale Pro-jekte auf den Plantagen oder in den Gemeinden. Wie sie dieses Geld investieren, welche Fortschritte die Projekte machen und wann sie zum Abschluss kommen, müssen sie mit ihren Mitarbeitern abstim-men und der FLO in jährlichen Berichten schildern.

Was die Umwelt- und die Sozialkriterien anbelangt, so ähneln die FLO-Standards weitgehend denen der Rainforest Alliance. Auch beim Fairtrade-System müssen die Produzenten die Kontrollen und die Zertifizierung selbst bezahlen, und auch hier kündigen die Kontrol-leure ihre Besuche meist vorher an. Die Hauptunterschiede sind der feste Mindestpreis, die Ein-Dollar-Sozialprämie und der einigerma-ßen gesicherte Zugang zum Markt. Zusätzlich zahlen die Importeure von Fairtrade-Produkten Gebühren an die jeweilige nationale Organisation, um das Gütesiegel zu nutzen. Davon fließt laut TransFair ein wesentlicher Teil an die FLO: zur Weiterentwicklung der Standards und für die Beratung der Produzenten bei Umstellungen und Verbesserungen.

Ein weiterer, wesentlicher Unterschied ist, dass am Fairtrade-Bananenhandel bisher ausschließlich Kleinbauernkooperativen oder eigenständige Plantagenbetreiber teilnehmen – zumindest im europäischen FLO-System. George Jaksch von Chiquita erzählt, dass sie vor einigen Jahren »sehr ernsthafte« Gespräche mit Fairtrade International geführt hätten. Aber die Erwartungen der Organisation seien unrealistisch gewesen, so Jaksch. So habe Fairtrade gefordert, dass Chiquita dann vollständig zum Fairtrade-Produzenten werden müsse, Chiquita wollte aber das System erst einmal im kleinen Stil testen. Zudem habe es innerhalb der FLO keine Einigkeit gegeben, ob man überhaupt mit einem großen Konzern zusammenarbeiten wolle. Kurze Zeit später habe sich dann Fair Trade USA von der europäischen Organisation abgespalten.

Die amerikanische Schwesterorganisation sieht die Zusammenarbeit mit der Industrie als sinnvolle, wenn nicht sogar einzige Möglichkeit, deutlich mehr Produzenten und Arbeiter an den Vorteilen von Fairtrade teilhaben zu lassen und den Produkten zu größeren Marktanteilen zu verhelfen. Da aber ausgerechnet Fairtrade-Bananen auf dem US-Markt bisher keine große Rolle spielen, seien die Gespräche mit Fair Trade USA nicht weitergegangen, so Jaksch. Auch innerhalb von Chiquita sei es schwierig, das Thema noch einmal auf die Tagesordnung zu setzen. Nur Dole betreibt nach eigenen Angaben in Costa Rica eine Fairtrade-Plantage und verkauft die Bananen in den USA.

In Europa ist die Zusammenarbeit mit großen Konzernen bei Fairtrade tatsächlich bis heute verpönt. Bei TransFair sagt man mir, dass es zwar »grundsätzlich denkbar« wäre, auch Firmen wie Chi-

Der faire Handel garantiert Kleinbauern und Plantagenbetreibern einen Mindestpreis, der sie vor Niedrigpreisen auf dem Weltmarkt schützt.

quita oder Dole in das System aufzunehmen. Aber Rudi Pfeifer von BanaFair schreibt, dass das Fairtrade-System ins Leben gerufen wurde, um »benachteiligte Kleinbauern« zu unterstützen. Großproduzenten und Konzerne seien auf diese Hilfe nicht angewiesen, sondern könnten auch auf andere Weise nachhaltig produzieren. BanaFair kritisiert zugleich, dass die Fairtrade-Prämie beim FLO-Verfahren oft nur den Interessen des Plantagenbesitzers zugutekomme und nicht den Arbeitern. Höhere Löhne garantiere das Fairtrade-System nicht. Deshalb vergibt BanaFair zusätzlich einen Aufschlag zur Unterstützung der Plantagenarbeitergewerkschaften. Für BanaFair ist der faire Handel zudem nur eine Säule im Kampf gegen unfaire Verhältnisse in der Bananenindustrie. Daneben sei viel Bildungs-, Kampagnen- und Lobbyarbeit nötig.

Bei aller Kritik im Detail: Wer Fairtrade-Bananen kauft, trägt nicht nur zu einem stabilen Preisniveau und sozialen Projekten in den Anbauländern bei, sondern auch zu höheren Arbeits-, Gesundheits- und Sozialstandards als bei konventionellen Bananen ohne Gütesiegel. Zudem wird bei Fairtrade die Umwelt wesentlich besser geschützt als bei den Billigbananen – sogar wenn sie nicht aus Bio-Anbau stammen. »Der Erfolg des fairen Handels wird zum Großteil davon abhängen, wie sehr die Verbraucher unfaire Praktiken ablehnen, die die Bananenproduktion seit Jahrzehnten kennzeichnen«, schrieb Laura Rynolds, Professorin für Soziologie an der Colorado State University, 2003 im Buch *Banana Wars*. Damals gab es weltweit nur wenige Fairtrade-Bananen zu kaufen. Heute ist die Frage, ob die Kunden ihre Chance nutzen, das Leben der Arbeiter und Produzenten in Lateinamerika verbessern zu helfen.

Die Kluft zwischen Anspruch und Wirklichkeit

»Das hier ist in etwa die Menge Bananen, die ein deutscher Privathaushalt im Durchschnitt im Jahr verzehrt.« Tobias Siesmayer hat am Rand der Lagerhalle eine Bananenkiste geöffnet und die Früchte gut sichtbar darin drapiert. Er nimmt ein Bündel mit sechs Bananen heraus und legt es neben die Kiste. Dann trennt er drei Bananen von einem weiteren Bündel und legt sie hinzu. »Die Menge an Bio-Bananen, die in Deutschland gegessen werden, entspricht etwa einer Hand und einer halben Hand Bananen.« Bio-Bananen kommen laut Statistischem Bundesamt derzeit auf ungefähr sieben Prozent am Bananenkonsum.* Siesmayer hält drei weitere Bananen in die Höhe: »Und dieses hier ist die Menge, die ein deutscher Haushalt im Jahr an Fairtrade-Bananen isst: ungefähr drei Prozent vom gesamten Bananenumsatz.«

Ich stutze: Die paar Bio- und Fairtrade-Bananen wirken neben dem prall gefüllten Karton mickrig wenig. Ist nicht immer von einem »Trend« in Richtung Bio- und Fairtrade-Produkten die Rede? Danach sieht es nicht aus. Der Anteil von Bio-Bananen liegt zwar mit sieben Prozent am Gesamtumsatz (72.000 Tonnen) höher als beim

---

* Die Angaben sind da etwas unterschiedlich. Laut Statistischem Bundesamt kommen auf jeden Haushalt rund 24 Kilogramm Bananen im Jahr, laut Fairtrade Deutschland sind es etwa 15 Kilogramm pro Haushalt.

Durchschnitt aller Lebensmittel, wo Bio-Produkte laut dem Bund Ökologische Lebensmittelwirtschaft (BÖLW) auf gerade einmal vier Prozent Marktanteil kommen. Deutschland ist in Europa sogar der größte Abnehmermarkt für Lebensmittel aus biologischem Anbau. Aber auch hier stagniert der Zuwachs seit einigen Jahren. Im weltweiten Handel liegen Bio-Bananen bei gerade einmal zwei bis drei Prozent. Auch Sea-Invest, die Betreiberfirma der Obstterminals im Hafen von Antwerpen bestätigt, dass sie im Jahr nur knapp mehr als sechs Prozent Bio-Bananen importieren, von denen ein Großteil nach Deutschland geht.

Zumindest bei Fairtrade-Bananen gab es zuletzt eine deutliche Zunahme. Wurden 2012 noch 21.000 Tonnen von ihnen in Deutschland verzehrt, waren es 2013 schon 31.500 Tonnen – bei einer Million Tonnen Bananenkonsum ein Anstieg von zwei auf drei Prozent Marktanteil.* Knapp 90 Prozent aller in Deutschland verkauften Fairtrade-Bananen stammen zudem aus biologischem Anbau, tragen also das Fairtrade- *und* das Bio-Siegel. Damit sind diese Bananen doppelt erfasst: in der Bio-Statistik und in der Fairtrade-Statistik. Genau genommen beträgt die Gesamtmenge der in Deutschland verkauften Bio- und Fairtrade-Bananen deshalb nur 7,3 Prozent aller Bananen. Tobias Siesmayer gibt zu: »Ich denke, da ist noch reichlich Luft nach oben.«

Woran liegt es? Sind die »guten« Bananen den Verbrauchern zu teuer? Obwohl selbst Bio- oder Fairtrade-Bananen in deutschen Supermärkten und Discountern noch immer weniger kosten als das meiste andere Obst? Mit einem durchschnittlichen Preis von derzeit 1,76 Euro pro Kilogramm sind Bio-Bananen ein echtes Schnäppchen,

---

* Fairtrade Deutschland kommt für 2012 auf drei Prozent, für 2013 auf fünf Prozent Marktanteil von Fairtrade-Bananen. Sie legen ihren Berechnungen andere Gesamtzahlen als die des Statistischen Bundesamts über den Bananenkonsum zugrunde, basierend auf der Agrarmarkt Informations-Gesellschaft (AMI).

auch Bio-Fairtrade-Bananen kosten bei Aldi und Lidl selten mehr. »Wir haben einmal ausgerechnet, was ein deutscher Haushalt im Jahr drauflegen müsste, wenn er ausschließlich Fairtrade-Bananen statt normaler Bananen kaufen würde«, erzählt Tobias Siesmayer. »Dabei landet man bei Summen irgendwo im Bereich zwischen fünf und zehn Euro pro Jahr.« Er zieht die Augenbrauen hoch: »Fünf bis zehn Euro im ganzen Jahr! Das würde doch niemand merken.« Im Mittel wären das gerade einmal sechzig Cent im Monat – eine Summe, die sich selbst Geringverdiener leisten könnten.

Der Bundesverband Ökologische Landwirtschaft weist darauf hin, dass Bio-Lebensmittel in Wahrheit ohnehin gar nicht teurer sind. Denn eigentlich müssten ja auch die Folgekosten der Lebensmittelproduktion berechnet werden. Und da die konventionelle Landwirtschaft Gewässer und Trinkwasser mit Pestiziden und Düngemitteln belastet, kommen Steuerzahler und Wasserkunden für deren Reinigung, den Schutz bedrohter Gebiete oder Ausgleichszahlungen auf. Während im biologischen Anbau solche Folgekosten gar nicht erst anfallen.

Supermärkte und Discounter machen jedoch die besten Vorsätze für einen nachhaltigen Einkauf selbst schnell zunichte. Denn immer, wirklich immer und überall liegen neben den gekennzeichneten Bio-, Fairtrade- oder Rainforest-Alliance-Bananen ihre billigen Gegenstücke ohne Gütesiegel. Meist sind die Billigbananen auch sichtbarer platziert – wie in meinem Supermarkt um die Ecke. Schreiend farbige, besonders große oder mit dem Ausruf »Billiger!« versehene Schilder weisen zusätzlich auf die Ramschbananen hin. Und offenbar können nur die wenigsten Verbraucher der Versuchung widerstehen, hier ein paar Cents zu sparen – obwohl sie in Umfragen gern anderes behaupten.

In der Theorie klingt es gut: Laut einer Studie der Agentur für Unternehmenskommunikation Klenk & Hoursch legen ganze 76 Prozent der Verbraucher Wert auf gute Umwelt- und Arbeitsbedingungen in der Lebensmittelproduktion – und darauf, dass die Unternehmen sie darüber informieren, wie es um diese Bedingungen bestellt ist. Dafür hat die Agentur im Jahr 2011 über 3.000 Personen in Deutschland zwischen 14 und 69 Jahren zu ihren Ansprüchen an die Transparenz von Unternehmen befragt. Doch an der Supermarktkasse zeigt sich, worauf die Verbraucher wirklich Wert legen. Die Statistik für Bio- und Fairtrade-Bananen macht klar: Nur 7,3 Prozent handeln so, wie sie es behaupten, indem sie biologisch angebaute oder fair gehandelte Bananen kaufen. Rechnet man die rund 20 Prozent Marktanteil von Chiquita hinzu, deren Bananen immerhin nach den Standards der Rainforest Alliance zertifiziert sind (für in Deutschland verkaufte, zertifizierte Dole-Bananen liegen keine Angaben vor), kommt der Anteil nachhaltig einkaufender Bananenkunden auf gut ein Viertel – immer noch weit niedriger als in Umfragen behauptet. Zumal viele Kunden die Chiquita-Bananen nach Firmenangaben vor allem deshalb kaufen, weil sie mit dem Markennamen seit Langem eine hohe Qualität verbinden. Der grüne Frosch der Rainforest Alliance ist für die wenigsten beim Kauf entscheidend.

»Nur wenn es um ihre Gesundheit geht, stimmen die Kunden mit den Füßen ab«, bestätigt Josef Lüneburg-Wolthaus von Rewe meinen Eindruck. Heißt: Bei Lebensmittelskandalen oder dem Verdacht auf schlechte Qualität seien Kunden schnell bereit, den Laden zu wechseln oder zu vermeintlich gesünderer Ware zu greifen, auch wenn sie mehr kostet. »Ansonsten entscheiden die meisten Leuten vor allem nach dem Preis.« Auch bei Rewe würde man sich freuen, wenn Kunden mehr nachhaltige Produkte kauften, sagt man mir. Aber auch dort liegen neben den Bio- oder Pro-Planet-Bananen die billigen Bananen.

Wie lässt sich die Kluft zwischen den Behauptungen der Verbraucher und ihrem tatsächlichen Handeln überwinden? Von den deutschen Supermarkt- und Discountketten erhalte ich auf diese Frage keine Antwort. Dabei macht eine Supermarktkette in den Niederlanden seit einigen Jahren vor, dass es im Grunde ganz einfach geht.

Ein niederländischer Supermarkt
auf einem neuen Weg

Die Tür zum Lagerraum öffnet sich, auf einem Rollbrett schiebt Niek Strien einen Stapel Bananenkisten in Richtung Obsttheke. Er drapiert die Bananen vorsichtig auf einem runden Regal im Zentrum der Obstabteilung. Über seinem Kopf baumelt eine große, aufblasbare Plastikbanane von der Decke. Ihre Aufschrift: »Lekker: PLUS Fairtrade-Bananen!« Im Jahr 2010 entschied sich Plus – eine mittelgroße niederländische Supermarktkette mit 260 Filialen im Land, nicht zu verwechseln mit der ehemaligen deutschen Discountkette gleichen Namens – zu einem ungewöhnlichen Schritt: Sie begann, nur noch Fairtrade-Bananen zu verkaufen. Keine Billigbananen mehr. Wenn Kunden bei Plus nun Bananen kaufen wollen, müssen sie die fair gehandelten Früchte nehmen. Zurück geht die Idee auf die Max-Havelaar-Stiftung, wie die Fairtrade-Organisation in Belgien, Dänemark, Frankreich, den Niederlanden, Norwegen und der Schweiz heißt.

»Wir haben die Supermärkte eingeladen, sich Bananenplantagen in Lateinamerika anzusehen«, erzählt Peter d'Angremond, Leiter der niederländischen Max-Havelaar-Stiftung, »das hat großen Eindruck bei ihnen hinterlassen.« Vor allem bei den Verantwortlichen von Plus, die in ihrer Unternehmenspolitik schon länger Werte wie Nachhaltigkeit und Verantwortung ernsthaft verfolgten. Und in Umfragen hätten die Kunden »in großen Massen« gesagt, dass sie mehr Fairtrade-Produkte wollen, so d'Angremond. Das ist eigentlich auch in Deutschland der Fall. Nur dass es in den Niederlanden Folgen hatte. »Plus hat genau zugehört und dann entschieden, dass sie ihren Kunden in Zukunft bei Bananen nur noch eine Wahl lassen wollen. Also im Grunde: keine Wahl.« D'Angremond schmunzelt und blickt in Richtung des Bananenregals, an dem sich seit unserer Ankunft im Supermarkt schon etliche Kunden bedient haben.

Für die Stiftung war es das Ergebnis jahrelanger Diskussionen. »Wir haben immer wieder bei der Geschäftsleitung angeklopft und für unsere Idee geworben.« Dass ein Supermarkt freiwillig sein Sortiment beschränken würde, war lange Zeit undenkbar. Doch kurz zuvor hatten die Supermarktketten Sainsbury in Großbritannien und Coop in der Schweiz auf ein reines Fairtrade-Angebot bei Bananen umgestellt – ebenfalls auf Initiative der dortigen Fairtrade-Stiftungen hin. D'Angremond wusste: Bei Plus funktionierten bereits Schokolade, Kaffee und andere Produkte aus fairem Handel ganz gut – warum also nicht einen Schritt weiter gehen? Plus selbst möchte mir über die Gründe für seine Entscheidung keine Auskunft geben. Ich könne aber von der Max-Havelaar-Stiftung alle Informationen erhalten, heißt es.

Es folgte noch ein weiterer ungewöhnlicher Schritt. Früher kosteten Fairtrade-Bananen bei Plus mehr als zwei Euro das Kilogramm. Dann entschied Plus, seine eigene Gewinnmarge zu reduzieren und die Bananen für nur noch 1,89 Euro das Kilogramm zu verkaufen – was sie bis heute kosten. Peter d'Angremond erklärt es so: »Normalerweise kosten Fairtrade-Bananen in Supermärkten mehr als die ›normalen‹ Bananen und liegen gleich daneben. Plus hat sich das eine Weile angesehen und festgestellt: Auf diese Weise sind teurere Produkte für die Kunden einfach nicht attraktiv. Sie dachten also: Wenn wir Fairtrade-Bananen zum normalen Preis anbieten und daneben keine anderen Bananen mehr, könnten wir die Leute rumkriegen.«

Der Trick funktioniert. Allein in der einen Stunde, die wir uns nun in der Plus-Filiale bei Utrecht aufhalten, hat gefühlt alle ein bis zwei Minuten jemand Bananen in den Einkaufswagen gelegt. Ohne lange zu zögern oder es sich nach einem Blick auf das Preisschild anders zu überlegen. Peter d'Angremond nickt: Die Kunden fliehen nicht zum Discounter, obwohl Bananen auch in den Niederlanden dort billiger sind. Tatsächlich sei der Umsatz mit Bananen bei Plus seit der Umstellung stark gestiegen, um ganze zehn Prozent. »Für Plus ist

Anteil »besserer« Bananen am Weltmarkt

Qualitätsstufe	Geschätzte globale Exporte (Mio. Tonnen, 2007)	Geschätzter Anteil Welt-bananenexport (%, 2007)	Geschätzte Verkäufe 2007 (USD in Mio.)
Ökolandbau	310.000 – 330.000	2,2	800
Fairtrade	250.000 – 260.000	1,7	450
Rainforest Alliance	1.500.000 – 1.700.000	11	1.800
Gesamt*	2.000.000 – 2.200.000	14,5	2.900 – 3.000

* Differenz Gesamtsumme durch mehrfache Vergabe der Zertifikate

das natürlich gut«, so d'Angremond. »Aber vor allem ist es ein Riesengewinn für die Farmer in Kolumbien, die diese Bananen anbauen. Denn sie verdienen jetzt etwa 400.000 Dollar mehr im Jahr.« Auf diese Zahl summiert sich der Fairtrade-Aufschlag von einem Dollar pro Bananenkiste, den Plantagen und Kleinbauernkooperationen dank der Plus-Bananen erhalten.

Der Erfolg lockt Nachahmer an. Schon ein Jahr nach der Umstellung von Plus machten es die Supermarktketten Spar, Coop und Emte Vomar in den Niederlanden nach. Seit 2011 gibt es auch in ihren gemeinsam rund 500 Filialen nur noch Fairtrade-Bananen zu kaufen. Auf diese Weise ist der Anteil fair gehandelter Bananen in den Niederlanden von fünf auf etwa 16 Prozent geschnellt. Ähnlich sehen die Marktanteile in Großbritannien und der Schweiz aus, wo Fairtrade-Bananen fast zwanzig Prozent erreichen. Es ist der Beweis, dass man den Teufelskreis aus Tiefstpreisen und einem Überangebot an Billigbananen sowie die damit verbundene Ausbeutung und Umweltzerstörung sehr wohl durchbrechen kann. Indem man einfach keine Billigbananen mehr anbietet – und mehr Produzenten den Anreiz gibt, auf das Fairtrade-Programm umzustellen.

Ein Modell für Deutschland?

Ich frage mich, ob deutsche Handelskonzerne dem Beispiel von Plus nicht einfach folgen könnten. Für eine solche Umstellung müsste man auch nicht auf langwierige politische Vorschriften von Bundesregierung oder EU-Kommission warten. Doch die meisten Supermarktketten weichen bei dieser Frage aus. Edeka und Lidl antworten mir gar nicht erst darauf. Man könne den Kunden nicht die Entscheidungsfreiheit nehmen, heißt es bei Rewe. Außerdem habe man eine Zeit lang Fairtrade-Bananen angeboten, sie entpuppten sich aber als »Ladenhüter«. Und nicht zuletzt sei das Bio-Angebot auf dem Weltmarkt begrenzt, man »müsse« daher weiterhin konventionelle Bananen anbieten, um die Nachfrage zu decken. Aldi-Süd schreibt, dass man seit Sommer 2014 immerhin Bio-Fairtrade-Bananen im Angebot habe, ergänzt aber auch, dass man damit nicht die gesamte Kundennachfrage decken könne.

Tatsächlich ist der Anbau von Bio-Bananen limitiert. Er funktioniert nur in wenigen Regionen der Welt, wegen der hohen Anfälligkeit der Sorte Cavendish für Pilzkrankheiten und andere Schädlinge in tropisch-feuchten Regionen. Auch nach Ansicht von Alistair Smith von Banana Link sind die Kapazitäten in den bisherigen Bio-Regionen bald erschöpft. Einige Forscher experimentieren daher mit Bananensorten, die robuster sind als die Cavendish und sich auch im tropisch-feuchten Klima biologisch anbauen ließen. Bisher haben sie aber keine Sorte gefunden, die ähnlich gut schmeckt, sich gut transportieren lässt und von den Kunden akzeptiert wird. George Jaksch von Chiquita meint, dass es in Afrika noch geeignete Regionen gebe, zum Beispiel rund um den Gambia-Fluss. Bisher sei aber der Bio-Bananenanbau dort, wenn überhaupt, noch im Aufbau.

»Deshalb wollen wir die Supermärkte überzeugen, mehr Fairtrade-Bananen aufzunehmen – auch ohne Bio-Zertifikat«, meint Alistair

Smith. Denn das sei für die Umwelt besser als Billigbananen ohne jeglichen Umweltstandard. Auch die deutsche Fairtrade-Stiftung verfolgt dieses Ziel, im Herbst 2014 hat sie dafür eine bundesweite Kampagnen für Fairtrade-Bananen gestartet und einen Runden Tisch ins Leben gerufen, um mit Importeuren, Supermärkten und Discountern eine Ausweitung des Fairtrade-Bananenangebots zu erörtern. Dem steht klimatisch nichts im Weg. Genauso wenig wie der Ausweitung der Zertifizierung durch die Rainforest Alliance.

Dennoch gibt man bei Fairtrade die Hoffnung auf einen noch radikaleren Wechsel in den Supermarktregalen nicht auf. »Mit Rosen hat es bei Rewe ja auch funktioniert«, erinnert sich Dieter Overath, Geschäftsführer von Fairtrade Deutschland: Nach langen Diskussionen entschied Rewe vor einigen Jahren, Rosen – zumindest den oft gekauften »Zehnerbund« – nur noch aus fairem Handel anzubieten. Zuvor hatten Medienberichte und Kampagnen wegen Ausbeutung und gesundheitsschädigender Arbeitsbedingungen beim Rosenanbau in afrikanischen Ländern für Aufsehen gesorgt. Zunächst fürchtete Rewe die Umstellung, so Overath: Schließlich waren Fairtrade-Rosen mit 3,49 Euro pro Zehnerbund viel teurer als ein Bund konventioneller Rosen für 1,99 Euro. Würden die Kunden die Blumen aus Protest liegen lassen oder woanders kaufen? »Aber der Umsatz mit Rosen stieg bei Rewe nach der Umstellung sogar an«, sagt Overath, »dabei hieß es vorher immer, ein solcher Schritt sei unmöglich!« Andere Händler sprangen auf den Zug auf – mit der Folge, dass inzwischen jede vierte in Deutschland verkaufte Rose aus fairem Handel stammt. Vielleicht sei bei Bananen der Druck kritischer Konsumenten noch nicht groß genug für einen ähnlichen Schritt, mutmaßt Overaths Kollegin Edith Gmeiner.

Andreas Straub, der ehemalige Aldi-Manager, erinnert sich an einen Fall, bei dem selbst der größte deutsche Discounter bereit war, sein Sortiment nachhaltiger zu gestalten. »Es gab doch diesen Skandal um Eier aus Käfighaltung, die bei Aldi und anderswo verkauft wurden«, erzählt er. Immer wieder ging das Thema durch die Öffentlichkeit, vor allem Aldi stand wegen seiner Billigpreise und der Tierquälerei in Legebatterien in der Kritik. Als 2008 aufflog, dass Aldi trotz anderslautender Bekenntnisse noch immer Käfigeier verkaufte – erst 2010 wurden sie deutschland- und 2012 EU-weit verboten –, brach ein Sturm der Entrüstung los. Aldi nahm die Eier daraufhin komplett aus dem Sortiment. Aber nicht aus eigener Einsicht, so Andreas Straub: »Ein Aldi-Geschäftsführer meinte vor versammelter Belegschaft noch, dass Hühner ja dumme Tiere seien, die sich ganz von allein übereinanderstapeln. Es sei also völlig unsinnig, Freilandeier einzuführen.« Straub seufzt. Aldi habe nur reagiert, weil der Druck der Öffentlichkeit zu groß geworden war.

Aus demselben Grund habe Aldi auch fair gehandelte oder Bio-Bananen ins Sortiment genommen, ist Alistair Smith von Banana Link überzeugt: Der Druck von NGOs sowie Medienberichte über schlimme Zustände auf Bananenplantagen hätten den Discounter zunehmend genervt. Nun könne man jederzeit auf die »guten« Bananen verweisen und damit eine weiße Weste suggerieren. Doch dieser Erfolg reiche nicht aus, so Smith. Es müsse darum gehen, den Bananenpreiskrieg ein für alle Mal zu beenden und auch für konventionelle Bananen Mindeststandards im ökologischen und sozialen Bereich einzuführen. Eine Möglichkeit, wie das gehen kann, machen niederländische, britische und Schweizer Supermarktketten bereits vor. Es ist an der Zeit, dass andere Einzelhändler nachziehen – damit sich auf dem Bananenmarkt endlich im großen Stil etwas bewegt.

Bananenrepublik Deutschland
Wir haben es in der Hand

Ich schaue aus dem Fenster, während das Flugzeug nach einer scharfen Kurve in langsamen Kreisen höher steigt. Rechts ziehen bewaldete Berge vorbei, die das Hochtal um Costa Ricas Hauptstadt San José umgeben, unter mir erkenne ich die Ausläufer von Wohngebieten. Stadt und Flughafen liegen umrundet von den Vulkanen Poás, Barva und Irazú. Noch vor zwei Stunden war unklar, ob das Flugzeug überhaupt würde starten können. Kräftige Windböen drohten es am schnellen Aufsteigen zu hindern oder zu nah an eine der Bergflanken zu drücken. Jetzt hat sich der Wind ein wenig beruhigt, und bald gibt der Pilot durch, dass wir unseren Flug in Richtung New York, wo ich umsteigen werde, wohl in Ruhe fortsetzen können.

Am Tag zuvor hatte ich noch einen Abstecher auf den Vulkan Poás gemacht. Der Gipfel lag wie so oft in dichtem Nebel, der Krater war nicht zu erkennen. Doch das Wetter machte die Wanderung durch den dortigen Regenwald umso faszinierender: Vor Feuchtigkeit tropfende Farne, Bäume und Dschungelpflanzen erweckten den Eindruck eines Märchenwalds. Ich musste daran denken, was mir die Forscher des IRET erzählt hatten: dass selbst in den hoch gelegenen Waldregionen des Landes Chemikalien gefunden werden, die auf Bananen- und Ananasplantagen eingesetzt werden und das gesamte Land schleichend vergiften. Sie baten mich, über ihre Forschungsergebnisse in

Europa zu berichten und den Kunden zu schildern, welche Folgen es hat, wenn sie billige Bananen kaufen.

Das gleiche Anliegen hatten die Gewerkschaftsmitglieder, die ich vor Bananenplantagen oder auf Versammlungen traf. Immer wieder verklagen sie Bananenkonzerne wegen Missständen auf den Plantagen, kommen aber an die eigentlich Mächtigen, die Supermärkte und Discounter im fernen Europa, nicht heran. Auch sie wollen, dass ich ihre Geschichten in Deutschland erzähle. Damit Kunden und Handelsketten nicht länger die Augen verschließen können vor den unwürdigen Arbeitsbedingungen, zu denen ihr Bananenpreiskrieg in Lateinamerika führt.

Zugleich nehme ich aber auch andere, positive Eindrücke aus Costa Rica mit. Ich bin beeindruckt vom Enthusiasmus und Ehrgeiz auf den Plantagen, die sich in den letzten zwanzig Jahren massiv verändert haben, weil sie sich von den unabhängigen Kontrolleuren der Rainforest Alliance überprüfen lassen. Auch die Arbeit von Volker Ribniger und auf der EARTH-Plantage beeindrucken mich: Beide wollen den Bio-Anbau in Costa Rica ausdehnen, obwohl das im tropischen Klima sehr schwierig ist und sich finanziell derzeit kaum lohnt.

Die Macht der Supermärkte – und der Verbraucher

Während wir Mittelamerika überfliegen und aus der Höhe erst in Nicaragua, dann auch in Honduras grün gesprenkelte Regionen voller Bananenplantagen zu erkennen sind, erstaunt es mich, wie sehr sich alle, mit denen ich gesprochen habe, in einem Punkt einig sind: Letztlich bestimmen die Verbraucher im Supermarkt und im Discounter, welche Bananen verkauft und welche Plantagen dadurch unterstützt werden. Dieser Meinung sind sie alle: Plantagenarbeiter und -manager, Vertreter von Bananenkonzernen, Gewerkschafter,

Umweltforscher, Bio-Bauern, Nachhaltigkeitskontrolleure, die Importeure in den Häfen, die Betreiber von Reifereien und Logistikzentren, die Experten im Bundeskartellamt, der Bundesregierung und der EU-Kommission, die Mitarbeiter von Oxfam, BanaFair, Banana Link und Make Fruit Fair – sowie ehemalige und aktive Mitarbeiter von Supermarkt- und Discountketten.

»Ich glaube, viele Verbraucher denken: Ich kaufe halt irgendetwas ein, aber wo es herkommt und wie es produziert wurde, kann ich ohnehin nicht verändern«, vermutet Tobias Siesmayer vom Hamburger Importeur Port International. »Aber wir sehen bei uns täglich, dass man mit dem Kauf von Fairtrade-Bananen sehr konkret die Dinge verändern kann.« Er blickt mich bei unserem Treffen eindringlich an: »Der Verbraucher in Deutschland hat Macht. Die Supermärkte werden reagieren, wenn der Verbraucher nur noch Fairtrade- oder Bio-Produkte fordert.« Auch der ehemalige Aldi-Manager Andreas Straub pflichtet dem bei: »Wenn die Kunden mehr biologisch angebaute oder fair gehandelte Ware nachfragen, wird Aldi dementsprechend reagieren. Aber solange der Kunde eben die billigen Sachen lieber kauft und weit überwiegend zur konventionellen Ware greift, wird Aldi an seiner Politik nichts ändern.«

Das dahinterstehende Marktgesetz ist simpel: Die Nachfrage bestimmt das Angebot. Aber es geht auch andersherum: Das Angebot kann auch die Nachfrage bestimmen. Wenn Supermärkte und Discounter nur noch Bio-, Fairtrade- oder Rainforest-Alliance-zertifizierte Bananen anbieten würden, hätte der Verbraucher keine Möglichkeit, billige Bananen von Plantagen zu kaufen, auf denen keine Umwelt- und Arbeitsstandards beachtet werden. Statt sich im Wettlauf um die tiefsten Preise immer weiter gegenseitig zu unterbieten, könnten sich die Supermärkte und Discounter dann einen Wettlauf um die besten, nachhaltigsten Bananen liefern. Bananen, die weniger als 1,50 oder gar nur 1 Euro das Kilogramm kosten, würden als das entlarvt, was sie sind: Ramschangebote, die immensen Schaden an Mensch und Natur anrichten.

Das Beispiel des Bananenkonzerns Chiquita beweist, welche Macht die Konsumenten haben. Chiquita hat auf den Druck reagiert, den Hilfsorganisationen mit ihren Kampagnen, Medien mit kritischen Berichten und Käufer mit ihrem Boykott des »bösen« Bananenkonzerns in den 80er und 90er Jahren ausübten. Doch der Protest ist in Vergessenheit geraten, und von seinem Erfolg und Chiquitas Wandel wissen die Kunden heute kaum etwas. Dabei müssen sie sich an ihre Macht nur erinnern und sie gezielt einsetzen.

Es ist im Grunde ganz einfach, gegen die großen Player auf dem Bananen- und Lebensmittelmarkt zu protestieren: Man kann beim täglichen Einkauf auf den Gang zum Discounter und auf Ramschangebote verzichten und stattdessen nachhaltige Bananen (und natürlich auch andere nachhaltige Waren) kaufen. Laut einer Studie von Consumers International, einem weltweiten Zusammenschluss von Verbraucherorganisationen, wäre ein Großteil der Kunden bereit, mehr für Produkte zu bezahlen, wenn sie über ihre Herkunft und Anbaubedingungen besser Bescheid wüssten. Das hätten Umfragen zur Lieferkette von Ananas ergeben, die gemeinsam mit Banana Link durchgeführt wurden. Demnach müsste man den Verbrauchern also nur die Augen öffnen über die Herkunft der billigen Bananen. Und sie ermutigen, Produkte zu kaufen, mit denen sie bessere Zustände unterstützen können. Zum Beispiel solche, die das Gütesiegel der Rainforest Alliance tragen – oder fair gehandeltes und biologisch angebautes Obst. Mit jedem Einkauf haben die Kunden die Wahl, welche Welt sie unterstützen möchten.

Ein anderes Angebots- und ein anderes Kaufverhalten – beides kann zu Verbesserungen im großen Stil führen. Angesichts der enormen Menge Bananen, die bei Aldi, Lidl, Edeka und Rewe verkauft werden, lässt sich damit der Spieß im globalen Bananenhandel umdrehen. »Das ist der Vorteil großer Konzerne«, sagte mir ein Mitarbeiter einer Supermarktkette im persönlichen Gespräch. »Sie mögen mancherlei Probleme verursachen, aber wenn sich bei ihnen etwas zum Guten ändert, dann wirkt sich das direkt im großen Maßstab aus.«

Die deutsche »Geiz ist geil«-Mentalität hat den Boden bereitet für die Expansion der Discounter, was wiederum zu einer massiven Konzentration im Einzelhandel und einem unvergleichlichen Preiskrieg bei Bananen und anderen Lebensmitteln geführt hat. Momentan kaufen drei Viertel aller Deutschen Billigbananen. Dieser Trend könnte sich aber auch umkehren. Erste Anzeichen dafür gibt es nach Ansicht von Branchenkennern bereits. So öffnen Aldi und Lidl in Deutschland kaum noch neue Filialen und investieren stattdessen in ein frischeres, vielfältigeres Sortiment. Der Grund: Laut dem Trendforscher Peter Wippermann legen Kunden nicht nur immer mehr Wert auf gesunde Lebensmittel, sondern auch auf Nachhaltigkeit und ethische Aspekte. »Soziale Verantwortung, Transparenz und Ehrlichkeit« würden zu den »entscheidenden Wettbewerbsfaktoren«, berichtet er 2012 in einer Gesprächsrunde am KIN-Lebensmittelinstitut in Neumünster. Wippermann ruft die Unternehmen daher auf, sich den »neuen Herausforderungen zu stellen« und sich das »Verbrauchervertrauen« neu zu verdienen.

Gerade beim »Leitprodukt« Bananen, das am Umsatz jedes Supermarkts und Discounters einen großen Anteil hat, kann man die Lebensmitteleinzelhändler empfindlich treffen. Sie zu einem Umlenken zu bringen wäre nicht einmal schwierig – und die Folgen wären enorm.

Wenn hierzulande mehr Kunden Bio-, Fairtrade- oder Rainforest-Alliance-Bananen kaufen, werden sich mehr Bananenproduzenten um ein solches Gütesiegel bemühen und auf einen nachhaltigeren, sozial gerechteren Anbau umsteigen. Nicht nur Kleinproduzenten könnten dann vermehrt in den Bio- und Fairtrade-Anbau einsteigen. Auch die großen Bananenkonzerne könnten befeuert werden, ihre »Hausaufgaben« auch weiterhin zu machen. Gemeinsam mit Gewerkschaften, Wissenschaftlern und NGOs arbeiten sie alle bereits im bei den Vereinten Nationen angesiedelten World Banana Forum daran, die Zustände auf den Plantagen zu verbessern. Aber dafür benötigen sie die Hilfe der Kunden, denn nur wenn die »besseren« Bananen auch gekauft und angemessen bezahlt werden, haben sie eine Chance.

Die wahre Bananenrepublik liegt heutzutage nicht mehr in Lateinamerika, sondern in Deutschland.

Was tun?
Ein Einkaufsratgeber

Oft fragen mich Freunde oder Kollegen, welche Bananen sie denn nun kaufen sollen. Den meisten geht es wohl wie mir zu Beginn meiner Recherchen: Sie wüssten gern, welchen Einfluss sie mit ihrem Einkauf nehmen und was der Unterschied zwischen den verschiedenen in den Läden angebotenen Bananen ist. Aber darüber erfährt man im Supermarkt wenig. Zwar sollen Gütesiegel und Zertifikate Kunden beim Einkauf Orientierung geben und ihnen helfen, »alternative« Lebensmittel von konventionell hergestellten Produkten zu unterscheiden. Dennoch herrscht oft genug Verwirrung: Was ist der Unterschied zwischen Bio und Fairtrade? Welche Folgen hat der Einkauf wirklich? Und wer bestimmt die Richtlinien für die Vergabe der Siegel?

Deshalb gebe ich im Folgenden eine Übersicht über die verschiedenen Siegel und ihre Hintergründe, die Eigennamen bei Supermärkten und Discountern sowie über Organisationen, die sich für bessere Umwelt- und Arbeitsbedingungen im Bananenhandel (und oft auch in anderen Bereichen) engagieren. Denn: Jeder kann mit seinem täglichen Einkauf zu besseren Zuständen in der Lebensmittelproduktion beitragen – gerade in der »Bananenrepublik« Deutschland.

Übrigens muss ein bewusster, »nachhaltiger« Einkauf unter dem Strich nicht einmal teurer sein, selbst wenn man auch bei anderen Lebensmitteln auf fair gehandelte, biologisch angebaute oder anderweitig nachhaltig produzierte Waren achtet (die genau deshalb mehr kosten als die Billigprodukte). Das rechnet auch der von der Bundesregierung eingesetzte Rat für Nachhaltige Entwicklung in seinem »Nachhaltigen Warenkorb« vor, der im Internet frei verfügbar ist. Seine Tipps: gezielter, häufiger und kleinere Portionen kaufen – auch um weniger Essen wegzuwerfen. Weniger Fleisch, dafür mehr saisonale, aus der Region stammende Produkte auswählen. Tragetaschen selbst mitbringen. Und auch bei Kleidung und Haushaltsgeräten gilt: bewusst einkaufen und sich vorher fragen, ob es schon wieder eine neue Bluse oder den neuesten Fernseher braucht. Auch auf Qualität und Reparaturfähigkeit zu achten macht Sinn, ebenso auf einen geringen Energie- oder Wasserverbrauch. Außerdem könne man viele Dinge mit Freunden oder Nachbarn gemeinsam nutzen oder größere Anschaffungen gebraucht statt neu kaufen.

Nun aber zu den Bananen.

Bio-Fairtrade-Bananen

Wem sowohl der Schutz der Umwelt als auch die gute Behandlung der Arbeiter wichtig sind, sollte Bananen kaufen, die sowohl ein Bio- als auch ein Fairtrade-Gütesiegel tragen. Diese genügen den Vorschriften der EU-Öko-Verordnung und den Standards von Fairtrade International, einem internationalen Dachverband für fairen Handel. Im Bio-Anbau wird vor allem auf chemisch-synthetische Pestizide und Düngemittel verzichtet. Beim fairen Handel erhalten Kleinbauern und Plantagen einen Mindestpreis für ihre Waren, der sie vor Niedrigpreisen auf dem Weltmarkt schützt, sowie eine Zusatzprämie für soziale Projekte. Dafür müssen sie zahlreiche soziale und ökologische Kriterien erfüllen (ausführliche Informationen zu

den Inhalten der EU-Öko-Verordnung auf Seite 209, zum Fairtrade-Standard auf Seite 218). Die Einhaltung der Standards kontrollieren unabhängige Institute und Organisationen, die von der EU beziehungsweise Fairtrade Interna-tional dafür zugelassen wurden.

Erhältlich sind Bio-Fairtrade-Bananen in Deutschland derzeit in folgenden Supermarkt- und Discountketten: Aldi-Nord, Aldi-Süd (unter dem Eigennamen One World), Edeka Minden, Feneberg, Globus, Kaufland, Lidl (unter dem Eigennamen Fairglobe), Netto, Rewe Dortmund, Tegut. Ihr Anteil am gesamten Bananenverkauf liegt je nach Berechnung bisher nur bei drei bis fünf Prozent.

Bio-Bananen

Der oftmals beschworene angebliche Boom bei Bio-Produkten in Deutschland ist bisher ebenfalls noch ein Mythos: Nur sieben Prozent aller hierzulande verkauften Bananen sind Bio-Bananen. Sie tragen entweder das sechseckige deutsche oder das grüne EU-Bio-Gütesiegel und stammen aus trockenen Regionen in Ecuador, der Dominikanischen Republik, Kolumbien oder Peru. Dort gibt es den ge-

fürchteten Blattpilz Black Sigatoka nicht, wodurch der Anbau ohne chemisch-synthetische Pflanzenschutzmittel möglich ist. Außerdem wird im Bio-Anbau Unkraut von Hand beseitigt, und es kommen natürliche Schädlingsbekämpfer zum Einsatz. Chemische Düngemittel werden durch Tierdung, Kompost oder spezielle Düngungspflanzen ersetzt. Gegen möglichen Pilzbefall beim Transport wird die Krone der Bananen mit Zitronensäure imprägniert oder mit einer dünnen Plastikfolie überzogen.

Über Löhne und Arbeitsbedingungen auf den Plantagen sagt das Bio-Siegel nichts aus, nicht immer herrschen dort die besten sozialen

Bedingungen. Allerdings stammt rund ein Drittel aller in Deutschland verkauften Bio-Bananen auch aus fairem Handel. Über die Anforderungen des EU-Bio-Siegels hinaus gehen die privaten Organisationen Bioland, Demeter oder Naturland, deren Bio-Bananen oft ebenfalls fair gehandelt sind und in ausgewählten Bioläden verkauft werden.

Bio-Bananen nach EU-Verordnung bekommt man derzeit unter anderem bei Edeka, Kaiser's Tengelmann, Penny, Real, Rewe sowie in Bio-Supermärkten wie Alnatura, Basic, Bio Company oder Denn's. Zudem gibt es sie auf vielen Wochenmärkten und bei selbstständigen Obst- und Gemüsehändlern. Bio-Bananen sollten nach Möglichkeit nicht in einem Discounter wie Aldi oder Lidl gekauft werden (erst vor Kurzem sind diese auf Bio-Fairtrade-Bananen umgestiegen), da sie auch bei Bio-Bananen den Preiskampf antreiben.

Fairtrade-Bananen

Nach Angaben von Fairtrade Deutschland (Trans-Fair e.V.) werden hierzulande momentan keine reinen Fairtrade-Bananen verkauft, weil alle fair gehandelten Bananen zusätzlich das Bio-Siegel tragen. Was nach einer guten Nachricht klingt, bereitet den Befürwortern des fairen Handels Sorgen. Es sei schwierig, den Anteil an Fairtrade-Bananen zu vergrößern, wenn die Bananen stets auch Bio sein müssen. Denn die Ausweitung des Bio-Anbaus ist aus klimatischen Gründen bei Bananen schwierig. Der Fairtrade-Anbau ließe sich indes leicht ausweiten – doch in Europas Bananenhochburg Deutschland stagniert die Nachfrage.

Daher will Fairtrade Deutschland die Supermarkt- und Discounterbetreiber davon überzeugen, konventionelle Fairtrade-Bananen in ihr Sortiment aufzunehmen. Auch diese halten strenge Umweltauflagen ein, vergleichbar denen der Rainforest Alliance (s. u.). In den Niederlanden, der Schweiz und Großbritannien ist der Marktanteil von Fairtrade-Bananen zuletzt stark gestiegen, weil mehrere Supermarktketten statt Billigbananen nur noch fair gehandelte Früchte anbieten.

BanaFair

Der Verein BanaFair e.V. mit Sitz in Gelnhausen bei Frankfurt am Main importiert und vertreibt seit 1998 fair gehandelte Bananen vom Kleinbauernverband UROCAL in Ecuador. BanaFair-Bananen erfüllen die Kriterien von Fairtrade International und von Naturland Fair. Dieser Verband für ökologischen Landbau betrachtet nicht nur den Anbau, sondern die gesamte Lieferkette bei der Vergabe des Gütesiegels und geht sowohl über die EU-Öko-Verordnung als auch über die Fairtrade-Anforderungen hinaus. Neben dem Handel betreibt BanaFair Bildungs-, Kampagnen- und Lobbyarbeit für faire Arbeitsbedingungen in den Herkunftsländern.

BanaFair-Bananen sind in vielen deutschen Welt- und Bioläden erhältlich.

Rainforest Alliance-Bananen

Die Rainforest Alliance – eine Umweltschutzorganisation mit Sitz in New York – engagiert sich in rund 80 Ländern der Welt für den Schutz der Regenwälder und eine ökologisch nachhaltige Landwirtschaft in tropischen und subtropischen Gebieten. In den 90er Jahren hat sie gemeinsam mit dem Konzern Chiquita begonnen, den konventionellen Bananenanbau nachhaltiger zu gestalten. Dies bedeutet unter anderem, keinen Regenwald für neue Plantagen zu roden, auf den Einsatz besonders giftiger Pflanzenschutzmittel zu verzichten und Arbeiter, Anwohner und die Umwelt vor Pestiziden besser zu schützen. Zudem müssen die Arbeitsbedingungen verbessert und Mindestlöhne gezahlt werden, die Arbeiter müssen sich frei organisieren dürfen.

Betriebe, die diese Richtlinien befolgen, erhalten die Rainforest-Alliance-Zertifizierung, ein Emblem mit einem grünen Frosch. Genau wie beim Bio- und beim Fairtrade-Anbau wird die Einhaltung der Kriterien von akkreditierten, unabhängigen Kontrolleuren einmal im Jahr überprüft. Grundlage ist der Standard für nachhaltige Landwirtschaft des Sustainable Agriculture Network (SAN), eines Zusammenschlusses von neun Umweltschutzgruppen aus Nord- und Südamerika, Afrika, Asien und Europa. Neben Bananen kontrolliert die Rainforest Alliance unter anderem auch die nachhaltige Holzwirtschaft nach den Kriterien des Forest Stewardship Council (FSC) sowie den Anbau von Kaffee, Kakao, Zitrusfrüchten, Blumen und Tee.

Von der Rainforest Alliance zertifizierte Bananen gibt es in folgenden Supermarkt- und Discountketten zu kaufen: Edeka, Kaiser's Tengelmann, Kaufland, Penny, Rewe sowie bei etlichen regionalen Händlern wie Bünting, Coop, Feneberg, Globus, Handelshof, Tegut oder Wasgau. Auch zahlreiche selbstständige Obst- und Gemüsehändler verkaufen Bananen mit Rainforest-Alliance-Siegel in ihren Geschäften oder Marktständen. Bei Edeka stammen die Bananen zum Großteil von der Firma Dole und tragen einen WWF-Aufkleber. Die meisten anderen Bananen stammen von Chiquita und tragen in der Regel sowohl das Chiquita- als auch das Rainforest-Alliance-Abzeichen. Bei Rewe sind die Bananen zum Teil mit dem konzerneigenen Pro-Planet-Label gekennzeichnet, das auf nachhaltige Produkte hinweist.

Oxfam

Die Hilfs- und Entwicklungsorganisation Oxfam engagiert sich in über 90 Ländern der Welt gegen Armut und für die Sicherung menschlicher Grundrechte. Dabei arbeitet Oxfam mit Partnern vor Ort zusammen und hilft ihnen, die Situation in ihrem Land zu verbessern. Mit Aktionen und Kampagnen macht Oxfam auf Missstände im globalen Handel, in der Klimapolitik oder der Landwirtschaft aufmerksam.

So veröffentlichte Oxfam Deutschland 2014 unter dem Titel »Billige Bananen: Wer zahlt den Preis?« bereits die dritte Studie zu den Arbeitsbedingungen auf Bananen- und Ananasplantagen in Lateinamerika. Die Autoren prangern darin die Billigpreise und die Verhandlungsmacht deutscher Supermarktketten als für die Zustände mitverantwortlich an.

Anders als BanaFair oder die Rainforest Alliance vergibt Oxfam keine Gütesiegel oder Zertifikate für Produkte.

Make Fruit Fair

Die europaweite Initiative Make Fruit Fair (www.makefruitfair.de) macht mit Kampagnen, Kongressen und politischer Lobbyarbeit auf die Anbaubedingungen von Südfrüchten wie Bananen oder Ananas aufmerksam und fordert faire Bedingungen und Preise entlang der Lieferkette. Gegründet wurde sie vom deutschen Verein BanaFair, der britischen NGO Banana Link, der französischen Hilfsorganisation Peuples Solidaires und der tschechischen Organisation für fairen Handel Nazemi.

Supermarktinitiative

Oxfam und BanaFair sind neben Gewerkschaften und weiteren Hilfsorganisationen wie Brot für die Welt und Misereor Teil einer bundesweiten Initiative gegen Supermarktmacht (www.supermarktmacht.de). Sie prangert die Einkaufsmacht der größten deutschen Einzelhandelsketten Edeka, Rewe, Aldi, Lidl und Metro an, informiert über die Folgen des Preiskampfes und über Möglichkeiten des Protests und der politischen Einflussnahme.

Ich danke

- den vielen Arbeiterinnen und Arbeitern auf Bananenplantagen in Costa Rica und Panama, die mich über ihre Schultern blicken ließen und mir bereitwillig von ihrer Arbeit und ihrem Leben erzählten. Ihnen eine bessere Zukunft zu ermöglichen ist ein Anliegen dieses Buches;
- den Mitarbeiterinnen und Mitarbeitern von Bananenkonzernen, Gewerkschaften, Supermarktketten und Importeuren sowie von NGOs, Forschungsinstituten, Vereinen und Stiftungen, die den Bananenhandel seit vielen Jahren untersuchen. Sie alle gaben mir wertvolle Einblicke in Zusammenhänge und Hintergründe des internationalen Bananenhandels, in der Hoffnung auf bessere Zustände und ein Ende der Tiefpreisspirale;
- Christoph Hirsch für seine Begeisterung für das Buch und die offene, kreative und zuverlässige Betreuung im oekom verlag;
- Ines Swoboda für ihr Engagement bei Bildauswahl, Satz und Gestaltung;
- Klaus Gabbert für die beschwingte Zusammenarbeit und nun schon das zweite, wiederum äußerst genaue und konstruktive Lektorat;
- Katrin Kroll und Diana Stübs von der Agentur Petra Eggers für ihre Motivation und inhaltlichen Anregungen;
- dem Team der Längengrad Filmproduktion in Köln für die vertrauensvolle Zusammenarbeit und großartige Unterstützung

bei der Realisierung des ARD-Films *Billig. Billiger. Banane*: vor allem Thomas Weidenbach, Oliver Gontram, Isabelle Albert und Katja Sträter;

- den WDR-Redakteurinnen Andrea Ernst und Angelika Wagner für ihr Engagement für den Film und ihre vielen Nachfragen und Anregungen, die mich oft auf neue Ideen brachten;
- Marcus Winterbauer, Moritz Springer und Daniel Ross Mix für inspirierende, bewegende und im wahrsten Sinne Augen öffnende Dreharbeiten in Costa Rica und Europa;
- meinen Eltern, meiner Schwester und meinen Freundinnen und Freunden dafür, dass sie mich in stressigen Zeiten unterstützen, bei großen Projekten mitfiebern, sich über Phasen der Muße freuen und mich auf meinem Weg begleiten, wohin er auch führen mag;
- Florian Benedix für seinen Halt und Humor, seine Kritik und Liebe – und für die vielen neuen Schritte, die wir gemeinsam zu gehen wagen;
- unserer Tochter Paula Leonie dafür, dass sie unser Leben auf den Kopf stellt, uns ungeahnte Dimensionen des Glücks und der Liebe zeigt und alles in eine neue Perspektive rückt.

Literatur

Aldi-Nord: Informationen auf Firmenwebsite, www.aldi-nord.de

Aldi-Süd: Informationen auf Firmenwebsite, Corporate Responsibility-Policy 2010, abrufbar unter: www.aldi-sued.de

Arpi, Jean-Paul; Feral, Maude; Fischer, Helge: Dole … Behind the Smoke-screen … What is new since our report on the company's plantations in Latin America in 2006?, abrufbar unter: www.bananalink.org.uk

Bretman, Ian: Britain's Bruising Banana Wars. Why cheap bananas threaten farmers' futures. London 2014, abrufbar unter: www.fairtrader.org.uk

CBS 60 minutes: The Price of Bananas. TV-Beitrag vom 9. August 2009, abrufbar unter: www.cbsnews.com

Chapman, Peter: Bananas. How the United Fruit Company shaped the World. Edinburgh 2007

Chiquita Brands International, Inc.: 2000 Corporate Responsibility Report. Cincinnati 2001, abrufbar unter: www.chiquita.com
– Our Renewed Purpose. Corporate Social Responsibility Report 2009–2012. Cincinnati 2013, abrufbar unter: www.chiquita.com

Dole Food Company: Informationen auf Firmenwebsite, www.dole.com

Del Monte Foods: Informationen auf Firmenwebsite, www.delmontefoods.com

Edeka: Informationen auf Firmenwebsite, Jahresbericht, Geschichte des Unternehmens, www.edeka.de

EU-Kommission: Mitteilung der Kommission an das Europäische
    Parlament, den Rat, den Europäischen Wirtschafts- und Sozial-
    ausschuss und den Ausschuss der Regionen gegen unlautere
    Handelspraktiken zwischen Unternehmen in der Lebensmittel-
    versorgungskette vom 15.7.2014, abrufbar unter:
    http://ec.europa.eu/internal_market/retail

- Offenlegung nichtfinanzieller Informationen, Richtlinien-
    Vorschlag vom 16.4.2013, abrufbar unter: http://ec.europa.eu/
    internal_market/accounting/non-financial_reporting
- Verordnung (EG) Nr. 2257/94 der Kommission vom 16. Septem-
    ber 1994 zur Festsetzung von Qualitätsnormen für Bananen,
    abrufbar unter http://eur-lex.europa.eu

Fairtrade International: Standards for hired labour / for small
    producer organizations 2014, abrufbar unter:
    www.fairtrade.net/standards.html

Feral, Maude; Fischer, Helge; Smith, Alistair u. a.: Dole, behind the
    smoke-screen. An investigation into Dole's banana plantations
    in Latin America. 2006, abrufbar unter: www.bananalink.org.uk

Food and Agricultural Organization of the United Nations: Banana
    Market Review and Banana Statistics 2012–2013. Rom 2014,
    abrufbar unter: www.fao.org/docrep/019/i3627e/i3627e.pdf
- Certification in the Value Chain for Fresh Fruits. The Example
    of Banana Industry. Rom 2009, abrufbar unter:
    ftp://ftp.fao.org/docrep/fao/011/i0529e/i0529e00.pdf
- The Changing Role of Multinational Companies in the Global
    Banana Trade. Rom 2014, abrufbar unter:
    www.fao.org/docrep/019/i3746e/i3746e.pdf

Frundt, Henry J.: Fair Bananas! Farmers, Workers, and Consumers
    Strive to Change an Industry. Tucson 2009

Heuer, Steffan: Ein bisschen bio und gar nicht böse. In: Brand Eins,
    Ausgabe 01/2006

Humbert, Franziska: Billige Bananen. Wer zahlt den Preis? Berlin
    2014, abrufbar unter: www.oxfam.de
- Bittere Bananen. Ausbeuterische Arbeitsbedingungen in
    Ecuador in der Lieferkette deutscher Supermarktketten.
    Berlin 2011, abrufbar unter: www.oxfam.de

Hütz-Adams, Friedel; Ertener, Lara: Von der Staude bis zum Konsumenten. Die Wertschöpfungskette von Bananen. Bonn 2012, abrufbar unter: www.suedwind-institut.de

Jaksch, George: Chiquita and corporate responsibility. The fruits of our experience. In: Leipziger, Deborah (Hrsg.): SA8000. The First Decade. Implementation, Influence, and Impact. Sheffield 2009

Koeppel, Dan: Banana: The Fate of the Fruit That Changed the World. New York 2007

IUF/COLSIBA & Chiquita: Agreement on Freedom of Association. Minimum Labour Standards and Employment in Latin American Banana Operations, abrufbar unter: www.iufdocuments.org/www/documents/Chiquita-e.pdf

Kotteder, Franz: Die Billig-Lüge. Die Tricks und Machenschaften der Discounter. München 2007

Lidl: Informationen auf Firmenwebsite, www.lidl.de

Make Fruit Fair: Ecuador. Notstand in der Bananenwirtschaft (27.2.2012), abrufbar unter: www.makefruitfair.de

Morazán, Pedro: Das krumme Ding mit der Banane. Soziale Auswirkungen des weltweiten Bananenhandels. Die Macht von Supermarktketten in Deutschland. Bonn 2012, abrufbar unter: www.makefruitfair.de

Museum der Arbeit Hamburg (Hrsg.): Tanz um die Banane. Handelsware und Kultobjekt. Hamburg/München 2003

Nationales CSR-Forum der Bundesregierung: Nationale Strategie zur gesellschaftlichen Verantwortung von Unternehmen (Corporate Social Responsibility – CSR) – Aktionsplan CSR der Bundesregierung (6.10.2010), abrufbar unter: www.csr-in-deutschland.de

Prieto-Carón, Marina: Corporate Social Responsibility in Latin America. Chiquita, Women Banana Workers and Structural Inequalities. In: Journal of Corporate Citizenship, Frühjahr 2006

Rainforest Alliance: Annual Reports and Financial Information. Diverse Jahresberichte, abrufbar unter: www.rainforest-alliance.org/about/annual-report

Rat der Europäischen Union: EG-Öko-Basisverordnung. Verordnung (EG) Nr. 834/2007 des Rates vom 28. Juni 2007 über die ökologische/biologische Produktion und die Kennzeichnung von ökologischen/biologischen Erzeugnissen, abrufbar unter: www.bmel.de

Rat für Nachhaltige Entwicklung: Der Deutsche Nachhaltigkeitskodex (DNK). Empfehlungen des Rates für Nachhaltige Entwicklung (13. 10. 2011), abrufbar unter: www.nachhaltigkeitsrat.de
– Der Nachhaltige Warenkorb (August 2013), abrufbar unter: www.nachhaltigkeitsrat.de

Reimers, Jürgen: Bananenrepubliken. Geschichte und Geschichten der United Fruit Company. Hamburg 2013

Rewe: Informationen auf Firmenwebsite, Nachhaltigkeitsbericht, Pro Planet, Geschichte des Unternehmens, www.rewe-group.com

Schmidt, Michael: Hoffnung in der grünen Hölle. In: Der Tagesspiegel, 20. 10. 2007

Sitzle, Stephan: Unternehmensethik und Corporate Social Responsibility. Empirische Untersuchung der Einstellung von Führungskräften zum Thema CSR. Hamburg 2013

Straub, Andreas: Aldi. Einfach billig. Reinbek 2012

Striffler, Steve; Moberg, Mark (Hrsg.): Banana Wars. Power, Production, and History in the Americas. Durham/London 2003

Sustainable Agriculture Network: Liste verbotener Pestizide (Nov. 2011), abrufbar unter: www.sanstandards.org
– Standard für Nachhaltige Landwirtschaft (Juli 2010), abrufbar unter: www.sanstandards.org

TransFair e.V.: Informationen zum fairen Handel und Fact Sheet zu Bananen, abrufbar unter: www.fairtrade-deutschland.de

Voßkämper, Mark: Die aktuelle Situation der Nachhaltigkeitsberichterstattung der Discounter im Lebensmitteleinzelhandel. Diplomarbeit, Fakultät Wirtschaftswissenschaften der Universität Duisburg-Essen, Wintersemester 2011/12

Wiggerthale, Marita: Endstation Ladentheke. Einzelhandel –
 Macht – Einkauf: Unter welchen Bedingungen Ananas und
 Bananen produziert werden, die in Deutschland über die
 Ladentheke gehen. Berlin 2008

World Health Organization: The WHO Recommended Classification
 of Pesticides by Hazard (2009), abrufbar unter: www.who.int

Bildnachweis

Der Verlag hat sich nach besten Kräften bemüht,
die Bildquellen festzustellen. Etwaige Ansprüche,
die übersehen wurden, können nachträglich geltend
gemacht werden.

123rf.com: 81 oben (Philippe Halle)

BanaFair: 93

Banana Link: 194

basic AG / Oxfam: 135

fotolia: 12 (lunamarina), 25 (MNStudio), 89
(vallefrias)

GfK (Gesellschaft für Konsumforschung): 128,
210

IISD (International Institute of Sustainable
Development): 227

Kern, Michael: 122 oben

Knight, Julio: 161

National Library of Jamaica: 61

Rainforest Alliance: 67, 81 unten

Walther P. Reuther Library: 73

Springer, Moritz: 119

Swoboda, Ines, oekom verlag: 188

wikipedia: 58 (L. D. Baker Estate); 122 unten
(joho345), 139 (W Nowicki)

Winterbauer, Marcus: 17, 28, 34, 107, 164, 169,
173, 206, 220

Zierul, Sarah: 22, 39, 43, 53, 74, 83, 87, 96, 99,
132, 149, 154

Dem MURKS
ein Ende setzen

Murks sind Drucker, die plötzlich ihren Betrieb einstellen oder Küchengeräte, die nach wenigen Minuten heiß laufen. Für Stefan Schridde, Initiator der Bewegung MURKS? NEIN DANKE!, steht fest, dass derartige »Fehler« häufig Teil des Geschäfts sind. Was ist dran am Vorwurf des »eingebauten Defekts«? Mit haarsträubenden Geschichten entführt uns Schridde in eine Welt, in der mit allen Tricks versucht wird, Reparaturen zu erschweren und Geräte nach kurzer Zeit unbrauchbar zu machen – und zeigt gleichzeitig auf, wie wir dem Murks ein Ende setzen können.

S. Schridde
Murks? Nein danke!
Was wir tun können, damit die Dinge besser werden

256 Seiten, Hardcover mit Schutzumschlag, 19,95 Euro, ISBN 978-3-86581-671-9

/III oekom
Die guten Seiten der Zukunft

Der Markt der Schönen

Kaum etwas verschenken wir lieber als einen Strauß Blumen. Doch was wissen wir eigentlich über die Bedingungen ihres Anbaus oder die Länder ihrer Herkunft? »Nur jede fünfte Schnittblume stammt aus Deutschland. Gerade im Winter kommt die Mehrzahl der Blumen aus Übersee, wo sie unter oft verheerenden Bedingungen angebaut werden«, sagt Silke Peters. Zu verzichten, ist jedoch keine Lösung; es gilt, Ansätze eines fairen Handels zu stärken und den Wert der Blume neu zu entdecken.